一本书读懂培训管理

陈雅娜　刘东明　著

中国经济出版社

图书在版编目（CIP）数据

一本书读懂培训管理 / 陈雅娜，刘东明著 .
-- 北京：中国经济出版社，2020.5
ISBN 978-7-5136-6147-8

Ⅰ . ①一… Ⅱ . ①陈… ②刘… Ⅲ . ①企业管理 – 职工
培训 Ⅳ . ① F272.92

中国版本图书馆 CIP 数据核字（2020）第 069417 号

责任编辑　张梦初　陈宇慧　戴　瑛
责任印刷　巢新强
封面设计　卓义云天

出版发行　中国经济出版社
印 刷 者　北京富泰印刷有限责任公司
经 销 者　各地新华书店
开　　本　710mm × 1000mm　1/16
印　　张　22.5
字　　数　330 千字
版　　次　2020 年 5 月第 1 版
印　　次　2020 年 5 月第 1 次
定　　价　68.00 元
广告经营许可证　京西工商广字第 8179 号

中国经济出版社 **网址** www. economyph. com **社址** 北京市东城区安定门外大街 58 号 **邮编** 100011
本版图书如存在印装质量问题，请与本社销售中心联系调换（联系电话：010 – 57512564）

前言

Preface

现今，企业之间的竞争早已转变为人才的竞争，如何引进人才、留住人才、做好人才发展与培训已成为企业人力资源管理的重中之重。作为企业系统性的智力投资，培训是实现留人、用人、发展人的关键环节。近几年，国内企业都非常注重培训，经常组织开展培训活动，但效果总是差强人意。面对这种情况，很多领导都开始怀疑培训的意义与价值，甚至给培训扣上了“只消耗，不产出”的帽子，导致培训部门被冠以“消耗部门”的称号。

其实，培训并非无用，只是企业没有找到一种合适的方式让培训发挥理想的作用。要想开展一场成功的培训，企业必须做好培训管理。顾名思义，培训管理就是面向培训活动落地的各个环节采取措施，包括培训规划、培训组织、培训实施、培训评价等，保证培训活动可以顺利开展，并取得预期效果的一系列活动的总称。

培训管理涉及的内容非常多，在企业的人力资源管理中，培训管理是一项最烦琐的工作，管理者经常毫无头绪，不知所措。比如，培训计划应如何制订？选择内部培训师还是外部培训师？培训师如何管理？培训师业绩如何考核？培训效果如何评定？如何做好培训转化，让培训真正为业绩提升服务？等等。《一本书读懂培训管理》这本书的目的就是为读者解决这些问题，帮助培训管理者理顺培训管理的各项工作，使培训管理者有序组织培训、实施培训，让培训发挥预期作用。

为了更好地帮读者解决问题，本书在内容与形式方面做了一些创新。

本书的特色

（1）内容丰富，通俗易懂。

本书涉及培训体系建设、培训需求分析、培训课程开发、培训组织搭建、培训计划制订、培训效果评估与转化等一个完整的培训活动应包含的所有环节，探讨了如何做好新员工培训、管理人员培训及各岗位培训，如何开展员工职业生涯规划，内容非常丰富，语言通俗易懂，穿插案例，降低了读者的理解难度。

（2）模板齐全，实操性强。

本书添加了很多实用的模板与工具，比如培训需求分析的八大工具、培训课程开发的七步法、培训效果评估的五大模型等，这些模型与工具可以直接使用，即便是刚刚进入培训管理行业的从业者也能很快上手，实操性极强。

（3）图文并茂，生动有趣。

本书将很多复杂的流程图片化，让读者一目了然，无须再苦读文字提取信息，一张图片就能让读者获取所需信息。图文交互的形式也增强了阅读的趣味性，增进了读者对培训管理各项内容的理解，让读者可以更好地完成知识转化与应用。

本书的内容及体系结构

本书探讨的内容比较多，为了对所有内容进行详细阐述，共分 11

章，各章内容如下：

第1章　正确认识培训与培训管理。本章主要介绍如何正确认识培训与培训管理，包括什么是培训，培训的目的与意义是什么，如何选择合适的培训方法，培训管理者在企业中扮演什么样的角色、承担什么样的职责，企业如何制定培训管理制度，制定培训管理制度的原则与方法有哪些，等等。作为本书的第1章，本章让读者在比较宏观的层面对培训与培训管理有了初步认知，为接下来的阅读和学习奠定了良好的基础。

第2章　企业培训体系建设。本章主要介绍企业培训体系建设原则与方法，包括企业培训体系的功能、企业培训体系建设的三个层面、企业培训体系建设原则、企业培训体系建设流程、企业培训体系建设误区。本章意在让读者掌握培训体系建设方法，规避培训体系建设过程中经常遇到的问题，建设一个适合企业的、科学合理的培训体系。

第3章　深入挖掘企业培训需求。本章主要介绍企业培训需求挖掘的主要工具与方法，包括如何正确认识企业培训需求挖掘，培训需求挖掘的三大层次、八大工具、六种模型等，意在帮读者学会使用这些工具与模型解决现实工作中企业培训需求挖掘方面的难题，提高培训需求挖掘的准确性，为培训课程的安排、培训计划的制订提供科学的依据。

第4章　全面开发企业培训课程。本章主要介绍了培训课程开发原则与模型、培训课程开发准则与规范、培训课程开发的“七步法”与课程开发标准，论述了如何利用ISD模型、ADDIE模型、HPT模型、CBET模型及项目化课程开发模型进行培训课程开发，为培训管理者开发培训课程提供了非常实用的工具与方法。

第5章　合理搭建企业培训组织。本章主要介绍了内训师的基本素质要求，内训师与外训师的选拔标准、管理流程，企业大学的角色与价值，转型时期的企业大学如何建设等，并针对内训师与外训师的管理与考核提供了范例与实用的表格工具，帮助培训管理者做好培训师管理，从师资力量方面为培训活动的成功开展提供保障。

第 6 章　培训计划制订与实施。本章主要介绍了培训计划制订原则与方式，培训计划实施前应做的准备工作，培训计划实施流程，年度培训预算编制原则、方法与流程等内容，对培训实施前 HR、部门主管、培训师、学员应做的工作做了详细论述，对培训时间的确定、培训场所的选择、培训课程的安排、培训讲师与培训方法的选择等问题做了明确解释，帮培训管理者制订出适合自己企业的培训计划，保证培训计划的可实施性。

第 7 章　培训效果评估与转化。本章主要介绍了培训效果评估标准与流程、培训效果评估模型与方法、培训成果转化原则与步骤、如何用 ORID 促进培训效果转化，为读者提供了很多实用的模型与工具，如柯氏四级培训评估模型、考夫曼五层次评估模型、CIRO 评估模型、CIPP 评估模型、菲利普斯五级投资回报率模型，并为培训效果转化评估提供了非常实用的表格工具。

第 8 章　新员工入职培训。本章主要介绍了新员工入职培训的目标、内容和要点，新员工入职培训方案制定流程，培训评估与反馈体系建设方法，新员工职业发展管理办法，等等，为新员工入职培训方案与新员工职业发展规划的制定提供了范例，并以华为的新员工培训为例对其他企业新员工培训活动的开展提供了指导。

第 9 章　管理岗位培训。本章主要介绍了如何开展基层管理岗位培训、中层管理岗位培训和高层管理岗位培训，详细阐述了企业对各层级管理岗位的能力素质要求，并对各层级管理岗位的培训需求分析、培训课程设置、培训效果评估做了详细论述，为培训管理者组织做好管理岗位培训提供了很多实用的工具与方法。

第 10 章　关键岗位培训。本章主要介绍了营销岗位、技术岗位以及客服管理、行政管理、财务管理、人力资源管理等支持性岗位如何开展培训，详细论述了各个岗位如何设置培训内容、选择培训方式、设定培训目标、开展培训需求分析等，为培训管理者组织做好这类岗位培训提供了有益启示。

第 11 章　员工职业生涯管理。本章主要介绍什么是员工职业生涯管理、员工职业生涯管理流程、员工职业发展体系建设办法、员工发展晋升通道建设策略等，针对员工任职资格评估提供了实用的表格工具，针对员工职业发展管理提供了实用的范例。

本书读者对象

本书适用群体非常广，包括从事培训管理工作的员工、主管、经理、总监等，培训讲师，人力资源管理专业的学生，刚刚进入人力资源行业的新人，想要从事培训管理工作的新人，企业各级管理人员，对培训管理有兴趣的人员，等等。

总而言之，《一本书读懂培训管理》一书力求做到实用、新颖、可读性强，成为培训管理领域非常重要的一本工具书，为培训管理者提供指导与参考。但因时间有限，该书可能存在很多缺陷，欢迎大家批评指正。

目录

Contents

1 正确认识培训与培训管理

1.1 如何正确认识企业培训

1.1.1 企业培训的概念与类型

◆ 企业培训的定义

企业培训指的是面向企业开展的，以提高人员素质、能力、工作绩效为目的，实施的有计划、系统化的培养活动。具体来看，企业培训的目的是丰富员工的知识，提高员工的工作技能，改善员工的工作方法、工作态度、价值观等，使个人业绩、组织业绩得以大幅提升，推动个人、组织不断进步。

◆企业培训的分类

根据不同的分类标准，企业培训可以划分为不同的种类，如图 1–1 所示。

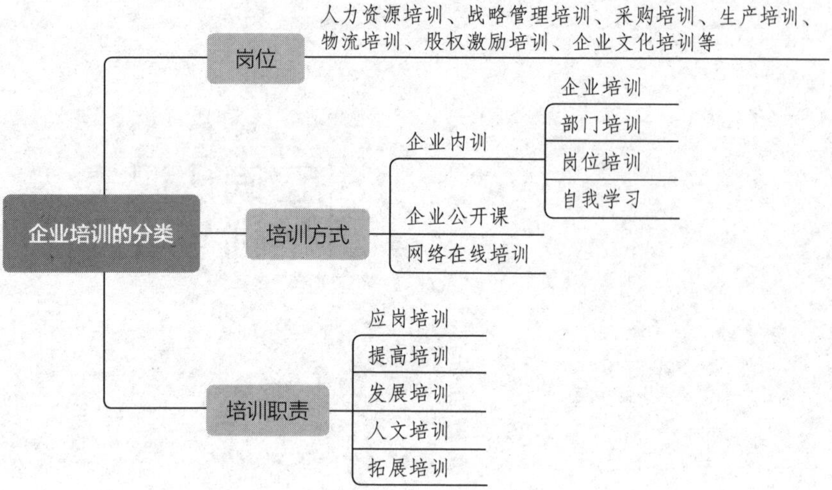

图 1–1 企业培训分类

根据岗位的不同，企业培训可以分为人力资源培训、战略管理培训、采购培训、生产培训、物流培训、股权激励培训、企业文化培训、商务礼仪培训、市场营销培训、销售培训、员工职业化培训、责任体系培训、财务管理体系培训等。

根据培训方式的不同，企业培训可以分为企业内训、企业公开课和网络在线培训。

企业内训是企业人力资源管理部门或培训部门或外部培训机构根据企业的培训需求有针对性地制定培训课程，并推动课程落地实施的过程。通过这种方式开展的企业培训活动的培训时间、培训地点都比较灵活。目前，从全世界范围来看，企业内训是企业最常用的一种培训方式，并且有越来越多的企业开始认识到企业培训的重要性。具体来看，企业内训可以分为企业培训、部门培训、岗位培训、自我学习等。

（1）企业培训。企业培训管理部门根据培训总计划组织的关于企业公共部门的培训，例如企业安全生产条例、管理规章制度等。

（2）部门培训。各部门根据企业培训总计划组织的关于本部门各类知识的培训，例如岗位职责、岗位操作技巧等。

（3）岗位培训。岗位面向员工开展的实际操作技能培训与岗位之间的相互学习。

（4）自我学习。员工自发开展的专业知识学习与操作技能演练。

企业公开课指的是利用公开授课的形式为企业或个人提供工作技能培训，其对象涵盖了社会各个阶层的人群，例如面向职场新人开展的销售知识培训、面向具有资深经验的管理者开展的管理技能培训等。

网络在线培训，又称 e-Learning，指的是利用信息技术和互联网技术进行内容传播和快速学习的方法。近年来，信息革命对社会各个领域产生了深刻影响，需要人们快速更新知识体系，更好地把握瞬息万变的市场。互联网作为天然的信息载体，在教育领域的应用将更好地满足人们的这一需求。

根据培训职责的不同，企业培训可以划分为应岗培训、提高培训、发展培训、人文培训、拓展培训。

（1）应岗培训，其目的是让员工达到上岗要求。

（2）提高培训，其目的是通过培训提高员工的岗位业绩。

（3）发展培训，其目标是帮助员工做好职业生涯规划。

（4）人文培训，指的是关于人文、音乐、亲子教育、服务搭配等内容的培训。

（5）拓展培训，即户外体验式培训。体验培训强调员工感受、学习，而不是单纯地听讲。在体验式培训的过程中，员工处于主体、主导地位，更容易接受这种类型的培训。

1.1.2　企业培训的目的和意义

◆培训的目的

从满足企业经营需要的层面来讲，企业培训大致有四个目的：

（1）长期目的：通过培训活动满足企业战略发展对人力资源的需要。

（2）年度目的：通过培训活动满足企业年度经营对人力资源的需要。

（3）职位目的：通过培训活动满足员工高效率完成工作所需知识、技能方面的需要。

（4）个人目的：通过培训活动满足员工实现职业生涯规划目标的需要。

◆培训的意义

近几年，培训已成为一种流行活动，各个企业都在积极开展培训活动。对于企业来说，培训意义重大，但从不同的角度看，培训具有不同的意义。

（1）企业的角度。

从企业角度来看，培训是一项回报率极高的投资活动。据美国培训与发展协会（American Society for Training & Development，ASTD）统计，相对于普通企业来说，开展培训活动的企业的利润增长率要比平均值高37%，人均产值要比平均值高 57%，股票市值要比平均值高 20%。

除此之外，培训还能提升企业的竞争力，增强企业的凝聚力，帮助管理者、员工解决各种各样的问题。企业运营过程中不免出现各种问题，很多时候，培训都是解决问题最直接、最快速、最经济的方案。

（2）企业经营管理者的角度。

从企业管理者的角度来看，培训能为企业带来六大好处，如表 1–1 所示。

表 1–1 企业管理者视角下培训的意义

意义	表现
减少事故发生	研究发现，企业 80% 的事故都是因为员工违规操作引发的。企业通过培训可以提高员工的安全意识，让员工掌握安全知识与规范操作流程，减少事故发生
提高工作质量	通过培训，员工可以掌握正确的工作方法，改变不良的工作习惯，提高工作质量
提高员工的整体素质	通过培训，员工的整体素质水平会有所提升，使劳动生产率得以大幅提升
降低损耗	通过培训，员工可以掌握正确的生产流程与方法，提高技能水平，降低生产损耗
提高新产品研发能力	通过培训，企业可以不断提高员工的创新能力，激励员工积极研发新产品，扩大市场占有率
改进管理内容	参与培训后，员工的整体素质大幅提升，会主动参与管理，改进管理内容，提高管理水平

（3）员工的角度。

从员工的角度来看，培训能为其带来四大益处，如表 1–2 所示。

表 1–2 员工视角下企业培训的意义

意义	表现
增强就业能力	对于员工来说，培训就是“充电”，可以增长新知识、新技能，增强就业能力，为将来的换岗、换单位做好准备
获得较高收入	员工收入水平与工作效率、工作质量密切相关。通过培训，员工可以提高自己的工作技能，进而提高工作效率与工作质量，申请获得更高的报酬
增强职业的稳定性	企业培养员工主要为满足自身的发展需求，在投入巨资完成员工培养后，企业会想方设法留住这些员工，这样一来，员工的工作就变得非常稳定
让自己更具竞争力	企业每年都会有新人进入，为了提高自己的竞争力，员工必须不断学习，而培训无疑是效果最好、效率最高的一种学习方式

总而言之，培训可以提高员工的工作技能，帮助员工做好职业发展规划，让企业永葆活力，不断提升自身的竞争力，这些就是培训的意义所在。

1.1.3 企业培训方法选择方案

实践证明，企业培训效果深受培训方法的影响。现有的企业培训方法有很多，比如讲授法、演示法、研讨法、视听法、角色扮演法、案例研究法、模拟与游戏法等。下面对这七种培训方法进行详细阐述。

◆讲授法

讲授法是一种非常传统的培训方法，指的是培训师通过语言向学员传授知识，希望学员能够记住其中的关键点，并将其应用于实践的一种培训方法。利用讲授法开展企业培训，培训师必须拥有丰富的知识与经验；讲授过程要系统完整、条理分明，有重点、有难点；培训师的语言必须清晰、准确、生动，而且要在讲授的过程中合理地运用板书与多媒体设备，增强培训效果；讲授结束，培训师要留出一定时间与学员沟通，获得学员反馈，据此改进之后的培训课程与内容。

◆演示法

演示法指的是由拥有丰富工作经验、超高工作技能的员工或主管人员对受训者进行培训的方法，如果是一对一培训，就是所谓的师带徒培训。培训者的任务是向受训者传授工作技能与方法，鼓励受训者，为受训者提供有益建议。这种培训方式不要求有详细的教学计划，但需要注意关键环节的工作要求，掌握工作原则与工作技巧，防止出现问题。在培训开始前，培训师必须准备好所有的教学用具，一边演示一边讲解操作要点，示范结束后让受训者模仿操作，并对受训者的操作进行反馈。

◆研讨法

研讨法可分为两种形式，一种是一般研讨会，一种是小组讨论。一般研讨会会提前设置一个主题，会议过程中或者会议结束后学员可以和演讲者交流，费用较高；小组讨论就是将与问题相关的人员召集在一起，就某一问题进行交流讨论，费用较低。研讨法培训的目的在于提高能力、交流信息、培养意识，比较适合用于管理人员培训。需要注意的是，企业使用研讨法培训，每次讨论之前都要确定目标，让参与者了解目标，激发受训者对问题的兴趣，引导受训者积极思考。

◆视听法

视听法指的是利用现代视听技术，例如投影仪、电视、录像、电脑等工具对员工进行培训。为保证培训效果，企业必须根据课程主题选择合适的视听教材，播放前说明培训目的，一边播放一边进行讨论，以增进员工对视听内容的理解。讨论结束后，培训师必须进行总结，将具体方法清楚明白地告诉受训人员。

◆角色扮演法

角色扮演法指的是在一个模拟的工作环境中，由培训师指定某一位受训者扮演某种角色，让其模拟性地处理工作事务，从而提高受训者的问题处理能力。这种方法比较适合用来培训员工的人际交往技能，例如询问、电话应对、销售话术、业务会谈等，非常适合用来开展新员工入职培训，可以让新员工更快、更好地适应新的工作环境。

使用这种方法开展培训活动，培训师必须提前准备好所用材料和场景工具，保证每一事项都能代表培训计划中教授的行为。为了鼓励演练者，培训师要引导全体学员在演出开始前、结束后热烈鼓掌。另外，演出结束后，培训师要就演练者在模拟处理事务过程中出现的问题进行总结、讨论。为保证培训效果，培训者可以将角色扮演法、授课法、讨论法结合起来使用。

◆案例研究法

案例研究法指的是培训师为受训者提供员工或企业如何处理某一问题的书面描述，也就是案例，让受训者对案例进行分析、评价，提出解决方案的培训方法。目前，案例研究法主要用于企业管理人员培训，目的在于提升管理人员的决策能力，引导管理人员有效应对各种突发事件。需要注意的是，培训使用的案例必须真实，而且要与培训内容保持一致，切忌伪造案例进行培训。

◆模拟与游戏法

模拟与游戏法就是通过模拟和游戏的形式对员工进行培训，如果游戏涉及竞争，必须有明确的游戏规则和结局。

上述七种培训方法各有优缺点，企业要根据培训目的、培训内容、培训对象的特点、企业现有的培训资源选择合适的培训方法。七种培训方法的优缺点比较如表 1–3 所示。

表 1–3　七种培训方法的优缺点比较

培训方法	优点	缺点
讲授法	（1）使用方便，可以同时对多人进行培训； （2）可以让学员系统地掌握新知识、新技能； （3）可以很好地把控学习进度； （4）可以加深学员对不易理解的内容的理解	（1）学习效果非常容易受培训师水平的影响； （2）学员与培训师缺乏交流，学过的知识很容易忘记，所以经常用来进行理念性知识培训
演示法	（1）可以让培训师与学员建立良好的关系，提高培训质量与效率； （2）一旦企业内部出现人员变动，受训者可以立即上岗补缺	培训师选择困难，有些经验丰富的员工出于自身利益考虑不愿担任培训师一职
研讨法	（1）强调学员积极参与，鼓励学员积极思考，提出问题，表达个人感受，可有效激发学员的学习兴趣； （2）学员之间可多向传递消息，相互交流经验，取长补短，提高自身的能力； （3）可增强学员的责任感，改变学员的工作态度	（1）对培训师的要求较高； （2）对课题选择要求较高，因为课题选择直接影响培训效果； （3）对学员要求较高，因为学员水平也会直接影响培训效果； （4）无法让学员系统地掌握某种知识与能力

续表

培训方法	优点	缺点
视听法	（1）直观鲜明，容易给学员留下深刻的印象； （2）教材生动，可以很好地激发学员的学习兴趣； （3）教材可反复使用，可以满足不同水平学员的学习需求	（1）视听设备、视听教材的成本较高； （2）视听教材选择困难，内容需要实时更新； （3）反馈效果不佳，只能作为辅助教学手段
角色扮演法	（1）学员参与性强，学员与培训师之间可以进行充分交流，从而提高学员学习的积极性； （2）特定的模拟环境与主题可以很好地提升培训效果； （3）学员通过观察其他学员的扮演行为可以学到很多实用技能； （4）模拟后指导可以让学员认识到自身的不足，并及时改正	（1）对培训师的要求较高； （2）问题分析仅限于个人，不具有普遍性； （3）容易对学员的态度产生影响，却很难对学员的行为产生影响
案例研究法	（1）学员参与性强，变被动学习为主动参与； （2）可以提高学员的问题解决能力，引导学员积极参与企业问题解决； （3）生动形象，直观易学； （4）可以让学员养成向他人学习的习惯	（1）案例准备耗时较长； （2）对培训师、学员的要求较高； （3）案例来源经常无法满足培训需求
模拟与游戏法	可以激发学员学习的积极性，帮助学员改善人际关系，加深学员对课程内容的理解	相较于其他培训方法来说，这种方法比较耗费时间，而且效果还没有得到证实

1.2　如何正确认识培训管理

1.2.1　培训管理的概念与内涵

培训管理指的是企业为了更好地开展培训，让培训活动在企业内部真正落地，对培训活动进行规划、组织、实施、评估、改进等一系列管理活动的总称。培训管理是人力资源管理中非常重要的一项内容，直接影响企业的培训效果。具体来看，培训管理有三层含义，如图 1-2 所示。

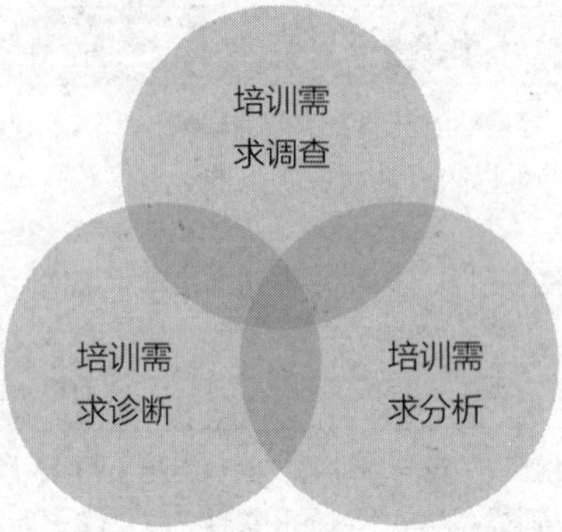

图 1–2　培训管理的三层含义

（1）培训需求调查。培训需求调查指的是人力资源部门面向企业各部门员工收集关于企业培训的意见与建议的过程。在这个过程中，人力资源部门要结合企业过去的培训活动与效果，综合企业发展的中短期目标，对企业的培训需求进行分类，为培训计划的制订提供参考与指导。

（2）培训需求分析。培训需求分析是在培训需求调查的基础上，为培训计划的深化、具体化提供数据支持。例如，人力资源部门针对企业高层管理者的现状与期望安排针对性培训，并就培训预算开展针对性调查。如果是针对具体培训项目的需求分析，就需要进行培训需求诊断了。

（3）培训需求诊断。有些时候，人力资源部门通过汇总员工的意见与建议提出的培训意向与企业希望解决的问题没有因果关系。在这种情况下，对于一些以解决问题为目标的培训需求，尤其是一些有针对性的培训活动，需要相关人员深入企业，进入基层，利用自己的专业知识与工具对问题进行诊断、分析，让培训做到有的放矢。

1.2.2　培训管理者的角色定位

培训管理者的工作非常复杂，不只是培训规划与实施那么简单。要想保证培训效果，培训管理者必须明确自己在实际工作过程中扮演的角色，根据不同的角色提升自身的能力。具体来看，培训管理者扮演的角色大致有八种，如图 1–3 所示。

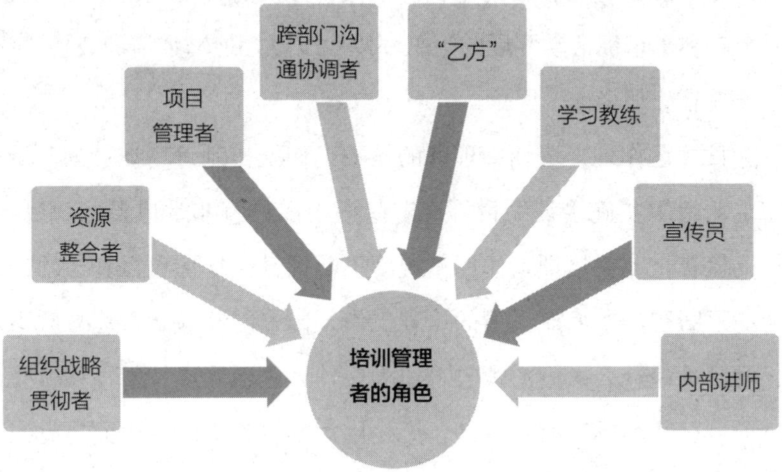

图 1–3　培训管理者扮演的八种角色

◆组织战略贯彻者

对于组织来说，培训最重要的功能就是为自己培养需要的人才，更好地实现战略发展目标。为此，培训管理者必须扮演好组织战略贯彻者的角色，对组织的战略目标做出准确、充分的理解，据此规划组织培训计划，为战略目标的实现提供人才支持。

◆资源整合者

很多时候，培训管理者都处于“巧妇难为无米之炊”的境地。因为很多组织都将培训视为“成本中心”，认为培训活动只消耗、不产出，所以不会为培训活动分配太多资源，导致培训管理者的活动处处受限。在这种情况下，培训管理者不得不关注培训活动的有效性，用最少的资源产生最大的工作成果。为了做到这一点，培训管理者必须对组织内部、外部的资源进行有效整合，使资源消耗与工作成果达到平衡。

在组织外部，这种整合就是整合外部提供的培训师、公开课、在线课程、免费培训活动等，将这些资源为自己所用；在组织内部，就是整合内部专业能力创建自己的培训师队伍，开发有针对性的培训课程，营造一个有利于培训活动开展的组织环境，以更好地增强培训效果。

◆项目管理者

除日常运作外，培训管理者的核心工作就是制订培训计划、调查培训需求、组织实施培训项目等，这些活动都具有非常典型的项目特征。另外，随着企业对培训工作的重视度不断提升，培训项目和与培训有关的活动不断增加。面对大量的培训工作，传统的经验式管理方式不再适用，项目管理进入人们的视野。作为一种先进的管理技术，项目管理可以对项目型活动进行有效管理，产生巨大的管理效益。由此可见，对于培训管理者来说，具备项目管理者的视角与基本能力是提高管理技能与管理效能的重要方法。

◆跨部门沟通协调者

培训活动涉及范围极广，不同的人对培训活动有不同的要求，也会对培训工作的开展产生不同的影响。面对这种情况，培训管理者的一项非常重要的工作就是扩大这种积极影响，将消极影响降到最低。要想做到这一点，培训管理者必须做好沟通协调。

事实上，培训管理者的工作与项目经理非常相似。一方面，培训管理者必须对培训结果负责；另一方面，培训管理者不具备职能权力。在此情况下，培训管理者只能通过有效沟通与协调，发挥非职权的领导力与影响力，获得领导及员工的支持，推动培训工作顺利开展。

◆“乙方”

很多培训管理者认为企业的培训效果在很大程度上取决于培训讲师，如果培训效果不佳，就会问责培训讲师。在这种情况下，培训管理者站在“甲方”视角审视整个培训工作，这是非常不科学的。因为在培训活动中，“教”与“学”存在很大的矛盾，培训管理者必须正确认识这一矛盾，认识到培训效果深受“学”的影响，将目光聚焦内部，而不是外部。

从这一角度看，培训管理者就从“甲方”变成了“乙方”，其工作从“提出需求与要求”转变为“了解需求、满足需求”，获得培训项目发起人、培训需求部门及学员的理解与支持。只有正确认识到自己“乙方”的身份，培训管理者才能真正做到从培训需求出发，切实保证培训效果。

◆学习教练

“学习教练”是行动学习中的一个概念，这里所说的“学习教练”与其内容存在一些差异。在培训管理中，培训管理者作为学习教练的主要任务是为学员创建一个可以持续学习的环境。例如，在培训过程中鼓励学员积极参与活动，主动思考；培训结束后主动跟进学员的实践情况，收集问题，答疑解惑；创建有利于学员沟通的平台，如微信群、QQ 群等；开发能够提高学习效率与效果的培训方式；激发学员的学习热情等。

◆宣传员

对于组织来说，培训还有一项非常重要的功能，就是宣传。通过培训，培训管理者可以将组织文化、组织战略、组织理念、组织价值观等在潜移默化中融入员工意识，统一员工的思想与认知。在这个过程中，培训管理者扮演的就是宣传员的角色。要想扮演好这一角色，培训管理者必须真正理解组织的培训意图。

◆内部讲师

培训管理者不一定要担任内部讲师，反而应该担任内部讲师的培养者。当然，如果管理者担任内部讲师，可以使自身能力与修养得以大幅提升。在这种角色下，培训管理者可以更好地关注培训需求，对“教”

与“学”之间的关系做出更好地理解，做好培训技术的开发与实践，推动培训成果持续转化。

1.2.3 培训管理者的岗位职责

◆培训管理者的岗位职责

培训管理者的岗位职责非常多，大致可以归结为三个方面，分别是战略促进、培训实施与培训实践，如表 1-4 所示。

表 1-4 培训管理者的岗位职责

岗位职责	具体内容
战略促进	（1）制定与组织目标和组织战略相关的培训目标和战略； （2）开发并合理运用培训资源； （3）推动培训文化建设； （4）建设开放式的培训信息系统； （5）推动组织文化发展； （6）为部门提供培训支援； （7）开发超前的培训供应系统； （8）主持组织培训评估； （9）建设并管理培训组织
培训实施	（1）实施培训需求调查； （2）制定培训目标和计划； （3）组织培训计划的执行； （4）全程评估培训活动； （5）提供培训信息； （6）具体分配培训资源的使用； （7）参与组织的培训评估； （8）配合讲师的课程实现
培训实践	（1）配合学员了解培训需求； （2）配合培训需求进行培训课程的开发； （3）配合课程实现的技术开发； （4）配合培训计划实施培训课程； （5）对学员的成长给予鼓励和肯定； （6）培训形式的开发和在实践中的应用； （7）在线培训咨询

◆培训管理者的岗位职责与培训文化

培训管理者扮演的角色在很大程度上取决于培训文化。培训管理者要想实施战略促进、培训实施、培训实践三大职能，必须有所侧重，至于侧重哪一方面则与企业培训文化有关。

培训文化的发展可分为三个阶段：一是培训文化淡薄阶段；二是培训文化发展阶段；三是培训文化成熟阶段。根据这一划分，可将培训管理者的职能与培训文化发展之间的关系表述如下：

在培训文化淡薄阶段，培训工作仅是培训工作者的职责，培训活动没能与组织目标建立紧密联系，培训活动开始前没有对员工培训需求进行评估。在此阶段，培训管理者无法强行实施战略促进职能，因为操作不当可能取得反效果，只能先做好培训工作，在此基础上寻求突破。

在培训文化发展阶段，组织对培训工作予以高度重视，培训管理者的地位不断提升。

在培训文化成熟阶段，培训管理者逐渐从事务性工作中解脱出来，在战略方面投入大量时间与精力。

1.3 如何建设培训管理制度

1.3.1 培训管理制度建设意义

对于企业来说，制度是一种非常有效的管理手段，相当于企业的“法”。企业不论规模大小，要想实现规范化运行，都必须建立制度，培训管理制度的建立也是基于此。具体来看，培训管理制度建设的意义主要表现在以下几个方面，如图 1–4 所示。

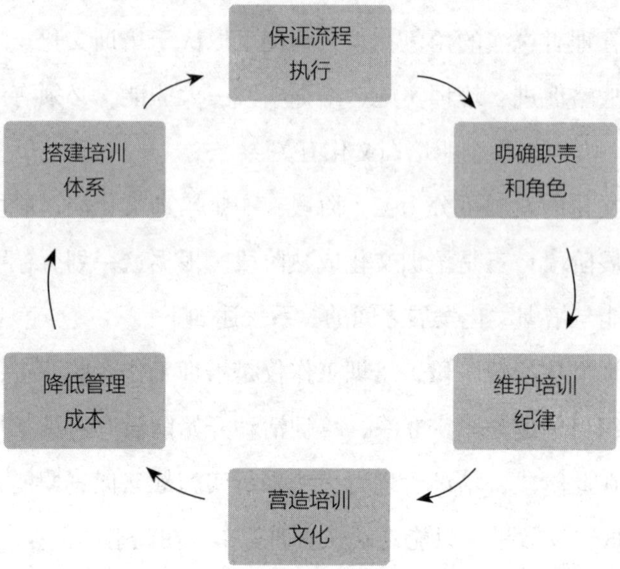

图 1–4　培训管理制度建设的意义

（1）保证流程执行。企业中的每项工作都有流程，先有流程后有制度，制度为流程服务，保证流程实施。只有制度与流程共同作用，才能为企业管理奠定坚实的基础。

（2）明确职责和角色。离开制度的维护，培训实施起来就会杂乱无章，培训部门与业务部门之间非常容易出现互相推诿的现象。只有通过建立制度明确各部门在培训中的职责，才能吸引他们参与培训，共同承担责任，推动制度顺利执行。

（3）维护培训纪律。如果企业没有建立培训制度，受训者就会随意行事，不仅参与度不高，还有可能无故缺席，导致培训效果大打折扣。

（4）营造培训文化。制度是文化的一种表现，可以将文化固化下来，将意识层面的内容转化为书面文字，供员工学习、阅读。

（5）降低管理成本。由于培训过程中难免会出现问题，培训管理制度就为这些问题的解决提供了切实可行的依据，让管理人员可以公正地处理这些问题以获得员工理解与支持。

（6）搭建培训体系。培训体系涵盖了运行层面、资源层面和制度层面三个层面的内容。只有做好制度层面的建设，资源层面的供给才能到位，运行层面才能顺利进行下去。

1.3.2 培训管理制度建设原则

企业培训制度的建立需要立足于企业自身的特点和实际，与企业人力资源结构和政策相结合。虽然目前还没有“放之四海而皆准”的培训管理制度，但企业培训制度的建设有一些通用的原则，如图 1–5 所示。

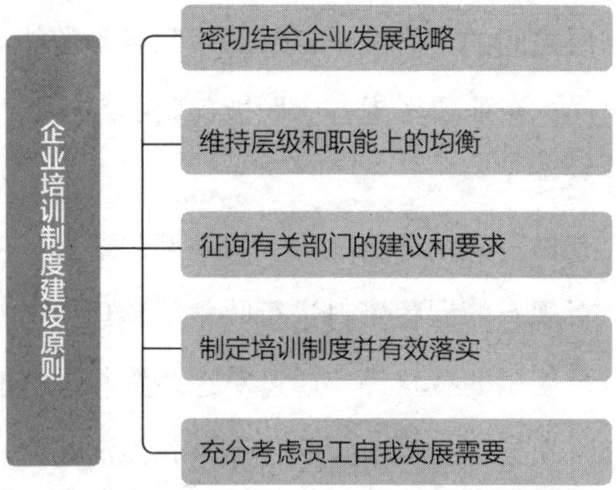

图 1–5 企业培训制度建设原则

（1）密切结合企业发展战略。

企业组织培训活动的目的在于提升员工的素质与能力，让员工更好地完成工作，从而达到企业的经营目的。所以，企业培训制度建设必须与企业发展战略、企业实际情况紧密结合。

例如，某高科技信息技术产业企业为员工发展设置了两条路径，一是技术职业发展路径，二是管理职业发展路径。如果某员工专业技术非常优秀，可以走技术通道，从普通的技术员到高级工程师再到总工程师。在这种情况下，企业培训课程体系建设不仅要考虑通用的管理类课程，还要设置一些不同层次、不同水平的专业课程。

（2）维持层级和职能上的均衡。

从企业人才培养方面看，骨干员工与核心员工应该成为企业培训的重点对象，但企业也不能忽略其他员工的培训。企业培训课程体系建设必须保证每位员工都能接受到符合自身需求的训练。为了做到这一点，企业必须从横向、纵向两个方向考虑设计培训课程体系：纵向，企业要考虑新员工到高层之间的不同级别，针对不同级别的能力要求设置不同的培训课程；横向，企业要考虑各个职能部门的培训需求，据此设置培训课程。

在对上述要素做了全面分析之后，培训部门还有一项重要工作，就是建立资料库，对现有的课程资料进行收集、整理，包括培训师使用的课件、教案和学员使用的教材等，通过对这些资料进行改进来创建自己的特色课程。如果缺失这一环节，课程体系就无法建立。为保证培训工作可以正常运转，企业必须做好培训管理。

（3）征询有关部门的建议和要求。

企业培训制度的建立虽然交由培训部门负责，但绝不仅是一个部门的事情，需要获得企业高层领导的支持和其他部门的配合。企业培训制度中的任何一个细则都要达成共识，否则很难落地执行。

以开发与设计部门的培训课程为例，不同部门与岗位有不同的培训需求。员工在实际工作过程中经常遇到哪些问题，需要哪些知识与技能，各职能部门的管理者比培训管理者更清楚。所以，企业培训课程设置必须建立在对各部门培训需求进行深入了解与把握的基础之上。

培训需求调查过程中的职务分析就是明确各岗位的能力要求，根据培训对象进行课程开发。为更好地了解员工的能力状况，有些企业引入了胜任力模型[①]，利用此模型进行培训课程设计。

（4）制定培训制度并有效落实。

有些企业虽然建立了培训制度，但流于形式，并没有贯彻落实，这一问题的出现与企业文化密切相关。对于企业来说，制定一套切实可行的培训制度，并将其贯彻落实下去，可以解决很多问题。以培训对象的选拔为例，如果企业制定了培训积分制度，要求每位员工的培训积分必须达到一定的标准，将培训积分与薪资、职位晋升挂钩，可以很好地防止“代替培训”的事情发生，让所有需要接受培训的员工都能按时参加培训。

再比如内部讲师制度，要想让内部讲师安心授课就必须建立相应的制度。很多企业的内部讲师都是兼职人员，由企业内部优秀员工或领导兼任，他们有自己的工作，只在企业需要的时候兼任讲师一职。如果其直属上司不支持这一工作，培训活动极有可能无法开展。为此，企业必须根据自己的实际情况制定相关制度，鼓励优秀员工或领导担任内部讲师，让员工认识到担任讲师是一种荣耀，并将这种荣耀感延伸到其直系

---

① 胜任力模型（Competence Model）是针对特定职位表现优异要求组合起来的胜任力结构，是人力资源管理与开发实践（如工作分析、招聘、选拔、培训与开发、绩效管理等）的重要基础。

领导身上，为培训活动的开展提供人力支持。

（5）充分考虑员工自我发展需要。

员工职业发展规划包含两大内容：一是员工自己为自己制定的职业生涯规划；二是企业对员工职业发展的规划与管理。如果企业培训制度的建立能够与员工自我发展需要相结合，就能在促进员工发展的同时，让员工为企业发展做出更多贡献。

有些企业出现岗位空缺时会优先考虑从内部选拔合适的人员，这样就给优秀员工提供了发展空间。如果企业可以根据这个空缺岗位的职务要求有针对性地为员工提供培训，就能很好地留住员工，助力员工更好地发展。

企业培训制度的建立是一个漫长的过程，不能一蹴而就。如果企业还没有建立培训制度，或者培训制度还不完善，需要逐步积累资源。在培训组织机构与相关的硬件体系尚未建立起来之前，培训管理员可以逐步积累培训资源，建设软件体系。例如，根据企业的实际情况对引入的外部课程进行改善，将其打造成企业自有的特色培训课程，逐步建立课程体系、培训师体系。

目前，虽然很多企业都认识到了培训的重要性，在培训领域投入了很多资源，但培训效果却不尽如人意，导致这一问题出现的原因就是企业缺乏一套科学的培训管理制度。由此可见，对于企业来说，建立一套符合企业实际情况的培训管理制度至关重要。

1.3.3 培训管理制度落地方案

在建立了培训管理制度之后，要想让该制度发挥出应有的作用，企业必须推动该制度落地，为此，企业要建立培训管理制度落地方案。具体来看，培训管理制度落地方案的建立必须做到以下几点，如图 1–6 所示。

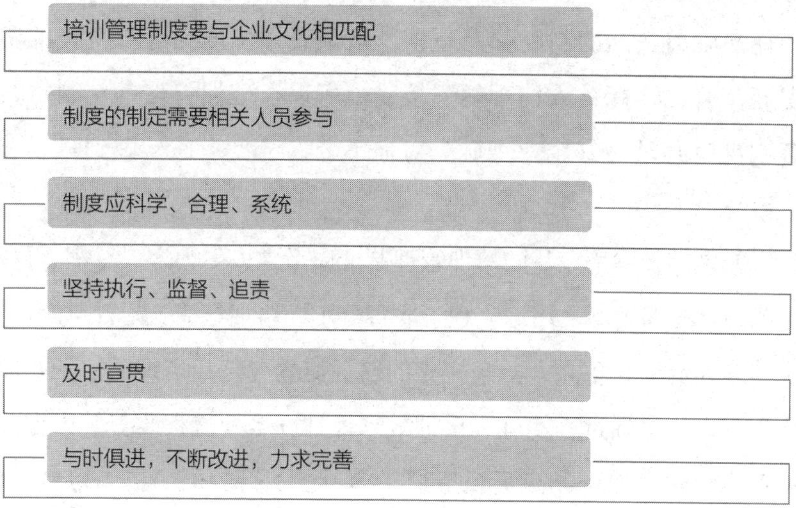

图 1–6 培训管理制度落地方案

（1）培训管理制度要与企业文化相匹配。

企业的任何制度都要与企业文化相匹配，企业培训管理制度也是如此。具体来看，企业文化涵盖了理念层、制度层、行为层、表象层四个层面的内容，既要内化于心，让员工认可企业文化，又要外化于行，让员工行为与企业文化保持一致，还要固化于制，通过制度将行为、理念固定下来。所以，制度就是企业文化的一种表现形式，具有固定文化的功能，企业应先确定文化，在文化框架下建立与之匹配的制度。

（2）制度的制定需要相关人员参与。

培训管理制度的落地需要相关人员主动执行，为了提高相关人员执行制度的积极性、主动性，企业需要引导相关人员参与制度制定，让相关人员将制定、落实培训管理制度视为自己的工作，从而自觉维护、主动执行。同时，人力资源管理部门要不断创新员工参与制度制定的方式，吸引更多员工参与到培训管理制度制定过程中来。

（3）制度应科学、合理、系统。

任何脱离实际的制度都是空谈，培训管理制度只有与企业的实际情况相契合，才能被人们理解、接受。所以，培训管理者在制定培训管理制度时必须做好企业把脉，对症下药，全盘考虑，做到科学、合理、系统。

一般来讲，一个完整的培训管理制度应考虑以下内容：总则、目的、适用范围、培训类型、培训流程、职责分工、培训纪律、附件、费用等。其中，培训流程是重点，一个完整的培训流程应包括培训需求调查、培训计划制订、培训过程实施、培训效果评估、培训流程改善等内容。培训评估不仅包括培训结束后反应层、学习层、行为层、结果层的评估，还包括培训前、培训过程中的评估。培训前的评估指的是培训前选择的培训对象、确定的培训需求是否与企业的实际情况相符；培训过程中的评估指的是培训实施过程是否与培训计划相符。培训需求调查应重点关注如何进行需求调查。培训过程管理应明确培训方式、课程开发方式，确定培训讲师。

（4）坚持执行、监督、追责。

目前，有些企业建立了培训管理制度，却没有落地执行。为解决这一问题，企业必须对培训管理制度的落地进行监督，对不主动执行培训管理制度的部门追责，以维护培训管理制度的严肃性，保证培训管理制度可以顺利落地实施。

（5）及时宣贯。

培训管理者制定了培训管理制度之后必须进行宣传，让业务部门知晓该制度，并主动执行。为此，企业可以在培训管理制度确定下来之后召开代表大会进行培训，这些代表最好是中高层管理者、各部门主管，让他们在规定时间内完成部门转训工作。如果不进行宣传，培训管理制度再完美也无法落到实处，产生应有的效果。

（6）与时俱进，不断改进，力求完善。

企业要根据实际情况不断完善培训管理制度，因为只有各方通力合作，各自承担起自己的职责，才能推动培训管理制度有效落地。在培训管理制度落地的过程中，各岗位职责分工如表 1–5 所示。

表 1–5　各岗位的职责分工

具体岗位	具体职责
老板	① 提供资源确保落实制度； ② 带头执行培训管理制度
人力资源部门	① 了解企业文化及现状，结合企业文化和企业现状制定培训管理制度。 ② 了解企业是否提供资源支撑制度的落实； ③ 向全员宣贯培训制度，对存在困惑的地方进行讲解说明； ④ 主动执行、监督、追责； ⑤ 收集在执行过程中出现的问题，不断改进，让制度与时俱进
管理者	① 参与制度制定过程，提供建设性意见； ② 主动向人事部门反馈执行过程中的问题； ③ 遵守培训管理制度并监督下属遵守
员工	① 自觉遵守培训管理制度； ② 主动向人事部门反馈执行过程中的问题

在落实培训管理制度的过程中，企业必须做到具体问题具体分析，切忌照搬照抄。一套培训管理制度的好坏不在于内容的多少，在于能否落地执行，而执行效果的好坏则取决于人力资源部门能否调动全体员工，让员工积极、主动地贯彻执行。

【延伸阅读】 培训管理方案及常用表格汇总

×× 企业培训管理方案

1. 目的

为验证本企业员工的资格并提供必要的培训，以确保并提升人员素质与提高工作效率，进而达到人力资源的可持续发展。

2. 适用范围

企业全体员工的各种类型培训。

3. 职责

3.1 本程序由行政部制定，管理者代表审查，总经理批准，相关人员配合执行

3.2 培训的申请：各部门负责人

3.3 培训的批准：行政部经理审核，总经理批准

3.4 培训的安排：除特别需要外，由行政部培训组会同相关部门负责人安排

3.5 培训的实施：涉及培训内容相关部门配合实施

3.6 培训的考核：行政部和相关部门负责人或培训老师组织

3.7 培训的检查：培训组检查，行政部经理会同总经理审查

4. 定义

4.1 职前培训

即新进员工入司报到后 0.5 ～ 3 天以上的培训，使其了解企业政策及各种规章制度并认识环境，了解自身工作的职责范围及相关工作知识。

4.2 在职培训

正式员工的培训，可分为“专业培训”与“一般性培训”两种。

4.3 专业培训

专业性技术性知识进行的在职培训。

4.4 一般性培训

除专业性技术性知识外进行的在职培训。

5．内容

5.1 部门负责人提出培训需求

5.1.1 新员工进入企业或新产品上市均可提出培训需求。

5.1.2 每年12/15日前提出次年度培训需求。

5.1.3 内部培训填写《员工培训申请表》。

5.1.4 若为外派培训，填写《个人外派培训申请表》。

5.2 培训需求纳入培训安排

5.2.1 培训需求需经行政部经理批准方可纳入培训计划。

5.2.2 根据培训需求的紧急程度汇总《年度培训计划表》。

5.2.3 若为外派培训，需经分管副总经理或总经理批准。

5.2.4 通用性项目可安排在同一时段集中培训。

5.3 拟定培训教案：行政部相关职员会同相关部门负责人拟定培训内容

5.4 培训前准备

5.4.1 通知相关人员参加培训。行政部相关职员通过电话或书面通知形式发出培训通知。

5.4.2 内部培训需安排培训老师。

5.4.2.1 被指派担任培训老师的人员，视其曾受过的培训、学历、经历、语言或其他方面的技能，由其上级主管鉴定其资格。

5.4.2.2 通知其培训时间、地点、培训内容。

5.4.3 培训教具、教室准备。根据需要申领培训所需电脑、白板、白板笔等教具。

5.5 培训实施

5.5.1 培训签到。

5.5.1.1 到训人员在《培训签到表》上签到。

5.5.1.2 若不能准时到达，需请假。

5.5.2 授课：全体培训人员需遵守课堂纪律，不得有大声喧哗、交头接耳、做与课堂无关的事等。

5.6 培训考核

行政部会同相关部门负责人或培训老师共同制定培训考试题并负责监考。

5.7 培训检查

5.7.1 外派培训检查。

5.7.1.1 需缴验相关证书。

5.7.1.2 证书正本由培训组保留，复印件交还本人。

5.7.2 内部培训检查。

5.7.2.1 培训组发放《培训学员意见调查表》。

5.7.2.2 培训组负责填写《员工培训记录表》并存入员工个人档案。

5.7.2.3 外派培训结束由相关部门负责人填写培训报告表。

5.7.3 除《员工培训记录表》外所有表格存档。

5.7.4 行政部经理会同总经理对表格进行审查并提出意见。

6．附件

6.1 附件1：员工培训申请表

6.2 附件2：个人外派培训申请表

6.3 附件3：年度培训计划表

6.4 附件4：培训签到表

6.5 附件5：培训学员意见调查表

6.6 附件6：员工培训记录表

附件 1

员工培训申请表

<table>
<tr><td>申请部门</td><td colspan="2"></td><td>申请人</td><td colspan="2"></td></tr>
<tr><td>培训时间</td><td colspan="2"></td><td>总时数</td><td colspan="2"></td></tr>
<tr><td>培训地点</td><td colspan="5"></td></tr>
<tr><td>培训老师</td><td colspan="2"></td><td>所需费用</td><td colspan="2"></td></tr>
<tr><td colspan="6">需培训人员（共多少名）</td></tr>
<tr><td>姓名</td><td>职位</td><td>姓名</td><td>职位</td><td>姓名</td><td>职位</td></tr>
<tr><td></td><td></td><td></td><td></td><td></td><td></td></tr>
<tr><td></td><td></td><td></td><td></td><td></td><td></td></tr>
<tr><td></td><td></td><td></td><td></td><td></td><td></td></tr>
<tr><td></td><td></td><td></td><td></td><td></td><td></td></tr>
<tr><td></td><td></td><td></td><td></td><td></td><td></td></tr>
<tr><td></td><td></td><td></td><td></td><td></td><td></td></tr>
<tr><td></td><td></td><td></td><td></td><td></td><td></td></tr>
<tr><td colspan="3">培训内容</td><td colspan="3">培训所需器材</td></tr>
<tr><td colspan="3"></td><td colspan="3"></td></tr>
<tr><td colspan="3">部门经理审核</td><td colspan="3">行政部经理审核</td></tr>
<tr><td colspan="3"></td><td colspan="3"></td></tr>
<tr><td colspan="6">总经理审批</td></tr>
<tr><td colspan="6"></td></tr>
</table>

附件 2

个人外派培训申请表

<table>
<tr><td>姓名</td><td></td><td>工号</td><td></td><td>部门</td><td></td><td>职位</td><td></td></tr>
<tr><td colspan="2">培训机构</td><td colspan="2"></td><td colspan="2">培训课程</td><td colspan="2"></td></tr>
<tr><td rowspan="5">课程内容</td><td>课程名称</td><td>开始日期</td><td>结束日期</td><td>学费</td><td colspan="3">备注</td></tr>
<tr><td></td><td></td><td></td><td></td><td colspan="3"></td></tr>
<tr><td></td><td></td><td></td><td></td><td colspan="3"></td></tr>
<tr><td></td><td></td><td></td><td></td><td colspan="3"></td></tr>
<tr><td></td><td></td><td></td><td></td><td colspan="3"></td></tr>
<tr><td colspan="8">我个人参加上项机构所举办的培训，培训课程细目如上，所需经费需 / 不需由企业负担，此项培训必须能增加我未来工作效率。如课程培训时有改变，我必须依照企业规则通知有关部门。培训期间个人如触犯任何企业培训规则，愿意由企业扣除本人薪水以抵缴企业代付学费

签名：　　　　　　　　　　　　年　月　日</td></tr>
<tr><td colspan="4">部门主管（经理）审批</td><td colspan="4">行政部经理审批</td></tr>
<tr><td colspan="4"></td><td colspan="4"></td></tr>
<tr><td colspan="8">总经理审批</td></tr>
<tr><td colspan="8"></td></tr>
<tr><td>备注</td><td colspan="7"></td></tr>
</table>

附件 3

年度培训计划表

年　　月　　日

培训主题	培训对象	培训地点	培训起止时间	培训师	备注

制定人：

附件 4

培训签到表

培训课程内容：　　　　　　　　　　　　时间：　　年　　月　　日

姓名	所属部门（门店）	职务	备注

附件 5

培训学员意见调查表

培训课程名称：　　　　　　　　　　　主办部门：

说明：

1. 本表请受训学员如实填写，于结训时交给主办部门。

2. 请将选答项目号码勾选在后面的方框内。

3. 请如实填写建议与批评，帮助我们更好地完善培训计划。

课程内容如何？

（1）优□　（2）好□　（3）尚可□　（4）劣□

教学方法如何？

（1）优□　（2）好□　（3）尚可□　（4）劣□

教学实践是否适当？

（1）太长□　（2）适合□　（3）不足□

参加此次培训有哪些收获？

（1）获得了适用的新知识□

（2）获得了一些可以在实际工作中使用的技巧与技术□

（3）帮我改变了工作态度□

（4）帮助印证了某些观点□

（5）让我可以客观地观察自己和自己从事的工作□

培训设备安排如何？

（1）优 □　（2）好 □　（3）尚可 □　（4）劣 □

将来如有类似的培训，你还愿意参加吗？

（1）是 □　（2）否 □　（3）不确定 □

你是否有其他建议：

____

____

____

附件 6

员工培训记录表

姓名			性别		出生日期		
学历			专业		入司日期		
地址			部门		职务		
特长							
培训记录							
序号	培训职务	课程编号	课程名称	培训日期	时数	成绩	考核记录
1							
2							
3							
4							
5							
6							
7							
8							
9							
10							
11							
12							
13							
有关培训证明							
证件编号			证件名称		发放单位		

2 企业培训体系建设

2.1 如何正确认识培训体系

2.1.1 企业培训体系四大功能

◆培训体系的定义

企业培训体系是为了实现培训目标，有计划地对培训师、学员、教材、环境等要素进行系统组合，用来指导完成培训需求确认、计划、实施、评估、监控等环节的架构。具体来看，培训体系可以从四个层面来理解，如图 2–1 所示。

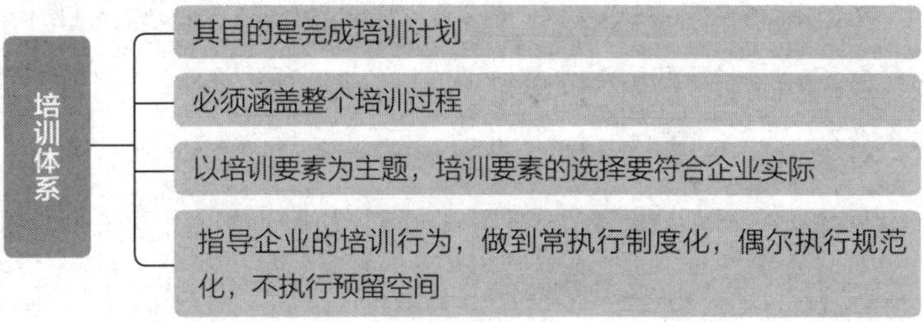

图 2–1　培训体系的四个层面

◆培训体系的特征

对于培训管理工作来说，培训体系的建设和完善是一项非常重要的任务。一套培训体系是否有效，主要取决于这套体系能否为企业提升竞争力、实现战略目标培养出需要的人才。具体来看，一套有效的培训体系应具备以下特征，如图 2–2 所示。

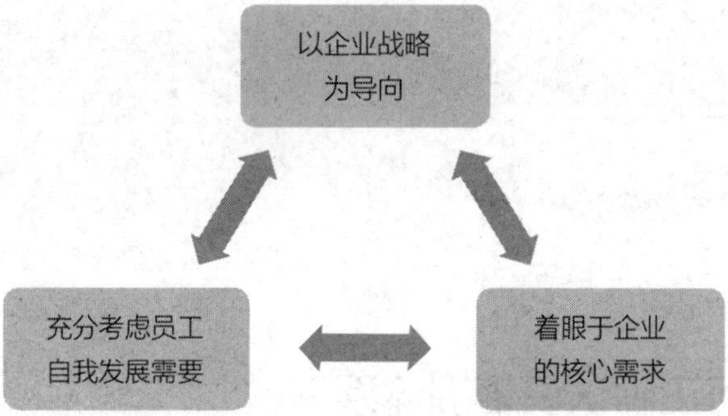

图 2–2　培训体系的三大特征

（1）以企业战略为导向。企业培训体系要根据企业发展战略、企业人力资源战略体系规划建设，必然要以企业战略为导向，只有这样才能实现可持续发展。

（2）着眼于企业的核心需求。一套有效的培训体系应深入挖掘企业的核心需求，对企业的人才需求做出精准预测，为企业发展做好人才储备。

（3）充分考虑员工自我发展需要。根据马斯洛需求层次理论，人的需要具有多层次、多样化的特点，其中，位于顶层的就是自我发展与实现需要。对于员工来说，根据自身发展需求接受教育培训可以更好地满足自我发展需求。培训最终要服务于企业发展，同时要与员工的个人职业生涯发展相结合，努力提升员工素质，使其满足企业经营战略实现需要。

培训体系将员工个人发展纳入企业发展轨道，让员工在服务企业、推动企业发展的同时，可以按照自己的职业发展规划参加培训，提升个人素质与能力，实现个人发展目标。另外，随着高校毕业生越来越多，人才市场竞争愈演愈烈，在此形势下，员工认识到要想提升自己的竞争力，更好地在社会中立足，必须不断提升自己的技能与能力。有效的培训体系必须肯定这一需求，对其进行科学引导。

◆培训体系的功能

对于企业来说，一套有效的培训体系作用巨大，主要表现在以下四个方面，如图 2–3 所示。

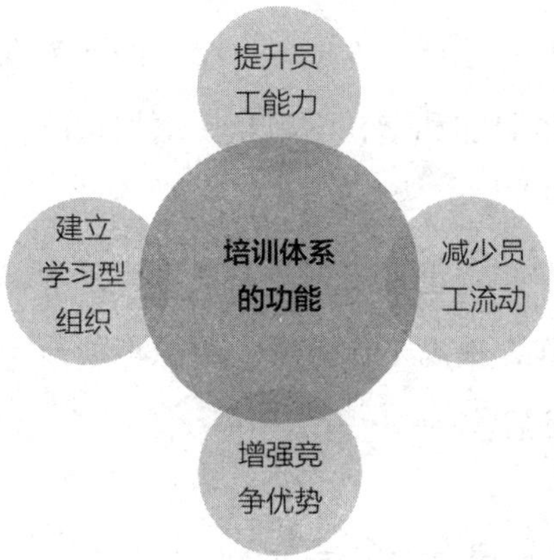

图 2–3　培训体系的四大功能

（1）提升员工能力。一套有效的培训体系可以让员工在最短的时间内对企业产生全面认知，增强员工的安全感、归属感，消除员工对企业的疑虑，增强企业的凝聚力，为企业的长远发展奠定良好的人员基础。另外，通过培训，员工可以尽快掌握岗位技能，更好地完成工作任务。在培训的过程中，学员之间还可以相互交流，促进人际关系发展。

（2）减少员工流动。通过培训，可以让员工对企业文化、企业制度有全面且深入的了解，增强员工对企业的认同感，提升员工对企业、职位的依赖度，降低员工跳槽意愿，稳定员工队伍。

（3）增强竞争优势。一套良好的培训体系可以为企业培养一支强有力的后备力量，为企业的长远发展奠定人才基础。如果将企业比作一个有机体，企业内部员工就是这个有机体中的细胞，需要新陈代谢。虽然老员工对企业非常熟悉，掌握了很多技能，但他们会离职，会因为个人技能原因无法完成上级领导交办的任务。在这种情况下，一场培训就像为企业注入一支有利于细胞再生的催化剂，为企业培养更多可用人才，让企业年轻化、活力化，有效应对市场竞争，实现可持续发展。

（4）建立学习型组织。一套有效的培训体系可以让员工系统地学习企业的文化、价值观，让员工养成一套统一的行为规范、学习习惯，使企业内部的人际关系更加和谐，学习氛围更加浓厚，从而做好一个学习型组织的建设。

总而言之，企业必须重视培训体系建设，科学培养员工，安排合适的员工做合适的工作，提高工作效率，源源不断地为企业注入活力，助力企业实现可持续发展。

2.1.2 培训体系建设三个层面

在高度发达的市场经济环境下，员工已成为企业最宝贵的资源与财富。员工能力的高低直接影响着企业竞争力的强弱，一支高素质的员工队伍可以将企业所有的资源以最合理的方式组合在一起，使其释放出最大的效用，推动企业不断向前发展。而企业能否构建这样一支高素质的员工队伍，关键取决于企业的人才培养体系。

人才培养体系有两个核心要素，一是培训体系，二是文化体系，其中培训体系最直观、最显性。目前，国内很多企业都希望建立一套完整的培训体系，以完善人才培养体系，源源不断地为企业提供所需人才。虽然有些企业搭建了培训体系，却觉得自己的培训体系不完善，员工参与度不高，参与培训的积极性较差，导致培训活动逐渐显露出疲态。具体来看，目前，企业培训体系存在的问题主要表现在以下几个方面：

（1）企业缺乏完善的培训制度，课程安排比较随意。

（2）企业没有建立自己的内训师团队或者内训师水平不高，导致很多课程无法开展，无法满足企业的培训需求。

（3）与外部培训机构合作，培训内容中的理论性内容过多，没有实操性，导致培训效果不佳。

（4）领导认为员工参与培训的积极性不高，导致培训没有效果；员工认为培训对自己没用，不想参加培训，如此陷入一个恶性循环。

要想解决上述问题，企业必须搭建一个完善的培训体系。培训体系的搭建需要从制度层面、资源层面、运作层面三个层面切入，如图2–4所示。

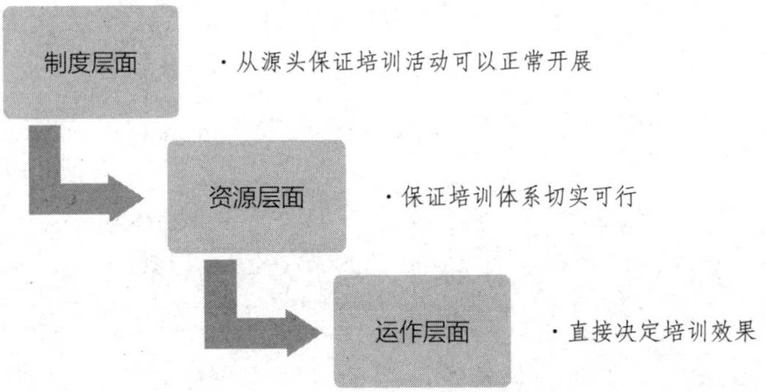

图2–4　培训体系建设的三个层面

◆制度层面

在制度层面，企业要编制一套系统、完整、可行的培训制度，让培训活动的开展有制可依。具体来看，一套完整的培训制度应该包括员工培训管理、培训资源管理、内外部讲师管理、培训资料管理、培训评估考核管理等各项制度，每项制度都有自己的功能，如图 2-5 所示。

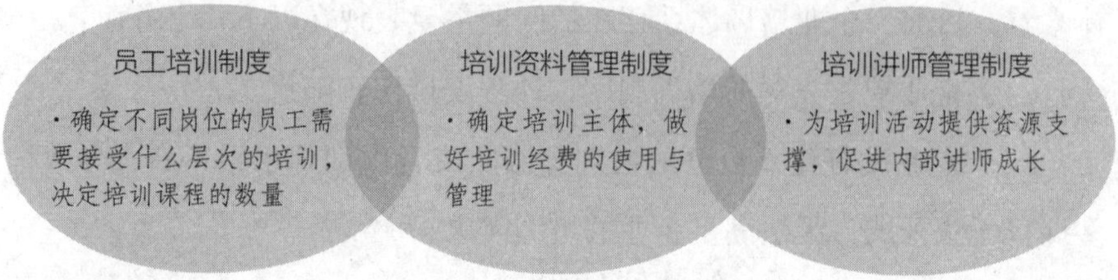

图 2-5 部分制度的功能

其实，每种制度都有自己的作用，这里不再一一赘述。总而言之，对于企业来说，培训制度建设是培训活动的基础，培训活动能否顺利开展，能否取得预期的效果，关键在于基础是否牢固。

◆资源层面

资源层面建设涵盖了很多比较具体的内容，比如课程体系、讲师体系、培训软件、培训经费等。很多企业直接跳过资源层面进入运作层面，培训效果可以想见。在资源层面，课程体系建设与讲师体系建设是两项非常重要的内容，这两项内容决定了培训体系能否正常运转。

具体来看，课程体系与讲师体系建设都可以分三步进行，如图 2-6 所示。

课程体系	讲师体系
（1）对公司现有岗位进行分类，据此安排课程	（1）成立讲师专家评估小组，确定选拔条件、讲师待遇及激励方法
（2）结合岗位性质对课程进行优化，搭建高、中、低三层课程	（2）选拔讲师，收集所有满足条件，制作课件、试讲，选出优秀的预备讲师
（3）结合讲师资源与课程落地效果确定课程，构建课程体系	（3）对讲师队伍进行管理、激励，提高讲师队伍的战斗力

图 2-6 课程体系、讲师体系建设流程

◆运作层面

很多企业的培训体系建设将大部分资源投放到了运作层面，实际操作效果却一直不佳。其实，运作层面的难点在于获取培训需求，而培训需求的准确度在很大程度上影响着培训方案的落地效果。

企业获取培训需求的方法有很多，其中最常用的方法包括问卷调研法、访谈法、观察法等，但实际操作效果却不甚理想。导致这一问题出现的原因在于：获取培训需求这一工作的工作量比较大，而员工、主管的专业水平相差较大，导致获取的培训需求并不准确。培训需求决定了培训活动的开展方向，只有准确的培训需求才能引导培训活动取得预期效果。

2.1.3　企业培训体系搭建原则

在明确了企业培训体系搭建的三个层面之后，企业就可以开始着手搭建培训体系了。众所周知，一个完善的企业培训体系可以很好地保证培训活动的完整性、持续性，可以保证企业培训取得应有的效果。那么，企业怎样才能搭建一个完整的培训体系？企业搭建培训体系要遵循哪些原则呢？

对于这一问题，有人认为：一个有效的培训体系必须采用各种方法将零散的培训资源整合在一起，推动培训活动有计划地开展下去，巩固培训效果，改善企业“为培训而培训”的现象，帮助企业做好人才培养。为搭建这样一个有效的培训体系，企业必须立足于自身的实际情况，遵循以下六大原则，如表 2-1 所示。

表 2–1　企业培训体系搭建的六大原则

原则	具体做法
基于战略	培训体系搭建必须立足于企业现状，与企业发展战略相结合，为企业培养未来发展需要的人才
动态开放	企业所在的外部环境是实时变化的，所以企业的培训体系也要做到动态、开放，根据企业发展战略实施调整，提高绩效，增强企业竞争力
保持均衡	培训体系建设要考虑新员工、普通员工、初级管理者、中层管理者、高层管理者等不同级别、岗位员工的培训需求，也要考虑不同职能部门对专业技能的需求，据此寻找培训需求，做好课程规划
满足需求	培训体系建设不仅要满足工作需求，还要满足组织需求和员工需求，保证培养的人才能够满足组织发展需要，切实提高员工工作的主动性、积极性，从而保证培训效果
全员参与	培训体系建设需要全员参与，需要领导大力支持，需要其他业务部门积极配合
员工发展	培训体系建设必须满足员工自我发展需要，为员工成长与发展提供支持与助力

2.2　企业培训体系建设方案

2.2.1　企业培训体系搭建流程

企业培训体系的搭建需要遵循一定的流程，否则培训体系各项内容混乱，会对培训体系的落地效果造成不良影响。企业培训体系搭建流程如图 2–7 所示。

图 2–7　企业培训体系搭建流程

◆第一步：培训需求分析

企业的培训需求分析要从组织、人员、工作任务三个层面切入。作为培训体系搭建的第一步，培训需求分析首先要明确企业是否需要进行培训。企业培训需求有两大来源：一是组织需求；二是员工需求。其中，组织需求主要表现为组织应对战略、业务的调整及经营环境的改变提出的要求；员工需求主要表现为员工为胜任某一职位、达到某一业绩目标、实现个人发展提出的要求。培训需求分析的三个层面如表2-2所示。

表 2-2 培训需求分析的三个层面

分析层面	分析内容
组织分析	考虑培训的发生背景，企业在当前情况下是否需要培训
人员分析	明确培训对象，确定培训对象是否为培训做好了准备
工作任务分析	了解员工为完成工作需要哪些技能与知识，合理规划培训内容

在具体实践过程中，组织分析、人员分析、工作任务分析无须按顺序进行，但因为组织分析的目的是确定企业是否需要培训，所以企业应先进行组织分析，至于人员分析和工作任务分析，企业可同时进行。

◆第二步：制订培训计划和相关预算

在确定培训需求之后，企业就可以制订培训计划了。一般来讲，培训计划主要包括培训目标、培训课程、培训对象、培训时间、培训场地、培训方法等内容，培训计划的制订有利于培训目标的实现。很多企业都会在年度开始前制订该年度的培训计划，预订培训日程。决定培训日期时企业要慎重，要保证所有培训对象都有时间参加培训，同时要对所有培训课程进行审核，保证所有培训课程的开展都是必要的，没有冗余的课程内容。除此之外，企业要做好培训预算，各项预算要留出一定的缓和空间，并且要做好审核工作。

◆第三步：培训课程设计

培训课程设计涵盖了四部分内容，分别是课程规划、资源选择、教学设计、学员手册编制，具体如表 2-3 所示。

表 2-3　培训课程设计的四大内容

项目	内容
课程规划	明确课程目标、提出培训教案、选择培训方法、深化培训内容、培训课程测试与评估
资源选择	教材教具选择、课程规划、培训场地选择、讲师选择
教学设计	制定培训计划表、培训进度表、培训评估表、培训汇总表
学员手册编制	编制学员手册、印刷培训教案、培训效果跟踪

◆第四步：培训计划实施

培训计划的实施需要经过很多环节，包括教材编印、组建培训组织、发布培训信息等。在这一阶段，企业各部门要通力合作，尤其是培训信息的宣发，各部门必须落实到位，否则培训信息传播不到位，很有可能导致员工不知晓培训活动，错过报名时机无法参加，使得最终的培训效果大打折扣。

◆第五步：培训成果转化与评估

在企业培训体系搭建过程中，培训成果转化与评估是非常重要的一个环节，也是非常容易被忽略的一个环节。正是因为忽略了这一环节，企业的培训活动才会“轰轰烈烈”的开始，“悄无声息”的结束。培训成果转化应从塑造氛围、获得高层支持等方面着手，为保证培训成果转化效果，受训者直属领导也应从任务提示、结果反馈等方面对转化结果进行监测。

另外，企业必须进行培训效果评估，因为培训效果评估可以对培训管理质量进行衡量，对学员参与度进行评价，对培训效果进行评估，还能改进培训管理质量，创建培训教材档案，明确学员的培训需求。培训效果评估的四个层面如表 2-4 所示。

表 2-4 培训效果评估的四大层面

评估层面	评估内容
学员反映	评价学员对课程的满意度
学员收获	评价学员对课程内容的吸收程度
学员应用	评价学员对培训内容的应用程度
成果与影响	评价个人与组织的培训成果

2.2.2 培训体系搭建之企业分析

对于企业来说，培训体系的搭建是一个从无到有的过程。一般情况下，企业一开始只有基础保障职能，随着企业不断发展，业务持续拓展，人员不断增加，企业对员工能力的要求开始不断提升。为了做好员工培养，企业开始关注培训体系的搭建，希望通过员工培训提升员工的各项技能，为业务开展、企业发展产生强有力的推动作用。

企业从头开始搭建培训体系需要考虑很多因素，其中最先应该考虑的就是企业现状。具体来看，企业现状分析应考虑四大内容，如图 2-8 所示。

图 2-8 企业现状分析的四大内容

（1）企业的学习氛围。企业不同，对培训工作的重视程度也不同。有些企业非常重视培训，如果学员不能按时参加培训要提交正式的请假申请，不得无故缺席；有些企业不太重视培训，学员经常无故缺席、迟到早退，培训出勤率无法保障。更有甚者，某些学员会因为其他业务在中途退出培训，导致培训无法达到预期效果。

（2）企业的业务分析。培训的最终目的是推动业务发展，所以在搭建培训体系之前，相关人员要先对企业所处行业、企业现有的业务进行分析，比如企业处在行业发展的哪个阶段，企业的主营业务是什么，企业员工要完成哪些任务、需要具备哪些能力等。只有对企业现有的业务做出全面了解，才有可能搭建一个上接战略、下接绩效的培训体系。

（3）企业现有的培训资源。培训资源分析主要包括企业现有的培训课程、哪些员工参加过培训、参加的培训课程是什么、培训人员分工等。培训资源分析不是将原有的培训体系推翻重新规划，而是根据企业业务发展慢慢调整，以满足业务发展需求。

（4）企业当前的培训需求。只有了解企业当前的培训需求，培训体系的搭建才能找准切入点。其实，最初的培训工作就是因为培训需求的出现而产生的，因为要解决工作中出现的问题，所以企业规划了一些学习项目，随着学习项目越来越多，逐渐形成了体系。所以，对于培训体系的搭建来说，了解企业各业务部门、管理者的培训需求非常重要。

2.2.3 培训体系搭建的“两步走”战略

◆战略层面重视培训，系统思考如何做好培训

站在员工的视角来看，培训的目的不只是解决当前知识、能力不足的问题，还包括获得未来职业发展所需的知识与技能，满足现实工作需要的同时满足未来岗位的需要，也就是所谓的人力资源开发。因为人力

资源开发理论，传统人事管理与现代人力资源管理才有了明确区分。其实，如果从发展的眼光来看，满足员工现实工作与未来岗位需要还不是培训的真正目的，更高层面的培训应该与企业发展战略联系在一起，培养员工将自有的知识与能力转化为创造力，推动企业发展，形成一种鼓励员工不断学习、努力创新的企业氛围。

当培训与企业发展战略联系在一起之后，对于企业来说，培训就变成了一种投资行为，只有这样的培训才能不断改善企业发展所需的人力、智力等资源支持。而要想提高员工参与培训的积极性、主动性，优化培训效果，企业必须让员工感受到培训会对其职业发展产生积极影响；而要想优化培训效果，企业必须改变人力资源部门一个部门独挑大梁的现状，建立责任明晰的企业培训责任体系。

当然，对于企业培训来说，人力资源部门作为企业的培训部门应该发挥主导作用：思考如何让企业培训规范化，建立企业内训师选拔、培养、激励机制。但企业的培训活动要想真正落地，还需要全体员工参与，尤其需要管理层发挥示范作用，创建良好的学习氛围，将参加培训纳入员工绩效考核，解决员工不重视培训、培训流于形式等问题。

员工培训要有针对性，要与员工的实际工作需要相结合，与部门或职位特点、企业经营产品的特点相结合，还要对参与培训的员工的特点、年龄结构、知识结构进行综合考虑，保证学员能将学到的知识应用于实践，转化为实际成果。

员工培训要有计划地推进，切忌急于求成、好高骛远。员工培训既要突出重点，又要关注基层。企业技术骨干、中高层管理人员是主要培训对象，基层员工是培训的薄弱环节，需要重点关注。目前，很多企业都效仿华为引入了狼性团队管理理念：在培训中，以技术骨干、中高层管理人员的培训为先，让他们发挥带头作用，然后做好基层员工培训，让基层员工更好地配合“头狼”形成团队作战，在激烈的市场竞争中获取优势地位。

培训的目的是解决问题，非常务实，所以培训效果与培训质量非常重要。为此，企业必须制订符合实际的培训计划，选择先进、科学的培训方法。培训结束并不代表培训工作随之结束。培训结束后，人力资源部门要做好激励工作，将培训与升职加薪挂钩，让在培训过程中表现优异的员工获得一定的精神奖励与物质奖励。同时，管理者要对受训员工予以更多关注。另外，培训结束后，人力资源部门需组织考核，将考核结果与员工绩效挂钩，对于没有达到培训要求的受训者，企业要给予一定的处罚，或降薪，或降职，或岗位调整等。只有这样，才能让员工真正重视培训，形成“培训、考核、使用、待遇”一体化的培训激励机制，激发员工参与培训的热情。

◆培训体系的搭建必须与企业经营理念和发展战略相契合

企业发展战略在一定程度上决定了企业的经营管理理念，而企业经营管理理念又会在一定程度上对人力资源管理理念产生影响。如果企业实行低成本的经营管理理念，必然会对企业在培训领域的投入与培训对象的选择产生影响。同时，人力资源管理理念又会对企业培训策略、推进方式产生影响。例如，企业重视拓展培训，而且资金充裕，就会选择外部培训或持续培训，反之，企业就会选择自主培训或阶段性培训。培训的开展需要借助评估，以形成培训体系不断递进的涡旋式循环。

首先，企业要做好培训需求分析；其次，企业要制订培训计划；最后，企业要确定培训任务。前两点我们在前面已有阐述，下面就最后一点进行详细分析。一般来讲，培训任务可分为三个层面：一是提升员工的专业知识和技能水平；二是提升员工的业务能力；三是改善员工的工作态度（见图 2–9）。企业通过培训提升员工的素质与能力，使其满足企业发展期望，为企业管理水平、产品质量、经营效益的提升产生支持与助力，从根本上解决企业经营管理过程中存在的问题，推动企业发展，助力企业服务不断升级。

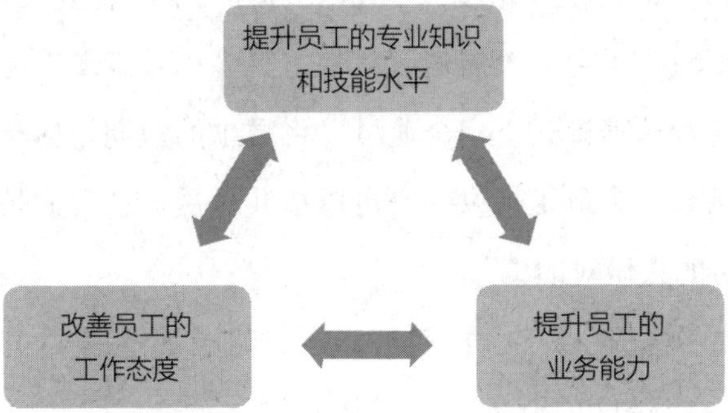

图 2–9 培训任务的三个层面

企业培训课程组合和培训方式的选择需要具有多样化的特点，既要有专门面向高层管理人员的“核心团队”项目，又要有为企业未来发展储备中高层管理者的“人才储备”项目，还要有专门面向新员工的企业文化辅导项目和岗位培训项目，这些都涉及高质量培训课程开发问题，属于培训部门的重点工作内容。

为了促使培训活动规范化、专业化、职业化，企业必须建立一支稳定、专业的内训师队伍。另外，为了保证培训效果，有些企业采取了学分制的管理方式，通过将不同岗位员工应具备的知识、技能、工作态度学分化，对员工进行系统化培育。

2.3 培训体系搭建注意事项

2.3.1 如何正确选择培训策略

培训策略的选择是一件关乎培训成果的大事，企业是选择长期培养还是短期培养，是选择自上而下培养还是由下而上培养，必须根据企业实际做出科学判断。

◆长期培养 VS 短期培养

一般来讲，面向全国市场或国际市场的大中型企业或特大型企业，因为业务范围较广且业务发展速度较快，大多以长期培养为主，短期培养为辅。在这种培养模式下，企业可以将员工的短期目标与组织发展的长期目标相结合，为员工提供一个可以自我施展、自我成长的平台，真正实现“用对的人做对的事”。

当然，如果企业只考虑长期培养，忽略了那些需要立即解决的问题，很容易造成过度的业务导向或技术导向，造成团队协作困难、士气不佳等诸多问题。所以，在长期培养之外，企业还要做好短期培养，开展特定项目培训，例如企业文化、商务礼仪、激励建设、情绪管理、沟通表达、内部服务意识的培训等。

如果企业没有系统的长期培训，只根据不同阶段的发展需求开展短期培训，虽然降低了培训组织、课程安排难度，但只能取得短期效益。时间一长，员工就会松懈，变回原来的状态，导致培训资源、人力成本产生极大的浪费。长期培养与短期培养的优缺点如表 2–5 所示。

表 2–5　长期培养与短期培养的优缺点

	优点	缺点
长期培养	将短期目标与组织发展的长期目标相结合，为员工提供一个自我发展的平台	一味地关注长期培养，很容易造成过度的业务导向或技术导向，导致团队协作困难、士气不佳等
短期培养	培训组织难度、课程安排难度较小	培训结束后，学员会立即松懈，恢复原状，导致培训资源严重浪费

所以，无论企业处于何种发展阶段，必须创建一套与员工职业发展规划相契合，面向特定人才开展长期培养的培育系统。为了防止员工在培训后离职，企业可与之签订协议，通过这种方式进行约束、管控，让

员工在工作过程中掌握未来的愿景，更好地传承企业文化、核心价值、精神面貌和专业知识技术。如果企业所处的外界环境发生较大改变，例如人员结构调整、业务增加等，就需要开展一些短期培训，让企业获得新的发展机会，实现更好地发展。

◆自上而下 VS 由下而上

如果企业管理层看重的是培训的集体成效，而且培训组织部门在培训推进方面享有较高的决策权，就可以开展自上而下的培训。这种培训模式的优点在于可以通过自上而下的培训支持、效果检验、管理落实等创建一个可以让员工养成良好工作习惯的工作环境，让内部人才培养得以持续发展。当然，自上而下的培训方式也有缺点，就是高层管理者因为时间有限，组织起来不太容易，而且高层管理者因为需要处理的事务太多，很难在培训过程中做到一心一意。另外，培训师的选择也面临着一定的困难。

如果企业的培训体系正处在萌芽阶段，或以业务、专业为导向开展培训，很可能因为在企业内部无法获得强有力的支持、资源有限、专业能力不足等选择自下而上建立培训体系。在这种模式下，基层员工将获得很多学习机会，培训活动组织起来比较容易。但培训结束后，因为没有管理层的支持，没能做好后续跟踪与管理，员工很有可能会回到原来的工作状态。如果管理者与员工之间的观念差距较大，培训结束后，员工很有可能跳槽离职，让企业蒙受双重损失。自上而下培训与由下而上培训的优缺点如表 2-6 所示。

表 2-6　自上而下与由下而上培训的优缺点

	优点	缺点
自上而下	可以为员工创建一个良好的培训环境，让内部人才培养实现可持续发展	因为高层管理者时间有限，组织起来比较困难，而且很难全身心地投入培训；培训师选择困难

续表

	优点	缺点
由下而上	培训活动组织比较容易，基层员工可以获得更多学习机会	培训结束后，如果没能做好跟踪与管理，员工可能恢复常态；如果员工与管理者的观点差异较大，可能跳槽离职，让企业蒙受双重损失

为避免这种情况发生，企业最好先建立中层管理队伍与人才培养模型，巩固中坚力量，让中层管理队伍发挥承上启下的作用，让高层管理者看到培训效果进而对培训予以大力支持，鼓励高层管理者参与培训，然后再由中高层管理者面向基层员工开展培训，保证培训效果，实现多方共赢。

2.3.2 如何正确选择培训类型

如果按学分制划分，培训可分为必修课培训与选修课培训；如果按认证制划分，培训可分为专业类培训和资格类培训。从整体来看，学分制培训与认证制培训各有优缺点，如表 2-7 所示。

表 2-7 学分制与认证制培训的优缺点分析

	优点	缺点
学分制	可以让学员系统地掌握某项知识，真正实现学习、实践一体化，切实提升自身能力，实现未来职业发展目标	需要对培训过程及结果进行严格把控，否则学员很有可能因为工作任务繁重产生应付态度，导致培训流于形式，培训效果无法保证
认证制	可以很好地激发学员参与培训的积极性，提高学员学习的专注度	需要安排充足的时间，课程安排不能过于紧迫，否则容易对学习效果产生不良影响；评委选择、评分标准的确定比较困难

面对种类丰富的培训活动，企业究竟如何选择正确的培训类型呢？

◆学分制：必修课、选修课

某些企业根据长期或短期培训需求，将不同岗位员工应具备的知识、技能用学分体现出来，形成规范，进行系统培育。员工获取学分的方法有很多，例如通过参加内训课程获得学分，参加外训课程获得学分，通过自学获得学分等。这种培训方法的优点是可以让学员系统地学习某个领域的知识，将学习、实践融为一体，使自身能力通过“做中学，学中做”得以进一步提升，更好地实现未来职业发展目标。缺点是需要对培训过程及培训结果进行严格把控，例如学员的出席率、课后绩效跟进、课程的参与度、课后考核等，否则员工可能因工作任务繁重产生应付态度，导致培训过程流于形式，培训效果无法保证。

所以，在使用这种培训方法时，企业必须对学员资格进行严格限制，保证学员可以全程参与培训，通过培训现场监督、培训效果验收、培训成果评估、违规者惩罚等措施使培训方案可以顺利落地，使学员培训效益最大化。

◆认证制：专业类、资格类

对于研发设计人才、销售精英、内部讲师、维修技师、督导师等专业人才，企业可以通过向其发放正式文凭、资格证等方式，或通过内部认证、内部授权等，将其引入企业，使其成为企业人才库的重要成员，专门负责各种专业知识与技能的教授与培育。为此，企业在培训过程中应以协助人才获得内部认证为主要方向，不仅要对课程结构、讲师选择、时间场地安排、学员资格审核等进行充分考虑，还要对认证形式进行深入研究。

这种模式的优点在于可以激发学员学习的积极性，提高学员学习的专注度，所以，以通过认证为目的的学员应具有一定的工作经验，或在工作过程中表现优异。这些员工为获得更好的发展空间，会全身心地投入培训。其缺点在于这类培训需要安排充足的时间，不能太过紧迫，否则会对学习效果、学习成果产出的完整度产生不良影响。另外，认证评委的选择和评分标准的确定也是一大困难，如果评委由企业高层领导或专家担任，必须在认证前与授课讲师协商，对学员背景、学习经历、学员在培训过程中的表现、培训结束后表现出的差异、评分指标、打分标准等做出全方位了解，以保证认证结果公平、公正、公开、高效。

2.3.3 如何正确选择培训形式

根据企业资源，培训可分为内部培训和自主学习两种类型；根据岗位需求，培训可分为岗位培训与在岗培训两种类型，如图 2–10 所示。

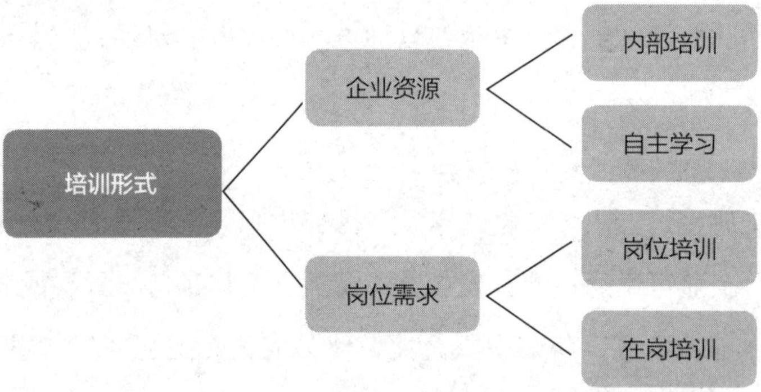

图 2–10　培训形式的分类

（1）根据企业资源：内部培训、自主学习。

培训形式的选择与企业发展规模、资源提供有非常直接的关系。内部培训要考虑能否有效地解决问题，每个环节都要仔细推敲，否则非常容易因为忽略细节使培训效果大打折扣。一些对人才有特殊要求或人才比较短缺的企业比较鼓励员工自主学习，用自己的专长为企业发展做贡献。如果因为工作需要，企业会以补贴的方式鼓励员工自发学习。通过这种方式，企业能够培养出真正符合自己发展需求的人才，做好学习型组织建设，让员工快速融入企业环境，提高工作完成效率。

如果企业无法为这类自主型人才提供令其满意的发展机会，或者没有建立更好的留人、用人、激励人的机制，很有可能导致人才流失。因为这类人才有较强的独立思考能力和比较强烈的目标及主观意识，再加上长期的自我实力培养，在工作环境选择、把控方面会更加主观。

（2）根据岗位需求：岗前培训、在岗培训。

岗前培训面向的主要是新员工，这个群体对工作充满了新鲜感与激情，向他们讲解企业文化、经营理念、职场价值观，接受速度和理解速度都比较快。对于85后、90后员工，因为他们对未来的工作生涯比较迷茫，没有对企业形成较高的忠诚度，没有形成明确的工作动机，面对这类群体，讲师的授课技巧、人格魅力都发挥着至关重要的作用。为此，企业必须选择合适的讲师，明确培训主题，合理选择教学方式，将年轻员工、新晋员工的潜力充分挖掘出来。

在岗培训则可以根据专业培训、管理培训、通识技能开展差异化教育，这种方式不仅更有针对性，还能对各项培训资源进行整合。在学员资格评选方面，除工作年资、绩效表现、组织贡献度之外，还要对学员的组织认同度、学习意愿、职业道德、职业素养、品德修养等因素进行综合考虑。大部分企业认为人才培养必须从基层开始，而且不能只关注能力培养，必须兼顾态度培养，以提高员工的使命感、责任感。人才培育与提拔必须以德为先，只有这样，才能培养出符合企业需求的“超级员工”。

总而言之，企业搭建培训体系必须从战略高度、经营宽度、管理深度进行长远规划，而且要对内部、外部环境中各种可控、不可控的因素进行全面把握，多参考一些成功的模型与案例，多思考自身特质，只有这样，才能设计出一套符合企业发展，因时、因地、因人制宜的完整的培训体系。

【延伸阅读】 创业企业如何搭建培训体系

对于创业企业来说，生存是首要目标，几乎所有资源都用来获取融资，谋求可持续发展。很多创业企业的老板都不关心培训，至少在完成A轮融资之前不会考虑培训的问题。一旦企业完成A轮融资，企业开始规模化扩张之后，创业企业的老板就会开始关注培训。那么，创业企业应如何建立一套适合自己的培训体系呢？一般来讲，创业企业的培训体系应包含五大模块，如图2-11所示。

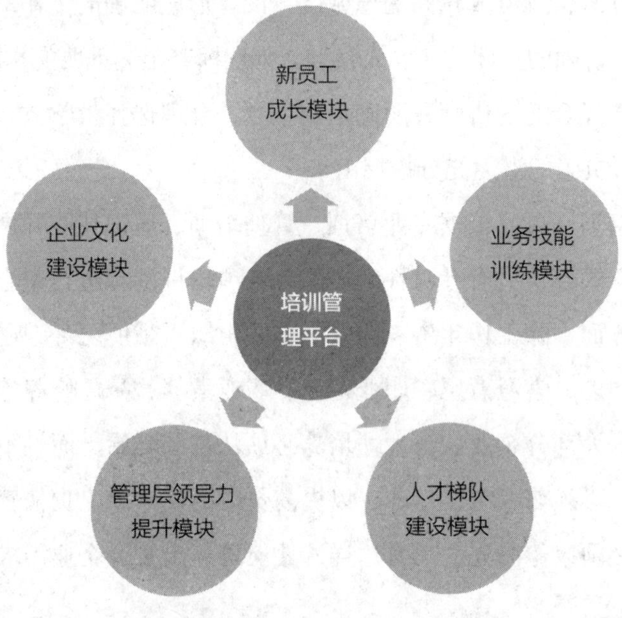

图2-11 创业企业培训体系

◆新员工成长模块

创业企业的人员流动比较频繁，老员工不断流失，新员工不断进入。据统计，企业每流失1名老员工相当于损失在职人员两个月的工资，这个工资包括招聘成本、面试成本、工资等。所以，创业企业必须关注新员工的成长与留存。

具体来看，新员工培训要解决三大问题：

第一，新员工能否融入企业，留在企业。

第二，如何缩短新员工的产出周期，降低边际成本。

第三，如何让企业文化实现传承与延续。

基于此，企业在设计新员工成长模块时必须考虑图 2-12 所示四大内容。

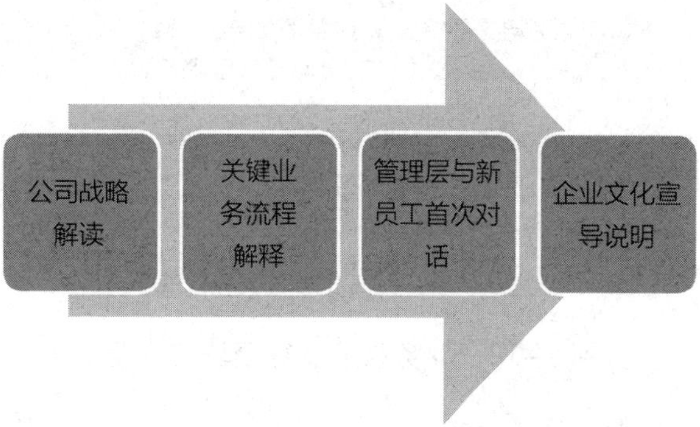

图 2-12 新员工成长模块设计

如果企业开展校园招聘，还应尝试加入角色转换、职业素养、职业技能培养等内容，以切实提升培训效果。

◆业务技能训练模块

经过前期业务模块的摸索，企业在获得大笔融资之后，必须扩大销售团队与服务团队的规模，推动业务模块快速扩张。在此阶段，企业会产生大量员工需求，人力资源部门需要大量招聘各类人才，如销售人才、客服人才、技术人才等。因为需求量比较大，所以企业往往会降低招聘条件。随着企业的产能目标不断提升，员工培训压力也会持续增加。面对这种情况，创业企业应为整个培训团队配备一名经验丰富的经理，主导整个业务技能训练模块的搭建。业务技能训练模块的内容如图 2-13 所示。

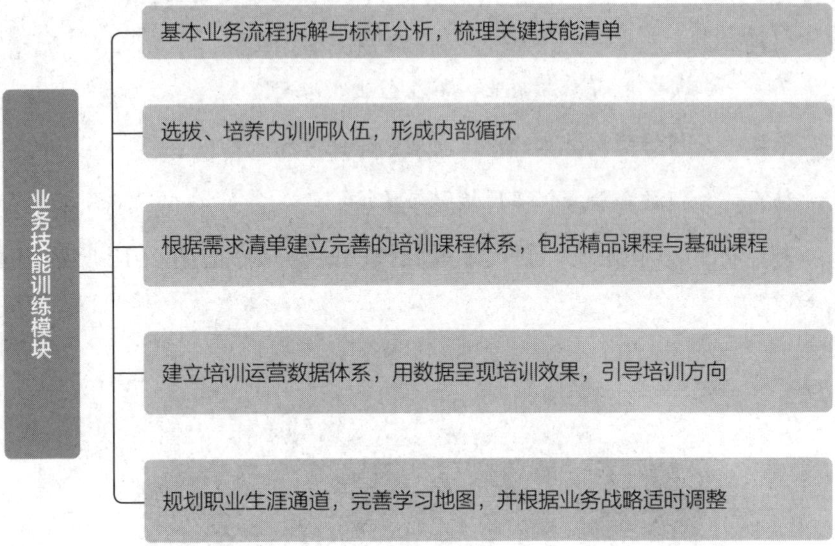

图 2–13　业务技能训练模块的内容

◆人才梯队建设模块

如果业务团队扩张速度较快，就会暴露出很多管理方面的问题。因为前期企业没有在管理人才培养方面投入太多资金，所以在这一阶段，管理人员可能会遇到一些瓶颈。对于创业企业的管理者来说，如何管理规模庞大的业务团队是一个亟待解决的问题。为更好地解决这一问题，在培训经理到位后，创业企业就可以着手人才梯队模块的建设了。

（1）人才盘点，建立梯队人才清单，从而有针对性地开展培训。根据有无潜力、潜力高低、工作绩效，企业人才可以划分为九种类型，如图 2–14 所示。

（2）在做好人才盘点之后，管理层基本可以发现当前人才梯队面临的问题，从而确定人才培养方向。

（3）培训经理制订具体的培养计划，定期回顾、总结。

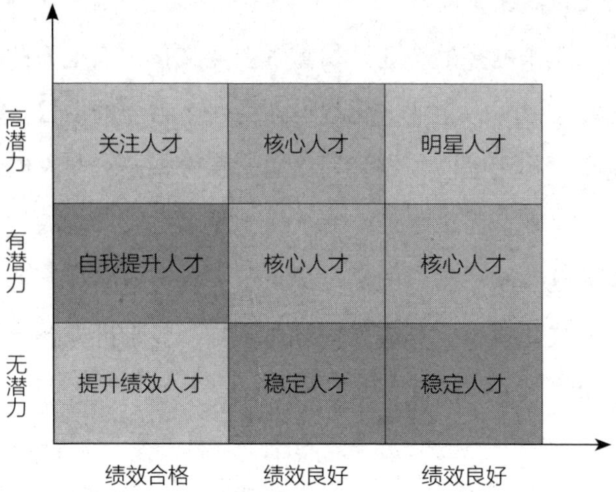

图 2–14 企业梯队人才划分

◆管理层领导力提升模块

完成 A 轮融资之后，企业资金充裕，老板可能会从外部聘请一些行业领袖、行业专家，这些人往往有着丰富的经验和深厚的资历。但因为市场变化速度过快，新产品层出不穷，市场变化周期甚至缩短到周，即便是经验丰富的行业专家，也不得不持续学习，否则很容易被市场淘汰。

在这一阶段，企业管理层培训的重点应聚焦在两个方面：一是如何保持对市场的敏感度；二是如何提升领导力。为了做好这两方面的培训，企业必须学会“借助外脑”，比如安排管理人员参加外训、组织研讨会、鼓励管理人员参加 MBA 进修会等。为了保证培训效果，企业可以给参加培训的管理人员发放培训经费，让他们根据自己的需要自主选择外部培训，借此提升培训的针对性、时效性。除此之外，企业还可以邀请知名专家、学者来企业交流、分享，扩大培训资源的覆盖范围，实现集体学习。

◆企业文化建设模块

近年来，越来越多的企业开始重视企业文化，甚至为此配置了专门的企业文化岗位，并将企业文化建设作为一个独立的项目。那么企业文化建设究竟有何作用呢？根据马斯洛需求层次理论，在人们满足了最基本的生理需求、安全需求之后，就会产生更多更高层次的软性需求，企业文化建设为这些软性需求的满足提供了一条有效路径。那么，看似虚无缥缈的企业文化建设究竟应如何操作呢？一般来讲，企业文化建设需经历四步，如图 2–15 所示。

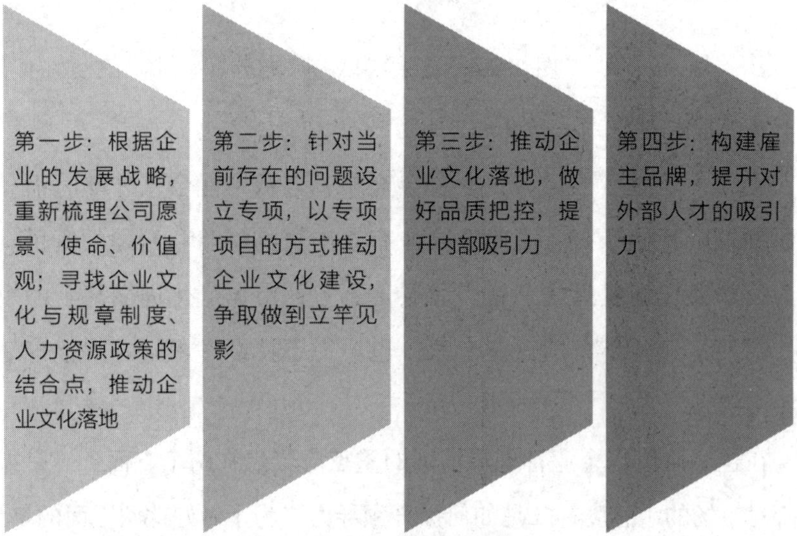

图 2–15　企业文化建设流程

◆培训管理平台

随着企业的培训活动越来越多，多个培训项目同时推进，海量培训数据亟待统计、分析，培训经费不得不面临的一个问题就是培训管理平台建设。

一个优秀的培训管理平台可以在很大程度上提高培训效率，使培训过程实现全流程管理。同时，有了培训管理平台之后，培训经理可以从繁忙的培训事务中解脱出来，专注于核心工作，提高培训管理质量与效果。

一般来讲，培训管理平台由五大部分组成，分别是培训档案管理、培训数据统计与分析、培训费用管理、任职资格管理和讲师资源管理，如图 2-16 所示。

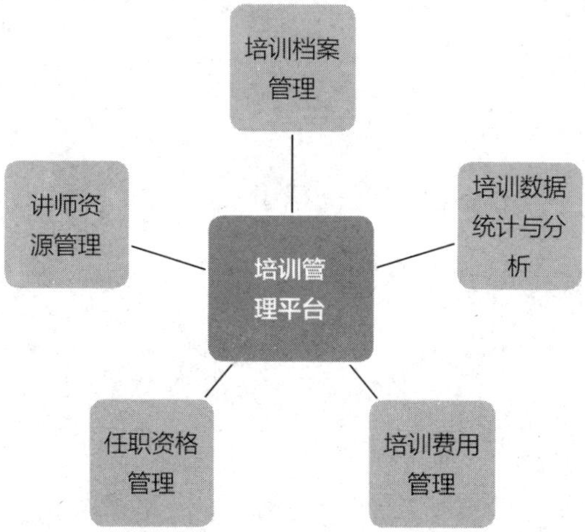

图 2-16　培训管理平台的五大内容

3 深入挖掘 企业培训需求

3.1 全面认识培训需求分析

3.1.1 培训需求分析的概念

培训需求分析指的是在规划、设计培训活动之前，由培训部门、培训部主管、培训部工作人员等采取相应的方法与技术，对参与培训员工的知识结构、技能状况进行系统分析，确定这些员工是否需要接受培训以及如何接受培训的一系列活动的总称。

人们的学习需求往往带有“机会主义”性质，意思就是人们总是在工作过程中遇到某个无力解决的事件时才会意识到自己需要培训。但如果培训与日常工作发生冲突，人们又会毫不犹豫地放弃培训。对于一家企业来说，培训需求分析既是确定培训目标、制定培训规划的前提，又是培训评估的基础，是整个培训活动中非常重要的一环。

3.1.2 培训需求分析的作用

作为培训活动的首要环节，培训需求分析至关重要，其作用主要表现在以下六个方面，如图 3–1 所示。

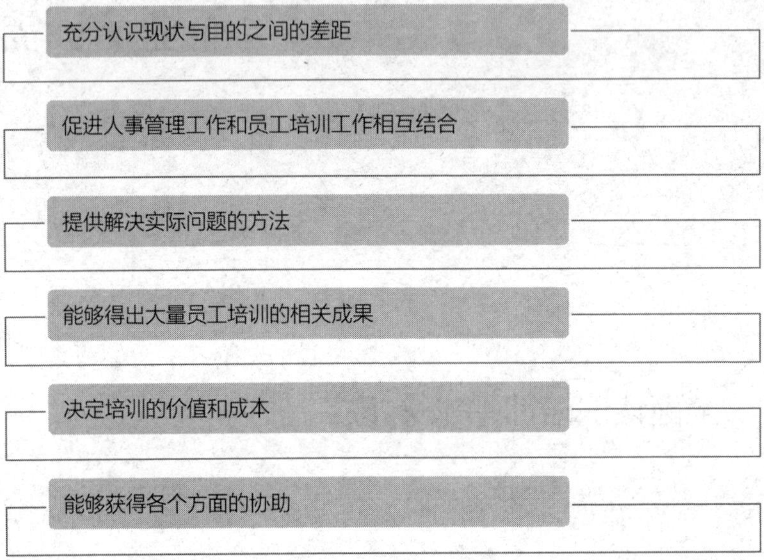

图 3–1 培训需求分析的作用

（1）充分认识现状与目的之间的差距。培训需求分析的基本目标就是确定差距，即绩效应有状况与现实状况之间的差距。一般来讲，绩效差距确认主要涵盖三个环节：

第一，对所需知识、技能、能力进行分析，即明确理想的知识技能能力标准或模式。

第二，对实践中缺少的知识、技能、能力进行分析。

第三，将理想的所需要的知识、技能、能力与现有的知识、技能、能力放在一起进行对比，明确二者之间的差距。

在培训需求分析的过程中，这三个环节应独立进行，以保证分析的有效性。

培训需求分析看似简单，实则每个环节都会遇到各种问题。培训管理者在确认所需知识、技能、能力时往往需要很多资源，这些资源之间可能发生冲突，在此情况下，组织内部必须做到相互理解。如果组织标准与工作职位全部发生变革，培训需求分析就不只是确定任务那么简单，它要求培训管理者在变化的环境与对象中做出决策。

（2）促进人事管理工作和员工培训工作相互结合。在培训需求分析涉及培训与开发时，推动人事分类系统向人事开发系统转换就是培训需求分析的一项重要工作。现代企业一般都有自己的人事分类系统。作为企业的一个资料基地，人事分类系统在补偿金、新员工录用、员工福利、预算等决策方面发挥着至关重要的作用。如果一个人事分类系统无法帮助培训管理者确定员工所需技能及获得技能的方法——不包括详细的培训需要——那么对于培训部门来说，该系统就是无用的。只有当人事分类系统与员工培训工作紧密结合在一起时，该系统才更具综合性，更具人力资源开发功能。另外，人事管理工作与员工培训工作相结合还能为企业节约成本，提高培训工作与人事管理工作的效率。

（3）提供解决实际问题的方法。为工作中遇到的各种问题提供解决方法是开展培训需求分析的一个重要原因。这些可以用来解决问题的方法可能与培训无关，如机构的新设与撤销、新员工吸收、某岗位员工的变动等，也可能与培训有关，如对组织中的员工进行再培训、高薪聘请行业专家、低薪聘请一些普通员工对其进行统一培训等。当然，为了提升实践效果，最好将几种方法综合起来使用，使其包含多层次的培训策略，以节省培训成本，更好地实现培训目标。

（4）能够得出大量员工培训的相关成果。培训需求分析能够形成一个规划开发与评估的研究基地。一个精准的培训需求分析能够获得一系列研究成果，明确培训内容，制定有效的培训战略，合理规划培训课程。同时，在培训开始前，培训管理者通过研究这些成果可以建立一个标准，用这个标准对各个培训项目进行有效评估。

（5）决定培训的价值和成本。在开展有效的培训需求分析，找到其中存在的问题之后，管理人员就要考虑培训成本问题。如果培训成本大于培训所能带来的价值，就说明当前不适合开展培训。反之，如果培训产生的效益大于培训成本，就说明培训是可行的。

（6）能够获得各个方面的协助。在日常工作的过程中，工作人员经常忽略一些必要的工作流程，而企业在这一问题上负有不可推卸的责任。如果在一家企业中，所有的信息、技能都能系统地传授给员工，就能将不利条件的影响降到最小。同时，在一家企业中，高层管理者在规划某个事项之前，往往对支持性资料比较感兴趣。而中层管理者和培训涉及人员往往比较支持以客观需求分析为基础建立的培训规划，因为他们是培训需求分析的参与者。所以，无论在企业内部还是企业外部，培训需求分析为培训管理者提供了选择培训方法与执行策略的大量信息，为其获得各方面支持创造了良好的条件。

3.1.3 培训需求分析的特点

培训需求分析的特点如图 3–2 所示。

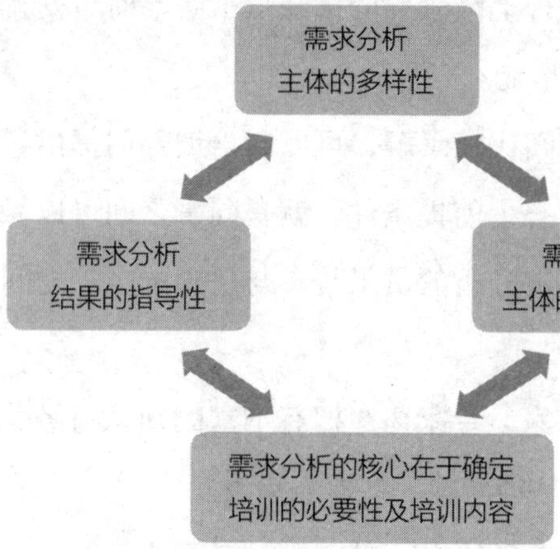

图 3–2 培训需求分析的特点

◆ 需求分析主体的多样性

培训需求分析的主体具有多样化的特点。在一家企业，培训需求分析的参与者可能包括以下几类：

（1）员工。企业员工培训的对象就是基层员工，为此，培训管理者要了解员工的培训需求、在实际工作中遇到的问题、需要提升哪些方面能力等。只有这样，培训计划才有可能获得员工支持。

（2）人力资源部员工。一方面，培训需求分析由人力资源部完成；另一方面，人力资源部门掌握了很多员工资料，包括各个员工的知识技能、工作水平、工作要求等，同时，他们还对各个岗位的要求与变化一清二楚。所以，人力资源部参与培训需求分析理所当然。

（3）上级。一般来说，上级最清楚各个员工的优缺点，他们能辅助人力资源部门明确培训目标，合理规划培训内容。很多时候，一些紧急的培训项目就是由上级提出的，在这些项目开展的过程中，上级会亲自监督执行。

（4）下属。培训管理者在与下属交谈的过程中往往能获得他们对上级领导的评价，从中发现上级领导的优缺点，必要时可安排培训来提高上级领导某方面的工作技能。

（5）同事。同事之间比较了解，可以向培训部门提出科学的意见与建议。当然，这一环节有个前提条件，就是同事之间可以做出客观、公正的评价，参与培训需求分析的员工与参与培训的员工之间没有冲突与矛盾。

（6）有关方面的专家。专家往往拥有丰富的知识与经验，培训需求分析人员向专家请教往往能获得一些有益启发。

（7）客户以及其他相关人员。外部人员对企业问题的分析往往比较客观，可以对培训项目设计产生一些有益影响。

◆ 需求分析主体的多层次性

培训需求分析的客体具有多层次性，也就是要通过对组织及组织成员的目标、技能、知识的分析，确定组织及组织成员现有状况与应有状况之间的差距，明确组织及组织成员的未来状况。

具体来看，组织培训包含了三个不同的层次：一是个体层次；二是组织层次；三是战略层次。个体层次的培训是为了让某一员工在特定岗位上取得更好的成绩，获得更广阔的发展空间；组织层次的培训是为了让组织中的某个职能部门或机构发挥出更大的作用，提升整个团队的绩效；战略层次培训的对象是整个组织，其目的在于维持、强化企业的优势，让企业可以从容地应对机遇和挑战。

◆ 需求分析的核心在于确定培训的必要性及培训内容

需求分析的核心在于通过分析组织及组织成员现状与应有状况之间的差距，决定是否需要开展培训，确定培训内容。

具体来看，组织产生培训需求的原因大致包括：企业经营方向发生变化、工作环境与工作岗位发生变化、企业人员发生变化、企业绩效严重下降等，如表 3–1 所示。

表 3–1 组织产生培训需求的四大原因

原因	表现
企业经营方向发生变化	随着现代社会不断发展，越来越多的企业开始不断调整自身的经营方向，这就给企业员工定位提出了一个新问题。要想让员工更好地适应新的经营环境，取得更好的工作业绩，实现平稳过渡，企业必须做好员工培训
工作环境与工作岗位发生变化	在企业工作的过程中，工作环境可能不断变化，工作岗位可能随时调整，在这种情况下，员工不得不适应新的工作环境，接受新的工作内容。导致企业工作环境、工作岗位发生变化的原因可能是企业定位发生调整，企业管理风格发生改变，企业引入了新的生产设备、加工方法与工艺流程等。在这种情况下，组织与个人要想更好地生存、发展，就必须做出调整，于是就产生了培训需求
企业人员发生变化	只要人们改变工作，无论是企业内部的岗位轮换，还是离职跳槽，在走上新岗位之前，都必须接受一系列培训。即便不接受培训，也必然存在潜在的培训需求。比如，新入职员工需要接受与所负责工作有关的培训，以更快地适应工作岗位；在企业有一定工作年限的员工需要通过培训获得新知识、新技能，以实现进一步提升，获得长远发展
企业绩效严重下降	对于企业来说，实现既定绩效非常重要，因为这是保证企业实现可持续发展的重要一步，但现实情况却往往不尽如人意。某个环节的工作失误或者员工的工作情绪低落都有可能导致既定绩效无法实现，在此情况下，企业就针对员工绩效的培训活动提出了全新的要求

◆ 需求分析结果的指导性

培训需求分析具有很强的指导性，这种指导性表现在两个方面：一方面，培训需求分析是确定培训目标、制订培训计划的前提；另一方面，培训需求分析是开展培训评估的基础。

3.2 培训需求分析的三大层次

培训需求分析包含三个层次，一是个体层次上的培训需求分析，二是组织层次上的培训需求分析，三是战略层次上的培训需求分析，如图

3–3 所示。

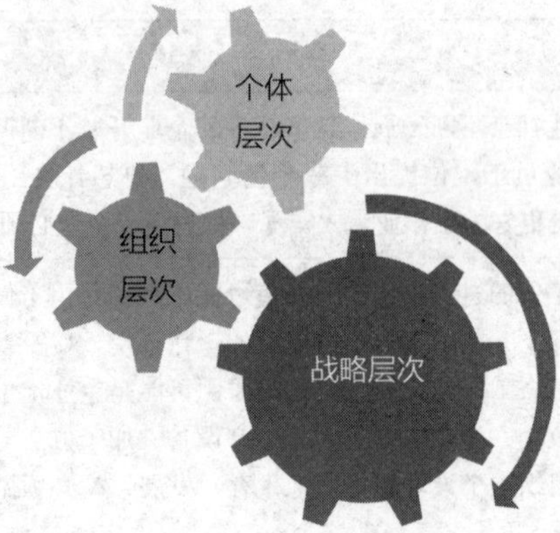

图 3–3　培训需求分析的三大层次

3.2.1　个体层次：确定培训主体

个体层次的培训需求分析主要是对组织员工的现有状况与应有状况之间的差距进行分析，以此为基础确定员工是否需要接受培训，接受什么类型的培训。一般来说，个体层次的培训需求分析往往需要培训部门、主管人员、工作人员负责完成，各自的工作职责如表 3–2 所示。

表 3–2　各主体的工作职责

主体	工作职责
培训部门	（1）绩效测试。培训部门通过对员工进行绩效测试来决定其是否需要接受培训，为其规划培训内容。为了组织未来的发展，培训部门往往会选择一些有潜力的经理人或行政人员参加培训。 （2）检查和执行委托培训项目。虽然此类活动的参与主体很多，但培训部门往往发挥着主要作用。 （3）与主管人员、工作人员相互交流，制定培训目录。培训部门有针对每位员工的培训目录，其中记载着员工曾经参加的每一次培训，并针对每一位参与培训员工提出培训与开发的可能性。如果委托培训项目非常多，工作人员的发展与升职加薪联系在一起，组织想要强调员工发展的重要性，制定详细的培训目录就显得非常重要

续表

主体	工作职责
主管人员	（1）主管人员要负责将培训决策变成绩效评价系统的一部分，为培训决策的制定提供有效指导。 （2）主管人员应鼓励工作人员制订员工培训计划，或在培训结束后督促工作人员撰写员工培训报告。 （3）主管人员应制定部门培训计划表。主管人员有责任考虑现有的培训知识、培训内容能否解决现存的问题，是否会加重参与培训员工的工作负担等
工作人员	（1）工作人员要精准地评估自己的培训需要，主动寻找培训机会。 （2）工作人员需要构建组织内外培训规划，利用工作时间或私人时间参加培训活动

3.2.2　组织层次：确定培训部门

组织层次的培训需求分析指的是通过对组织目标、组织资源、组织环境等因素的分析发现组织存在的问题，确定培训能否有效地解决这些问题。具体来看，组织层次的培训需求分析涉及三大内容：一是确定组织目标；二是确定组织培训气候；三是资源分析。具体如图 3-4 所示。

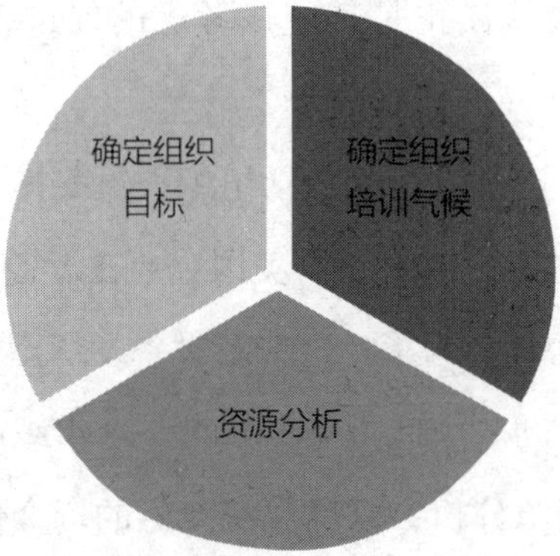

图 3-4　培训需求分析组织层次的三大内容

（1）确定组织目标。明确的组织目标在一定程度上对组织发展、培训规划设计与制订起着决定作用。简单来说就是组织目标决定培训目标。

如果组织目标不清晰，就很难制订、执行培训规划，更不可能对培训过程中应用的标准做出详细说明。

（2）确定组织培训气候。组织气候指的是组织内部存在的，能够影响培训效果的诸多因素的总称，包括价值观、人际关系状况、态度、制度构成、领导水平等。组织气候对组织培训发挥着至关重要的作用，如果培训规划与组织气候存在冲突，培训就很难达到预期效果。

路乐尔和戈德斯丁通过获得 102 家快餐店的特许权做了一项研究，主要考察组织转换气候对受训者转换行为的影响。受训者大多是经理、经理助理，在完成 9 个星期的培训后，将他们随便分配到这 102 家快餐店中。被分配到正在转换气候的快餐店的受训者，在工作过程中会表现出更多转换行为。和预期设想的一样，在培训过程中表现优异的受训者，在工作中同样表现出色，但转换气候与培训之间并没有表现出明显的相互作用关系。这就表示，不受训者在培训中的学习程度会对正转换气候的程度、所学行为方式转换到工作中的程度产生影响。由此可见，对于组织来说，转换气候正是其应该考虑的促进转换培训的强有力的工具。

（3）资源分析。资源分析应包括组织人员安排、设备类型、财政资源等内容。例如，1983—1989 年，美国企业在设备更新方面的投资以年均 15% 的速度快速增长。为了让这些新设备发挥出应有的效用，企业组织了大规模的培训活动。由此可见，如果一个组织准备引入新技术、新设备，就必须进行资源分析，以确保有充足的资金使用，确保有人能够参与培训，掌握这些新技术、新设备的使用方法。

3.2.3 战略层次：确定培训内容

一直以来，人们都习惯在个体层次、组织层次开展培训需求分析，并将分析结果作为规划培训活动的依据。但事实上，如果培训者过于关注过去与现在的需求将引发资源的严重浪费。在这种情况下，越来越多的人将关注点转移到了与未来需求有关的战略方法上，于是，培训需求的未来分析，也就是战略分析受到了人们的极大关注。具体来看，战略层次的培训需求分析需要考虑三大问题：一是改变组织的优先权；二是人事预测；三是组织态度。

（1）改变组织的优先权。引起组织优先权改变的五大原因如表 3–3 所示。

表 3–3 引起组织优先权改变的五大原因

原因	表现
新技术引进	企业引入新技术、新设备导致原有的组织结构、功能、性质发生变革
财政约束	面对财政紧缺，各层次的组织都会在最大程度上削减自己的规划，甚至会终止规划
组织调整	组织撤销、分割、合并都会引起组织变革
部门主管的意向	各个部门领导的处事方式全然相同，如果某部门新调任一位部门领导，很有可能引起组织变革
临时性、突发性任务	如果外界环境发生变化，为了应对新挑战，解决新问题，组织很有可能要改变原有的组织结构

综上所述，培训部门在开展培训需求分析时不能只考虑组织现在的需要，还必须具备前瞻性眼光，对未来需要进行全面考虑，并为其做好准备。

（2）人事预测。人事预测包括三种类型：一是短期预测，是指对下一年的预测；二是中期预测，是指对未来 2 ～ 4 年的预测；三是长期预测，是指对未来 5 年或更长时间的预测（见图 3–5）。

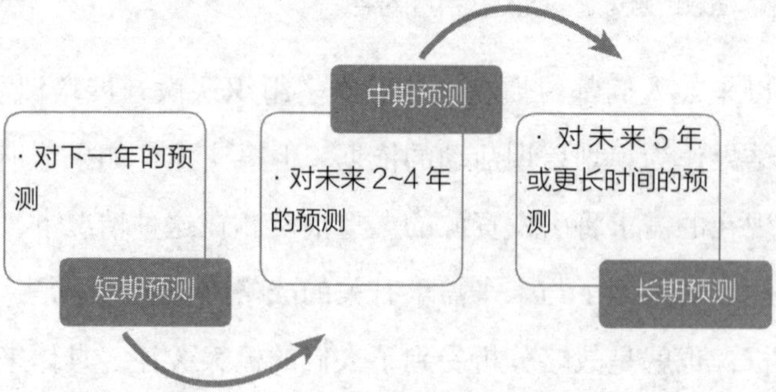

图 3-5　人事预测的三种类型

除上述三种类型的预测外，人事预测还包括需求预测和供给预测。其中，需求预测包括两大内容，一是组织所需人员数量，二是这些人员必须掌握哪些技能。如果一个组织处于稳定发展阶段，那么培训部就可以根据过去的倾向预测组织未来的需求。如果一个组织正在经历巨大变革，培训部就需要将过去倾向与其他预测技术结合在一起对未来需求进行预测。

供给预测不仅要对可能参加工作的人员数量进行预测，还要对这些人员具备的技能进行考察。

（3）组织态度。对于战略层次的培训需求分析来说，调查、收集全体员工对工作、技能及未来需求的意见与建议意义重大。一方面，通过上述调查可以确定组织内最需要接受培训和最反对培训的部门、岗位；另一方面，通过上述调查可以确定组织是否需要培训之外的其他方法。为了保证调查结果的准确性，上述调查要聚焦利益领域，以便获得更加集中的反应。

3.3 培训需求分析八大工具

对于企业培训来说，培训需求分析是非常重要的一个环节，分析结果的准确性直接影响着整个培训活动的开展效果。为了保证培训需求分析的准确性，企业必须采取合适的方法与工具。下面对培训需求分析常用的方法与工具进行具体分析。

3.3.1 调研问卷法

调查问卷法是应用范围最广、频率最高的一种收集资料和数据的方法。培训部门使用调查问卷法开展培训需求分析，要先设定一系列与培训需求有关的问题，并将其制作成书面问卷发放给培训对象，在培训对象填写完之后再收回分析，从而获得与培训需求有关的信息和数据，其具体步骤如表 3–4 所示。

表 3–4 调研问卷法的实施步骤

步骤	内容	说明
1	制订调研计划	明确调研目标及任务并具体化，紧紧围绕目标展开调研
2	编制问卷	调研问卷是调研问卷分析法的基本工具，通常采用选择题和问答题的方式（见表 3–5）
3	收集数据	发放调研问卷，并组织回收、整理
4	处理数据	统计数据，对问题进行汇总、分析
5	得出结论	根据分析结果得出结论，编写调研报告，提交调查结果

培训部门在设计调查问卷时要注意以下几个方面问题：

（1）问题尽量简短，注意使用简单的、固定用法的术语，尽量不要使用不易理解或者容易误解的名词。

（2）一个问题只涉及一件事，不要出现结构复杂的问句。

（3）题目设计尽量简单，最好不要涉及计算与逻辑推理。

（4）不要出现诱导答案的问题，保证作答者完全陈述自己的观点。

表 3–5　培训需求调研问卷例表

姓名：	部门：			岗位：	
您对现在岗位的工作程序	非常熟悉	比较熟悉	一般	不太熟悉	很不熟悉
您对本行业的新知识	非常熟悉	比较熟悉	一般	不太熟悉	很不熟悉
以您现有的知识，您对您现在的工作	非常胜任	比较胜任	一般	不大胜任	很不胜任
备选课程	培训需要程度				
	很高	高	中	低	不需要
专业知识					
专业技能					
创新性思维					
目标管理					
成本管理					
时间管理					
沟通与表达技能					
会议管理与技巧					
团队领导与协作					
商业礼仪					
办公室自动化					
心态培养和压力管理					
潜能开发					
					年　月　日

注：填表时在对应的内容下面用“√”标明。

3.3.2 访谈法

访谈法指的是为了获得与培训需求有关的数据和信息，与访谈对象面对面交流的一种活动。通过访谈法，培训部门不仅能获得一些硬性数据，还能获得一些软数据，比如员工对某一事件的印象、观点与判断等。

培训部门使用访谈法进行培训需求分析需要遵循的步骤如表 3–6 所示。

表 3–6　访谈法的实施步骤

步骤	内容	说明
1	访谈计划	确定访谈目的、项目，准备相关资料，确定相关人员名单
2	访谈预演	进行访谈练习，总结经验，发现问题及时更正
3	访谈开始	向访谈对象做简单介绍，营造适合交流的访谈氛围
4	收集数据	通过向访谈对象提问获得信息，工具为访谈记录表（见表 3–7）
5	访谈结束	对访谈内容进行小结并让访谈对象确认，重问没有充分回答的问题
6	访谈总结	整理访谈记录表，总结访谈记录并收集归档
7	访谈综合	对访谈资料进行总结，综合访谈中的发现及结论

访谈结束，培训部门要针对访谈内容、访谈过程及通过访谈获得的信息做好记录，以便将来制订培训方案时使用。访谈记录可以用表格的形式呈现，如表 3–7 所示。

表 3–7　访谈记录例表

访谈对象：	职位：
访谈人：	访谈时间：
具体问题	访谈记录
员工的性格特征、个人素质：	
员工特别出色的知识与技能表现：	
员工特别需要学习的知识和技能：	
员工对工作的热忱、关心度：	
员工有望取得的成绩或者晋升的职务：	

对员工参加培训的意见和建议：
其他需要说明的内容：
备注：
记录人：　　　　　　　日期：

3.3.3　现场取样法

服务行业在开展培训需求分析时经常使用现场取样法，先选择培训对象，然后抽取培训对象的工作片段进行分析，根据分析结果确定培训需求。现场取样法涵盖了两大内容：一是拍摄；二是取样。

拍摄指的是在培训对象的工作环境中安装摄影机、录像机等拍摄器材，将培训对象的工作过程拍摄下来，事后通过录像对培训对象的工作过程进行观察、分析，汇总出培训需求。整个过程要用表格的方式记录下来，如表 3-8 所示。

表 3-8　拍摄样板例表

拍摄对象：	拍摄地点：	拍摄人：
拍摄时间：　　年　月　日—	年　月　日	是否隐蔽拍摄：□是　　□否
分析项目	员工表现	
服务态度		
顾客反映		
必备工作实施情况		
沟通表现情况		
工作完成情况		
存在的问题		
拟改善的内容		
备注：		
制表人：　　　　　　日期：		
后期剪辑：　　　　　存档部门：		

取样可以分为两种形式：一种是神秘访客，也就是由取样人扮演客户，在培训对象毫不知情的情况下与之交流，开展交易活动，然后由取样人对培训对象在整个过程中的表现进行评价，据此确定培训需求；另一种是客户录音取样，也就是对培训对象与客户交谈过程进行录音，通过对录音的分析确定培训需求。无论采用哪种方法，取样结束后，取样人都要制作取样分析报告，如表 3–9 所示。

表 3–9　取样分析报告例表

取样对象：	岗位：	取样人：
取样时间：	取样地点：	
取样形式（用“√”标出）	□神秘访客	□客户录音取样
分析项目	员工表现	
工作态度		
专业知识		
工作技能		
沟通能力		
工作完成情况		
存在的问题		
拟改善的内容		
备注：		
制表人：	日期：	

3.3.4 观察法

生产型或服务型行业经常使用观察法进行培训需求分析。观察法指的是培训需求分析人员到培训对象的工作岗位上去了解培训对象的工作技能、工作态度、工作表现和在工作中遇到的问题，根据这些信息进行培训需求分析的一种方法。为保证观察效果，培训需求分析人员必须设计一份观察记录表，如表 3–10 所示。

表 3–10 观察记录例表

观察对象：	部门：	岗位：
观察地点：	观察时间：	
观察内容	记录	评价
工作态度		
工作方法		
工作熟练程度		
工作制度遵守		
工作沟通与协作		
灵活性与创新性		
工作效率		
工作完成情况		
时间管理		
突发事件应对		
备注：		
记录人： 记录时间：		

3.3.5 小组讨论法

小组讨论法指的是从培训对象中选择一批熟悉问题的员工作为代表，组织他们进行小组讨论，通过讨论获得培训需求的一种方法。小组讨论法的形式比较灵活，正式讨论、非正式讨论均可，讨论过程中可以使用头脑风暴、组织对照等多种方法。

在小组讨论开始之前，培训需求调查人员必须先确定讨论形式，明确讨论内容，以便对小组讨论方向与进度进行有效控制。一般情况下，小组讨论结束后会生成一份讨论记录表，如表 3–11 所示。

表 3–11 小组讨论记录例表

讨论时间：		讨论地点：
讨论形式：		主持人：
小组成员：		
讨论主题：		
讨论项目	内容	结论
问题一：		
问题二：		
问题三：		
问题四：		
备注：		
记录人： 日期：		

3.3.6 档案资料法

档案资料法指的是利用现有的资料对培训需求进行分析，这些资料必须与组织目标、企业发展、岗位工作、人员分析等因素有关。因为档案资料涵盖的信息比较复杂，需要利用表格进行总结、归纳，如表 3–12 所示。

表 3–12 资料信息归纳例表

归纳人：	归纳时间：
归纳方式（用“√”标出）：□资料收集 □资料整理	
资料份数：	
资料完整情况：	
资料信息分类	内容
企业信息	
外部信息	
管理层信息	

部门信息	
岗位信息	
个人信息	
备注：	
整理人：　　　　　　　日期：	

3.3.7 关键事件法

关键事件法指的是通过对企业内发生的对员工产生较大影响的事件进行分析，确定培训需求的一种方法。这里的关键事件指的是顾客投诉、重大事故等事件，其结果必须用表格的形式呈现出来，如表 3–13 所示。

表 3–13　关键事件收集例表

员工姓名：	部门：	岗位：
访问者：	访问时间：	访问地点：
访问背景：		
访问内容及描述	工作中遇到哪些重要事件	
	事件发生的情境	
	采取了怎样的应对行动	
	事件结果	
	经验教训	
分析及评价	导致事件发生的原因和背景	
	员工特别有效或多余的行为	
	关键行为的后果	
	员工自己能否支配或控制上述后果	
	员工事件处理欠缺的方面	
备注：		
制表人：　　　　日期：		

3.3.8 自我分析法

自我分析法指的是通过让培训对象填写自我分析表进行自我评价，根据评价内容确定培训需求的一种方法。自我分析例表如表 3–14 所示。

表 3–14 自我分析例表

姓名：	部门：	岗位：
项目	分析	
岗位任务所需条件		
岗位工作胜任情况		
工作成绩		
工作失误及遇到问题		
自身优点		
个人不足		
应加强哪些方面的学习		
学习目标及学习标准		
学习方式		
部门主管意见：		
备注：		
制表日期： 年 月 日		

3.3.9 工具选择策略

（1）各方法优劣比较。

综上所述，培训需求分析可以使用的方法多种多样，包括调研问卷法、访谈法、现场取样法、观察法、小组讨论法、档案资料法、关键事件法、自我分析法。培训需求分析人员在选择分析方法之前必须先了解这些方法的优缺点（见表 3–15），然后根据企业的实际情况自由选择。

表 3-15 培训需求分析方法对比

方法	优点	缺点
调研问卷法	成本低； 信息比较齐全； 可大规模开展	针对性强； 很难收集具体信息； 无法保证回收率
访谈法	可根据访谈对象和内容灵活变换形式； 信息直接； 易得到支持和配合	主观性强； 分析难度大； 需要高水平访谈员
现场取样法	资料直观、真实	实施设备成本高； 可能以偏概全
观察法	可以得到有关工作环境的信息； 所得资料与培训需求相关性高	可能会影响观察对象的行为； 观察结果只是表面现象
小组讨论法	全面分析； 允许当场发表不同观点	持续时间长； 讨论需要保证组织性和结构性
档案资料法	耗时少； 成本低； 信息质量高	不能显示解决办法； 需要分析专家
关键事件法	易于分析和总结	事件具有偶然性； 易以偏概全
自我分析法	信息真实、直接	只代表个人情况

（2）确定需求分析方法。

培训需求分析方法的选择在很大程度上取决于培训要求，企业必须先明确自身条件，然后对各个培训方式的优缺点进行全面考虑，最后确定培训需求分析方法。在确定培训需求分析方法时，相关人员必须注意以下三点内容：

第一，培训需求分析方法可以混合使用，通过两种或两种以上方法的组合弥补单一方法的某个缺点，以确保分析效果。

第二，允许培训对象就某个问题发表自己的意见。

第三，在进行培训需求分析之前要明确目标，确定关键人，明确关键数据。

无论如何，培训需求分析人员都要根据企业的实际情况选择合适的分析方法，以获得最准确的结论。

3.4 培训需求分析六种模型

3.4.1 Goldstein 三层次模型

Goldstein 三层次模型源自 20 世纪 80 年代，是培训需求分析非常重要的理论基础，其特点是将培训需求分析视为一个整体，将其分为不同的层次，并将组织需求、人员需求、任务需求整合在一起，使培训需求分析更加全面，分析结果更加科学。

Goldstein 三层次模型将培训需求分成了三个部分，分别是组织分析、工作分析和人员分析，如图 3-6 所示。

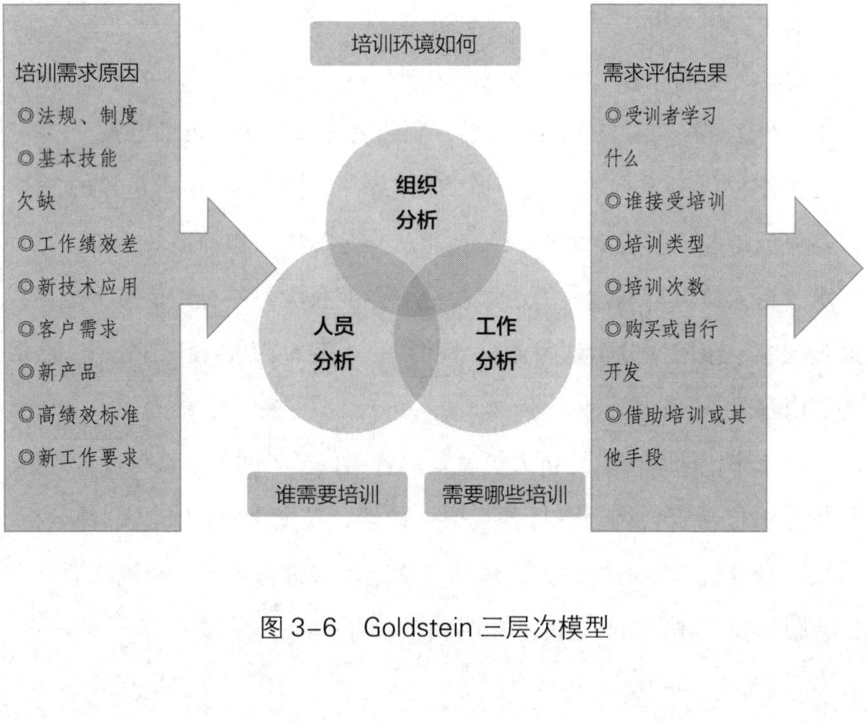

图 3-6 Goldstein 三层次模型

（1）组织分析。

在 Goldstein 三层次模型下，组织层次的培训需求分析将组织的短期目标、长期目标视作一个整体，并对那些可能对组织目标造成影响的因素进行考量。具体来看，组织分析包含三大内容，分别是人力资源分析、效率指标分析和组织气氛分析。

人力资源分析将组织目标描述为人力资源需求、技术需求以及为满足这些需求制订的计划。在供给与需求匹配方面，培训将发挥重要作用。

效率指标分析以组织目前的效率状况为核心，常用的效率指标包括工资成本、产出数量与质量、设备利用情况等。效率指标分析流程为先确定指标标准，然后对组织实际的效率进行评估，最后总结出培训需求。

组织气氛分析主要用来分析组织气氛、员工的工作感受。如果通过分析发现组织现有的气氛与理想中的气氛差距很大，而且对大部分员工造成了影响，就需要通过培训来进行改善。

（2）工作分析。

组织分析的目标是从整体把握组织与员工的培训需求，具有全局性。至于每个工作岗位具体的培训需求，就需要通过工作分析来把握。

工作分析应重点关注三方面的内容：一是每项工作所包含的任务；二是完成这些任务需要的知识、技能；三是每项工作的绩效标准。培训需求分析人员可以通过查阅国家规范、标准获取一些有用信息，也可以通过观察、跟踪、分析从企业内部获得一手资料，进行详细分析，获取所需内容。

接下来，培训需求分析人员就要对各岗位员工的工作情况进行分析，分析方法包括资料调查、行为观察、访谈、技能考核、典型事件分析、表现记录分析等。通过对工作现状与绩效标准进行比较，明确二者之间的差距，找到其中的问题，从而明确培训需求。

（3）人员分析。

人员分析主要面向组织的每一位员工，最终要得出“谁需要培训”“需要哪些培训”等结论。具体来看，人员分析主要包括两大内容：一是员工实际工作绩效与工作绩效标准之间的差距，导致这些差距产生的原因；二是员工的技术水平与该项技术掌握标准之间的差距，导致这些差距产生的原因。在人员分析方面，培训需求分析人员可以使用的方法有很多，比如观察法、记录分析法、技能考核法、资料调查法、员工自我评价法等。

虽然 Goldstein 三层次模型在培训需求分析方面有很多优点，但也存在很多不足，主要表现为以下三点：

一是 Goldstein 三层次模型虽然考虑了企业战略、组织资源对培训需求的影响，但忽略了行业政策、国家政策等外部环境的影响。

二是 Goldstein 三层次模型的人员分析关注的是员工现有绩效与理想绩效之间的差距，关心员工“必须学什么”，不关心员工“想学什么”。

三是 Goldstein 三层次模型缺乏有效的识别工具与切实可行的操作方法。

3.4.2 培训需求差距分析模型

美国学者汤姆·W. 戈特将“现实状态”与“理想状态”之间的“差距”称为缺口，根据缺口确定培训内容，这个模型就是培训需求差距分析模型，如图 3-7 所示。

培训需求分析人员使用该模型进行培训需求分析需要经历三个步骤：

第一步，发现问题。这里的问题指的是实际绩效与理想绩效之间的差距，问题存在的地方就是需要通过培训改善的地方。

第二步，预先分析。发现问题之后，培训需求分析人员要对问题进行预先分析，做出初步判断。

第三步，需求分析。该环节的分析重点是员工个体绩效与工作要求之间的差距，通过分析找到绩效差距。

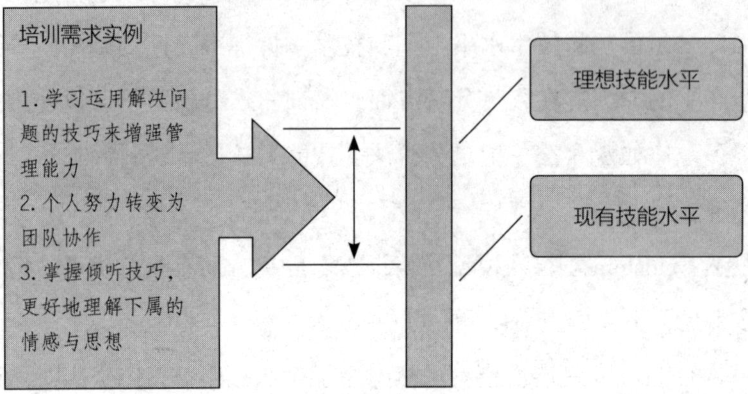

图 3-7　培训需求差距分析模型

在实际应用过程中，培训需求差距分析模型有优点，也有缺点，具体如表 3-16 所示。

表 3-16　培训需求差距分析模型的优缺点

模型	优点	缺点
培训需求差距分析模型	（1）重点关注培训需求的“差距分析”，切实提升了培训需求分析的可行性； （2）解决了 Goldstein 模型在工作分析、人员分析方面操作性不强的问题	（1）忽略了企业战略对培训需求的影响； （2）过度依赖假设前提，也就是“培训活动等同于绩效提高”

3.4.3　前瞻性培训需求分析模型

前瞻性培训需求分析模型将前瞻性思想引入了培训需求分析，该模型的提出者美国学者 Terry. L. leap 和 Michael D. Crino 认为，随着技术不断发展，员工不断成长，即便员工目前的工作绩效还不错，但可能因为要为将来的工作调动、职位晋升等做准备而产生培训需求。对于这些情况，前瞻性培训需求分析模型为其提供了一个良好的分析框架，如图3-8所示。

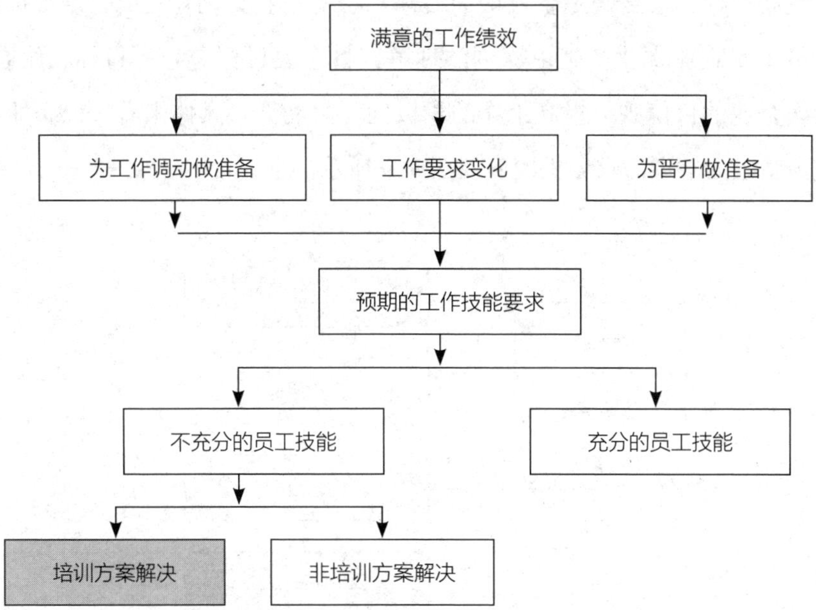

图 3-8 前瞻性培训需求分析模型

前瞻性培训需求分析模型是以未来需求为基础建立起来的，具有一定的前瞻性，可以根据组织发展前景、战略目标以及员工个人的职业生涯规划，为组织和个人提供一个恰当的结合点，对员工产生一定的激励作用，将被动培训转变为主动培训。但该模型也有一定的不足，因为立足于组织和个人的未来需求，所以预测结果未必准确，技术预测未必符合企业战略及业务未来的发展要求，可能与企业的战略目标脱节。

3.4.4 以企业文化为基础的培训需求分析模型

对于企业来说，以企业精神与价值观为核心的企业文化是灵魂，是推动企业发展的源源动力。企业文化一旦形成，就会渗透到企业的各个角落，对企业发展、员工工作和生活、员工培训产生重要影响。

以企业文化为基础的培训需求分析模型要先梳理企业文化，明确企业发展目标，最终确定企业培训目标。围绕企业文化开展员工培训可以让员工对企业文化产生更深刻的理解，将个人目标与企业目标相结合，认同企业的价值观，提高工作的积极性、主动性。具体来看，以企业文化为基础的培训需求分析模型如图 3-9 所示。

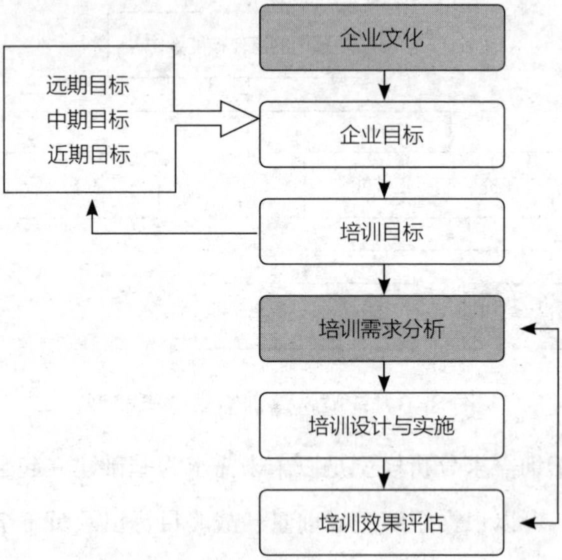

图 3-9　以企业文化为基础的培训需求分析模型

3.4.5　基于胜任力的培训需求分析模型

胜任力指的是可以将优秀员工与普通员工区分开的个人表层特征与深层特征的总称，包括知识、技能、自我概念、社会角色、特质、动机等诸多个性化特征。胜任力模型指的是组织中某一特定岗位要求的与高绩效有关的胜任特征的总和。利用胜任力模型进行培训需求分析非常有必要，因为胜任特征都是可测量的，可以让分析过程变得非常标准，让培训需求更加具体。

基于胜任力的培训需求分析模型主要通过判断组织环境变化来确定企业的核心胜任力，并以此为基础确定企业关键岗位的胜任力模型，将其与员工目前的能力水平进行对比，从而确定培训需求，如表 3–10 所示。

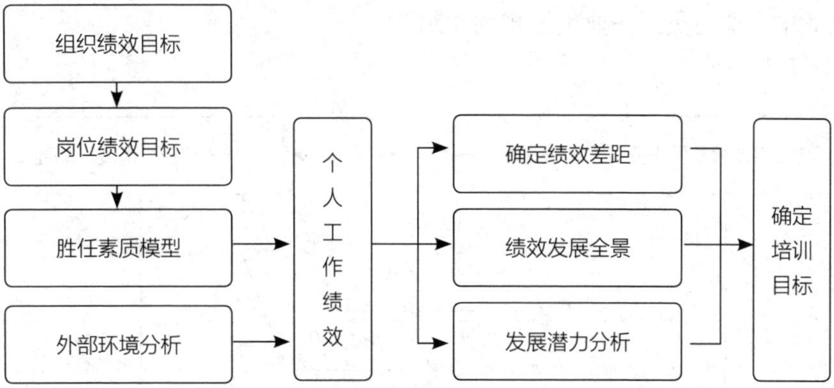

图 3–10　基于胜任力的培训需求分析模型

基于胜任力的培训需求分析模型可以用来对工作所需的行为进行描述，从而确定员工目前的素质特征，明确员工需要学习和发展的技能。模型中有非常明确的能力标准，为绩效评估带来了极大的便利。另外，通过胜任力模型，员工可以很好地了解组织对其提出的要求，从而开展有针对性的学习。

但与差距分析模型一样，胜任力模型同样忽略了企业战略对培训需求的作用。随着经营战略不断改变，企业会不断产生新的胜任特征需求和员工培训需求。另外，因为胜任特征的确定需要以丰富的资料和经验为依托，胜任特征模型的构建需要借助专业的访谈技术与后期分析处理技巧，不仅费时费力，而且成本极高。所以，要想利用胜任力模型进行企业培训需求分析，企业的人力资源管理水平必须达到一定的高度。

3.4.6 以职业生涯为导向的培训需求分析模型

以职业生涯为导向的培训需求分析模型（见图 3–11）认为企业与员工是两个平等的利益主体，肯定员工个人利益与组织利益存在一定的相关性，二者利益同等重要，企业发展必须以员工个人发展为前提，因此企业培训要与员工职业生涯规划相结合。

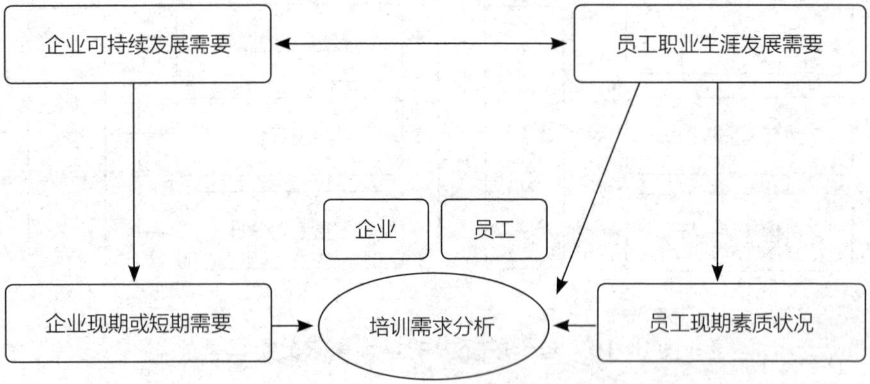

图 3–11 以职业生涯为导向的培训需求分析模型

具体来看，以职业生涯为导向的培训需求分析模型具有三大特点：

第一，将企业需求与员工发展需求相结合，对员工个体发展予以高度尊重。

第二，对短期需要和长期需要进行了综合考虑，可视为前瞻性培训需求分析模型的升级。

第三，在该模型下，员工真正参与到了培训需求分析之中，使培训需求评价主体得以有效拓展。

以职业生涯为导向的培训需求分析模型充分体现了以人为本的思想，指导员工将个人需求与职业生涯发展相结合，从而明确职业生涯发展目标，通过不断地参与培训实现自己的职业价值。

用该模型进行培训需求分析常使用的方法有两种，一种是面谈法，另一种是问卷调查法。引导员工围绕“自己目前的职业状况与理想中的职业状况”“自己在工作中的优势与劣势”“在工作中取得的成就”“近期计划与未来的发展计划”“实现发展目标需要什么资源”等问题进行自我评价。

【延伸阅读】培训需求分析应注意什么问题

◆提高重视，进一步完善培训管理体系

企业理想状况与现实状况之间往往存在一定的差距，这一差距就催生了培训需求。企业组织一次培训活动非常不易，需要投入大量的人力、物力。要想让培训活动取得预期效果，为企业带来一定的经济效益，管理层必须对培训需求分析予以高度关注。因为只有做好培训需求分析，企业才能确定哪些领域需要培训，培训什么内容。对于企业培训来说，这一点非常重要，它是有效开展培训活动的前提，也是培训活动及时、准确开展的重要保证。

企业的培训制度往往是企业高层管理者管理理念的体现，在一定程度上决定着培训在企业中的地位。所以，企业高层管理人员应与人力资源部门一起经常与员工沟通、交流，实时了解员工的培训需求，准确把握不同学历、不同年龄层员工的培训需求，确定需要接受培训的员工，确定培训内容与培训方式，明确培训活动见效时间，准确评估培训成本。只有根据员工需求组织培训，才能真正达到培训目的，取得较好的培训效果。

人力资源部门只有根据培训需求制订培训方案，才能真正防止培训工作流于形式。为保证培训方案的有效性、可行性，人力资源部门必须了解企业的发展目标、面临的挑战以及应对挑战需要具备的技能；然后，人力资源部门要与企业高层管理者一起对企业现有的状况进行分析，确定培训需求、培训方向与培训重点；最后，人力资源部门将各部门负责人召集到一起，了解各部门负责人对自己部门员工的期望。同时，人力资源部门还可以在员工岗位绩效评估中设置自我开发栏目，借此获知员工的培训需求，根据这两项内容设计员工或部门年度培训计划。

组织内部也好，组织外部也罢，人力资源部门通过需求分析获取了大量与制订培训计划、选择培训方式有关的信息，给培训活动的开展营造了一个良好的氛围，很容易获得全体员工的支持。

◆短期培训需求分析与前瞻性培训需求分析相结合

企业培训需求分析经常出现短期培训需求分析与前瞻性培训需求分析脱节的情况，为避免这种情况发生，人力资源部门在分析员工培训需求时应全面了解企业战略，准确把握企业发展方向，将前瞻性培训需求分析的作用充分发挥出来。利用前瞻性培训需求分析模型，对企业未来的工作变化、员工调动、新职位对员工的技能要求、员工已具备的知识水平等做出合理预测。人力资源部门可以根据预测结果制订培训计划，满足企业发展、员工成长的需求。

如果企业没有明确的战略规划，企业的前瞻性培训需求分析就会与企业的战略目标脱节，在这种情况下，为保证企业培训需求分析结果的准确性，人力资源部门必须开展短期培训需求分析。

短期培训需求分析的内容主要包括企业现阶段的生产经营目标、企业未能完成的生产任务、生产经营目标的实现情况、企业运行过程中存在的问题等，通过分析找到问题成因，确定通过培训可以有效地解决这些问题。总而言之，企业在改进分析模型时应将前瞻性理念融入短期培训需求分析，将战略性发展与现阶段业务发展对培训需求的影响分析进行有机结合，从而形成机制化的分析模式。

◆强化我国企业培训需求的层次化分析模式

企业的培训需求是由多种原因引发的，所以企业培训需求分析要收集各种资料，从上面提到的三大层次——个体层次、组织层次、战略层次切入。这三大层次相互关联、相互交叉，企业在开展培训需求分析时必须将这三大层次结合起来，以保证培训需求分析的有效性。下面，我们通过一个案例来分析企业如何对培训需求进行层次化分析。

天津一汽企业为开展一次切实有效的培训活动，在制订培训方案之前进行培训需求分析，根据员工的工作态度与工作技能，与企业对员工个人的培训需求相结合，将员工划归到了四个区域，如图 3-12 所示。

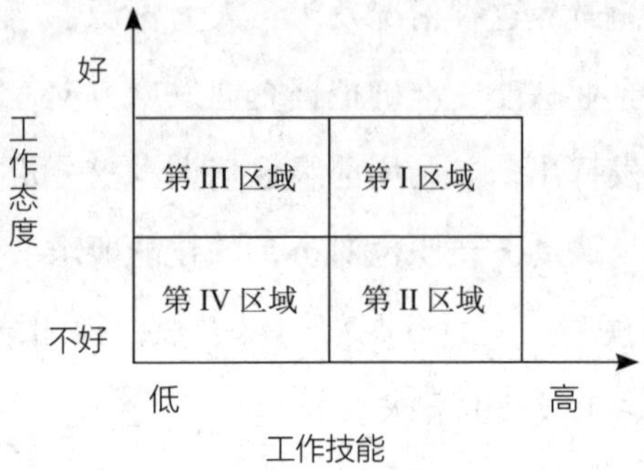

图 3-12　员工划分区域

第Ⅰ区域的员工工作态度好，且工作技能高，往往是企业的骨干员工。对于这类员工，企业必须考虑其职业发展需要，根据其需要有针对性地安排培训课程。如有必要，企业可投入一定的资金鼓励这些员工外出深造，从而达到一定的激励作用。

第Ⅱ区域的员工工作技能高，但工作态度不好。对于这类员工，企业培训的重点就是转变其工作态度。企业可单独与这些员工沟通，了解他们内心的想法，给他们提供更多机会展现自己的才能，引导他们增强对企业的认同感，提高他们工作的积极性。

第Ⅲ区域的员工工作态度好，但工作技能不佳。对于这类员工，企业应重点开展保健性培训，引导员工尽快适应工作岗位，提高工作技能，为企业创造更多效益。

第Ⅳ区域的员工工作态度不好，且工作技能较差。对于这类员工，人力资源部门应与员工本人及其上级领导进行谈话，对员工的实际情况做出全面了解。如果情况属实，人力资源部门应要求员工在规定时间内做好调整，适应岗位工作要求，否则进行转岗或辞退。

对员工进行划分后可以清楚地看到不同的员工有不同的培训需求，所以企业不能对所有员工进行统一培训，而应该根据员工的培训需求制订科学的培训计划，节约培训资源，增强培训效果。

总而言之，企业培训要想取得预期效果，必须改变“为完成培训指标而培训”的观念，让企业培训成为人力资源发展战略的重要组成部分，让培训需求分析成为企业培训的重要一环。因为只有做好培训需求分析，人力资源部门才有可能制订出符合企业发展目标与员工培训需求的培训计划与方案，为培训活动的顺利开展奠定良好的基础。

4 全面开发企业培训课程

4.1　企业培训课程开发原则与模型

4.1.1　培训课程开发三大原则

培训课程开发指的是培训组织在培训课程设计、授课指导等领域所做的一系列工作的总称，是一个可以持续发展、不断调整的过程。从内容方面来看，课程开发涵盖了课程形成、课程实施、课程评价、调整课程的方式与方法等诸多环节，是确定课程、改进课程的过程。

培训课程开发将以人为本的培训理念与课程的艺术性设计相结合，聚焦课程定位，为“创”“适”“悟”问题提供有效的解决方案。同时，培训课程开发对受训者的需求、兴趣、动机、风格进行充分考虑，努力让课程与师资、受训者达到和谐。具体来看，企业培训课程开发需遵循的三大原则如表 4–1 所示。

表 4-1 培训课程开发需遵循的三大原则

原则	做法
系统性与战略性相结合	为保证企业的年度培训计划可以顺利落地，企业必须开发一套系统的培训课程资源。另外，随着培训向大学式培训过渡，企业必须开发一套学院式的课程模式
针对性与实效性相结合	因为培训课程开发周期较长，成本较高，企业要有针对性地选择与企业经营密切相关的观念类、知识与技能类课程；为了保证培训效果，企业必须根据准确的任职资格进行课程开发
通用性与专业性相结合	为避免陷入“形而上学”的误区，课程开发必须把握好系统性与针对性之间的关系，从一个合适的角度切入，开发一套兼顾通用性与专业性的培训课程

4.1.2 培训课程开发五大模型

◆ ISD 模型

ISD（Instructional System Design）即教学系统设计，ISD 模型就是教学系统设计模型，该模式是以传播理论、学习理论、教学理论为基础，利用系统理论对培训需求、培训过程中存在的问题进行分析，找到最佳解决方案的一种理论和方法。具体来看，ISD 模型主要包含七大要素，如图 4-1 所示。

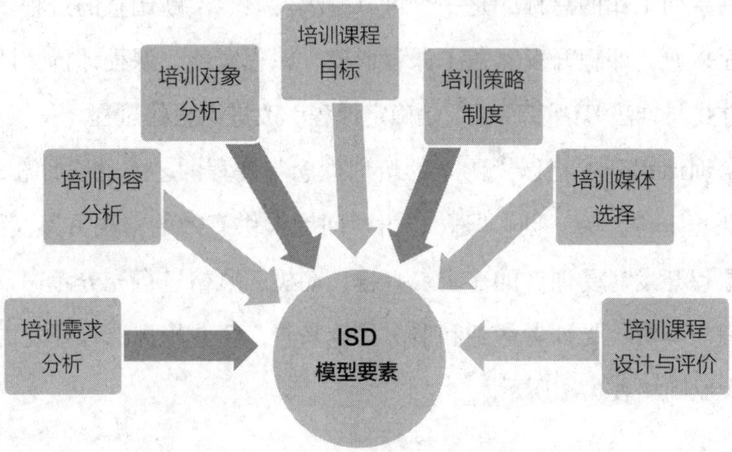

图 4-1 ISD 模型包含的七大要素

使用ISD模型进行培训课程开发，首先要提出培训申请，然后明确培训目的，之后进行环境分析、培训需求分析、培训内容分析和培训对象分析，根据环境分析与培训需求分析结果确定培训课程目标，根据培训内容分析与培训对象分析结果制定培训课程策略，最后形成培训课程评价，具体流程如图4-2所示。

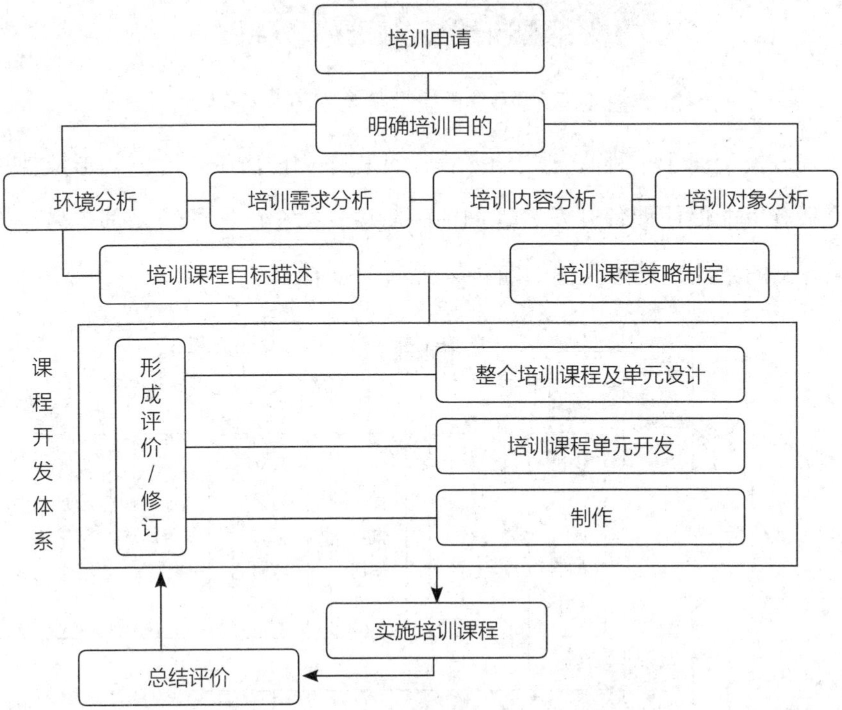

图4-2 ISD模型用于培训课程开发流程

◆ ADDIE模型

ADDIE模型是分析（Analysis）、设计（Design）、发展（Development）、实施（Implementation）、评估（Evaluation）的总称，也表示该模型包含了五大内容，如图4-3所示。该模型是目前培训课程开发领域最经典的一个理论模型，很多教育设计模型都是由该模型演变而成。

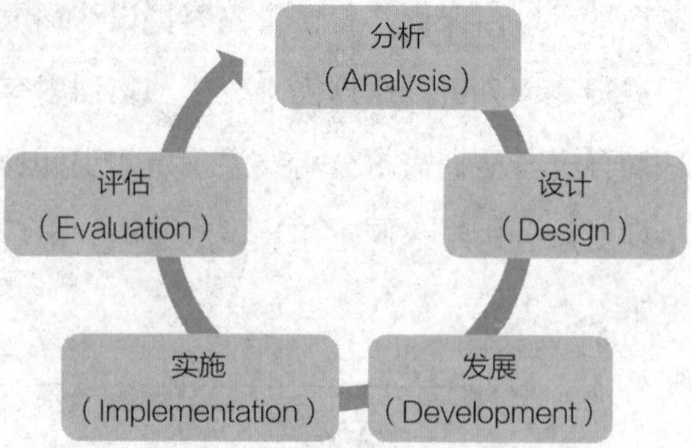

图 4-3　ADDIE 模型包含的五大内容

该模型属于一种交互式的课程设计程序，任何一个阶段的形成性评价都有可能促使课程开发者返回前一阶段，每个阶段的结果都是另一阶段开始的条件，具体流程如图 4-4 所示。

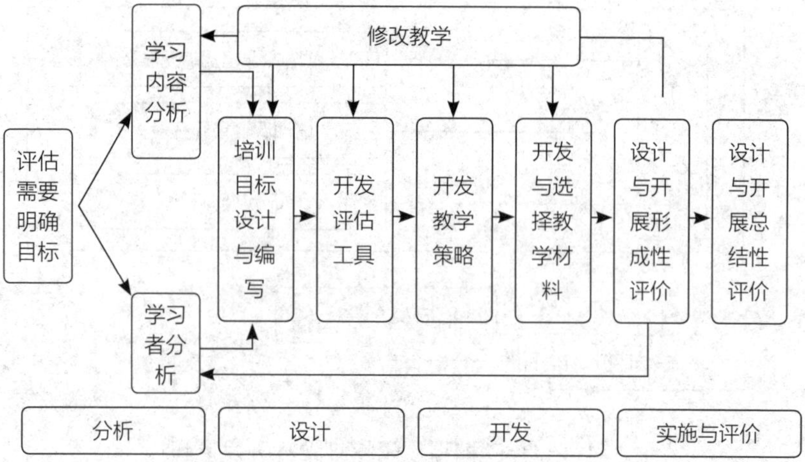

图 4-4　ADDIE 模型应用流程

ADDIE 是一种通用教学设计模型，将培训目标与培训问题放在首位，体现了整个培训过程，从培训需求分析到培训策略选择与设计、培训材料的开发编排、培训活动的实施，再到总结性或形成性评价，整个流程非常完整。

◆ HPT 模型

HPT（Human Performance Technology Model）指的是人员绩效技术模型，通过评定绩效差距设计合理的干预措施，获得预期的人员绩效。利用该模型进行培训课程开发需要经过五个环节，分别是绩效分析、原因分析、干预选择与设计分析、干预实施与变革、评价，如图 4–5 所示。

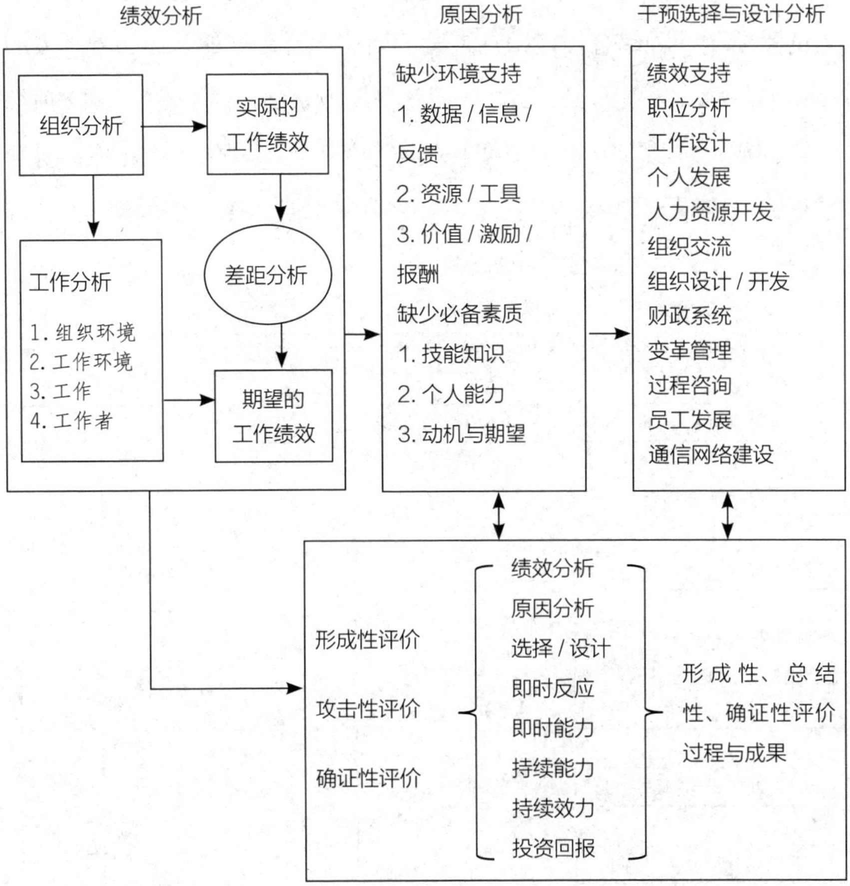

图 4–5 HPT 模型用于培训课程开发的流程

HPT 模型证明一点：绩效改进的目的在于缩小差距，这种差距主要来自组织和员工。HPT 模型将问题的关键聚焦在“人”上，通过提升人的绩效水平，改善系统与环境之间的交互过程，推动整个系统的组织结构不断升级，增加系统功能，提高系统的适应性，使绩效水平得以持续提升。

◆ CBET 模型

CBET 模型（Competency Based Education and Training Model）指的是能力本位教育培训模型，将某个岗位需要的能力作为课程开发标准，以让培训对象获得这种能力为目的开展培训的一种课程开发模型。能力是对人的素质的一种综合描述，是人履行岗位职责需要的基础条件。人的本位指的是从事某项工作需要具备的各种能力系统，通常由 1 ～ 12 项综合能力构成，每项综合能力又可以划分为若干项不同的专项能力，每项专项能力又可以划分为知识、态度、经验和反馈。使用 CBET 模型进行培训课程开发的流程如图 4–6 所示。

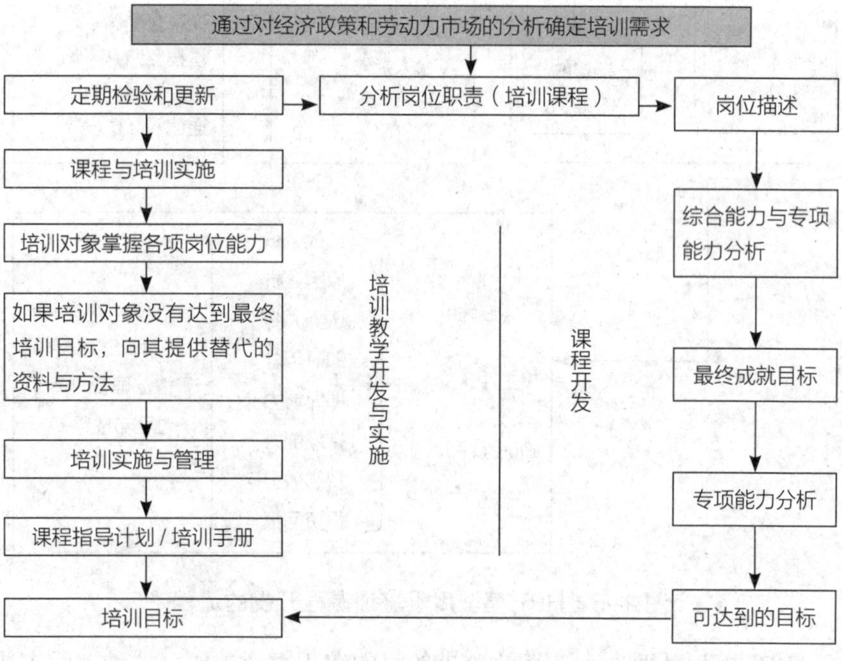

图 4–6　CBET 模型用于培训课程开发的流程

◆项目化课程开发模型

项目化课程开发模型是一种根据工作任务规划课程内容，以项目为单位组织内容，以项目活动为主要学习方式的课程模式。首先，项目化课程开发模型根据工作任务规划课程内容，在受训者接受培训的过程中，引导他们构建知识、提升技能。其次，项目化课程开发模型根据项目规划课程内容，在准确分析工作任务的基础上进行项目设计。该模型包含两层含义：一是项目化课程开发要以工作任务分析与项目设计为关键点；二是项目化课程开发的成败直接取决于质量。具体来看，项目化课程开发模型用于课程开发要经过图 4–7 所示流程。

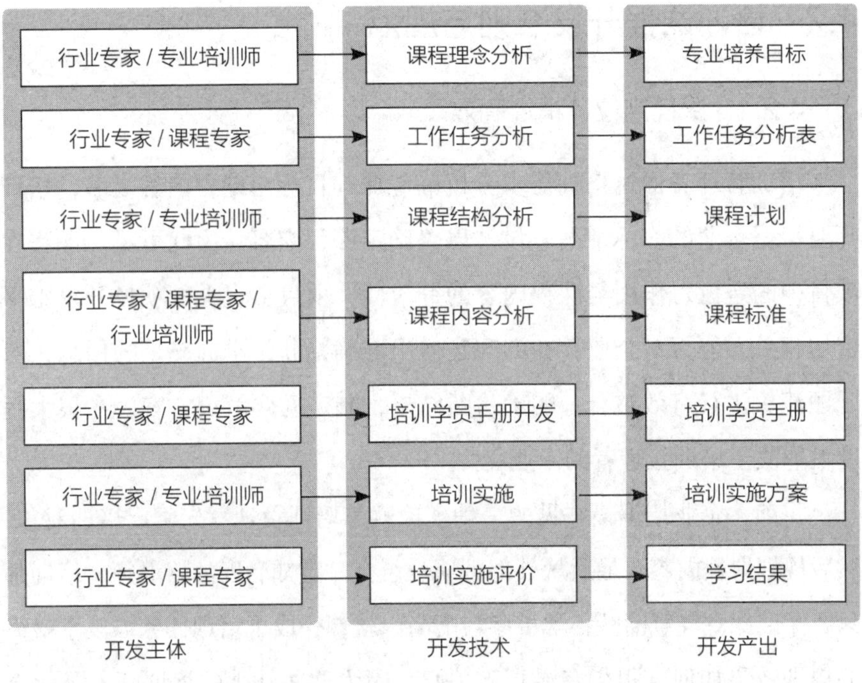

图 4–7 项目化课程开发模型示意

除上述所说课程开发模型与工具外，还有很多其他的课程开发模型，如 DACUM 模型、霍尔模型、纳德勒模型等。在具体实践过程中，企业应根据项目和学员情况选择合适的方法，可以选择几种模型交替使用。例如，在 CBET 类的课程开发时可能使用 DACUM 模型，在 ISD 课程类开发时可能使用 ADDIE 模型。

具体使用哪些模型进行课程开发，在很大程度上取决于项目定位和发展目标。但有一点可以肯定，就是以能力素质模型与岗位工作职责为基础的课程开发与人才培养模式已失去主导地位，尤其是在互联网、高科技等人才密集型行业，其人才培养模式已经转换为任务导向型与经验萃取型的复合型人才培养。

4.2 培训课程开发准则与规范

4.2.1 课程定位"精准高效"

培训管理者通过培训需求分析确定课程目标与课程内容之后，培训师要根据企业的实际情况、设计思路确定课程内容。由此可见，课程在项目中的定位、作用与课程内容的针对性、项目负责人的项目开发水平密切相关。能否对企业存在的问题做出准确判断，掌握充足的信息，对问题清单进行有效整合，明确诊断结果，制定问题解决方案，在很大程度上取决于培训管理者的专业能力。

目前，企业培训最常见的一种现象就是培训管理者先确定培训对象，然后规划课程内容，最后从外部聘请一位有一定知名度的培训师，培训师只要保证课堂气氛活跃，学员参与度高，就算完成了培训任务，至于最终的培训效果如何，很少有人真正关心。因为这些外聘的培训师不了解企业的实际情况，导致课程内容不符合企业的实际情况，培训效果不佳。

众所周知，传统培训可以分为知识培训、技能培训、态度培训三大部分，其中，知识培训主要解决“知”的问题，技能培训主要解决“会”的问题，态度培训主要解决“意”的问题（见图 4–8）。随着市场经济不断发展，现代企业面临的挑战越来越严峻，不仅要不断学习新知识、新技能，还要通过培训改变基层管理者的行为、价值观和思维，通过潜在能力开发不断提升管理者的素质。在这种情况下，企业培训课程定位必须具有针对性，以解决企业实际存在的问题。

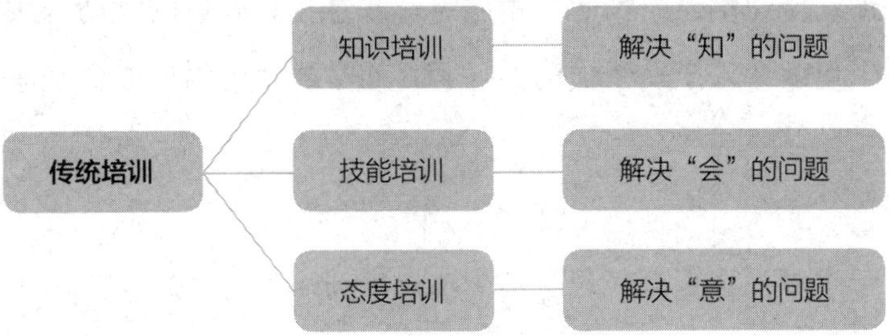

图 4–8 传统培训的三大部分

近几年，培训课程定位问题获得了越来越多培训师的关注，市场上出现了很多面向企业基层管理者的思维培训、观念培训、心理培训课程。其中，思维培训主要解决“创”的问题，观念培训主要解决“适”的问题，心理培训主要解决“悟”的问题。相较于传统的知识培训、态度培训、技能培训来说，思维培训、观念培训与心理培训为企业培训带来了很多新内容，使培训课程体系更符合现代企业发展需求。这些培训课程为基层管理者转变思想观念提供了一条有效的途径。通过“感悟”“适应”和“创新”，基层管理者可以更好地解决“做”的问题。

4.2.2 结构设计“系统完整”

一位优秀的培训师会用不同的方式将自己想要表达的内容与主题展现在学员面前，通过内容与形式的艺术结合将学员带入提前设计好的情境中，使学员沉浸其中。在培训课程开发的过程中，课程设计者要对基层管理者的培训需求、兴趣、动机、学习风格等因素进行全方位把握，了解他们的学习心理，抓住培训的本质。

对于培训课程开发，从感知信息层面来看，相较于抽象感知者来说，具体感知者更喜欢通过做、活动和感觉来感知信息，这一点更符合基层管理者的学习特点。所以，培训师应尽量迎合基层管理者的学习特点，用视觉形式传递信息与情感，用触觉形式感觉到心灵的触动，从各个层面、各个角度切入激发学员的潜意识，使学员对事物形成更全面、更立体的认知。

以天津石化自主开发的基层管理者培训课程《班组长角色认知》为例，这门培训课程使用的是“五线谱”的设计思路，也就是分五条线进行，分别是时间线、内容线、方法线、情绪线和工具线，如图 4-9 所示。

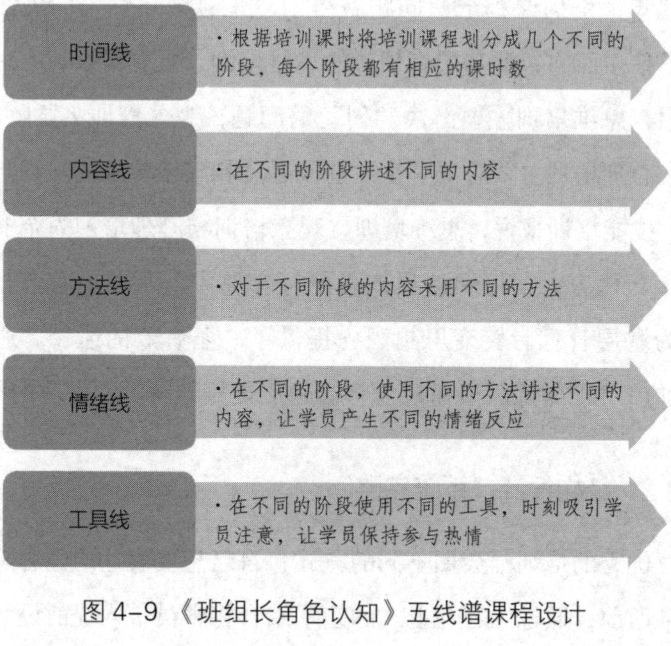

图 4-9 《班组长角色认知》五线谱课程设计

总而言之，为保证培训活动顺利开展，培训师必须提前对内容结构进行梳理，包括在什么时间、什么环境下使用什么工具、什么方法讲述什么内容，希望达到什么效果等，培训师必须烂熟于心。

4.2.3 课程实施“人课合一”

一门优质的培训课程不仅要满足优秀课程设计的基本要素，培训师对课程内容的驾驭能力也必须达标。培训师对课程内容的驾驭能力往往会对课程的时效性产生直接影响，导致同一门课程由不同的人讲授会产生不同的效果。要想真正做到“人课合一”，培训师必须灵活掌握授课现场。

其实，“人课合一”有两层含义，如图 4–10 所示。

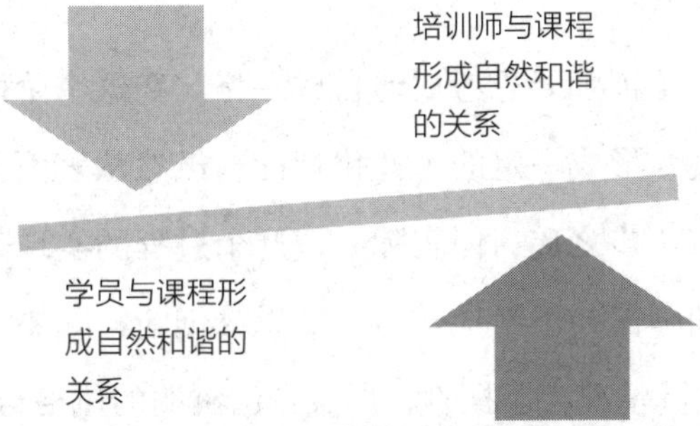

图 4–10 “人课合一”的两层含义

（1）培训师与课程形成自然和谐的关系。

培训师要不断地丰富自己的专业内涵，提高专业素养，形成自己独有的教学风格，释放自己的潜能，打造一套个性化的课程，从“人在课中，课在人中”发展为“人如其课，课如其人”，再到“人即是课，课即是人”，让人与课形成自然和谐的关系，将人的优势充分发挥出来。

“人课合一”不仅要充分发挥培训师的优势，还要展现培训师的风格，让培训课程与培训师实现完美结合，从视觉、听觉两个层面带给学员一定的享受。

那么，培训师要如何形成自己的风格呢？一般来讲，培训师风格的形成要经历三个阶段，即入格、出格、自成一格。入格是培训风格养成的第一阶段，在此阶段，培训师要积极主动地模仿他人，结合自己的培训特点，发现自己的不足，取彼之长补己之短。但培训师也不能一味地模仿，因为一味地模仿很有可能抑制自己的创造力，无法形成自己独特的风格。

入格之后，培训师要思考如何出格，让课堂培训进入个性化阶段。出格意味着培训师要跳出模仿阶段，超越已有的培训模式，开始形成自己的风格。一名培训师能否成功出格，在很大程度上取决于实践磨炼与反思的程度。

出格之后，培训师要思考如何自成一格。在这个阶段，各个环节都要有稳定的表现，形成一定的个性化特征。虽然从表面上看起来从出格到自成一格只有一步之遥，但实际上，这个过程的实现需要经历一个漫长的阶段。培训师需要不断地学习、反思、创新，既要向他人学习，又要结合自己的实际情况大胆探索，形成自己鲜明的风格与特色。

（2）学员与课程形成自然和谐的关系。

培训师要经常反思四个问题：第一，调整后的课程内容是否与企业现状相符，是否可以满足企业的具体要求？第二，授课方式能否令学员满意？第三，课程内容是否与其他课程内容重叠，引发学员反感？第四，课程内容是否涵盖了学员普遍关心的专业问题或非专业问题？

从本质上来看，培训课程内容必须做到“内外兼修，人课合一”，仅仅立足于课程需求，开发出企业需要的培训课程，才能让培训师的职业生涯保持旺盛的生命力。

4.3 培训课程结构设计新方案

4.3.1 问题转换任务

在培训需求分析阶段，培训管理者的主要工作是利用各种培训需求分析方法和模型对组织存在的问题进行深入探究。而在课程设计阶段，培训管理者的主要工作是将“问题”转换为“任务”。

教学设计大师戴维·梅瑞尔（David Merrill）认为：将工作中遇到的问题放到学习场景中，“问题”就变成了“任务”。在这个学习场景中，学习者就是要从知识、态度、技能等多个方面采取行动，完成一些具体的“任务”，而完成任务就相当于解决问题。

那么培训者要如何将“问题”转换为“任务”呢？在此之前，培训者必须明确“问题”与“任务”之间的区别，如表 4-2 所示。

表 4-2 “问题”与“任务”之间的区别

问题	任务
“问题”只是问题，没有给出解决方案	“任务”包含了具体的问题解决方案，可以刺激人产生某种特定的行为
“问题”涵盖的内容比较宽泛，成因较多，需要解决的问题也比较多	“任务”的关注点比较集中，专注于解决主要问题和主要矛盾

总而言之，确定“任务”就是对工作中存在的问题进行分析、归纳，将其总结为具体的、明确的任务的过程。

4.3.2 课程初步分解

从整体上看，培训课程设计可分为三个阶段，一是课程导入，二是主要任务，三是课程结尾，如图 4-11 所示。

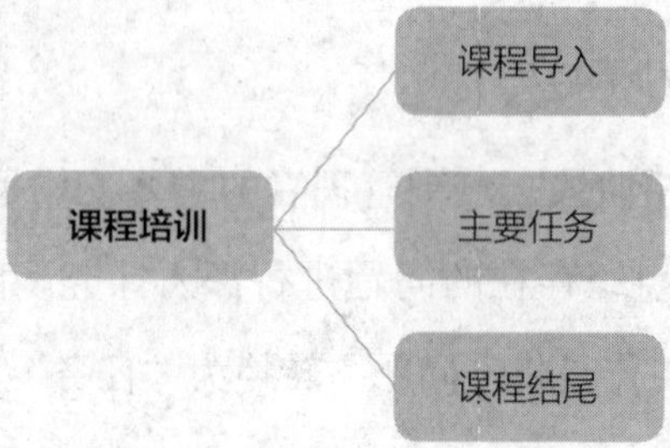

图 4-11 培训课程设计的三个阶段

课程导入主要说明为什么设计这门课程、课程可以解决什么问题、课程开设有什么意义等。目前，比较常见的课程导入方式有案例导入、问题导入、分组讨论导入等。

主要任务部分是课程设计的主要内容，也是课程设计的重点和难点。

课程结尾部分主要用来对课程内容进行总结、回顾，对知识点掌握情况进行考核、评估，引出下一次课程的内容。

具体来看，课程结构设计要遵循两个原则：一是上下级纵向包容，先抽象后具体原则；二是同级横向并列，不重复不遗漏原则。

在主要任务归纳阶段，如果遇到一些不知道如何归纳的内容，可以采取表 4-3 所示三种措施进行处理。

表 4-3 任务归纳策略

措施	具体做法
扩大	扩大主要任务，将其他任务纳入主要任务
移位	主要任务不变，将其他任务移至下一层级，纳入下一层级的某个任务
删除	删除那些与培训目标关联不大，对学员意义不大的任务

4.3.3 主要任务分解

在明确主要任务后，接下来就是对主要任务进行分解，将其划分为一个个具体的子任务，并对这些子任务进行合理排序，如图 4–12 所示。

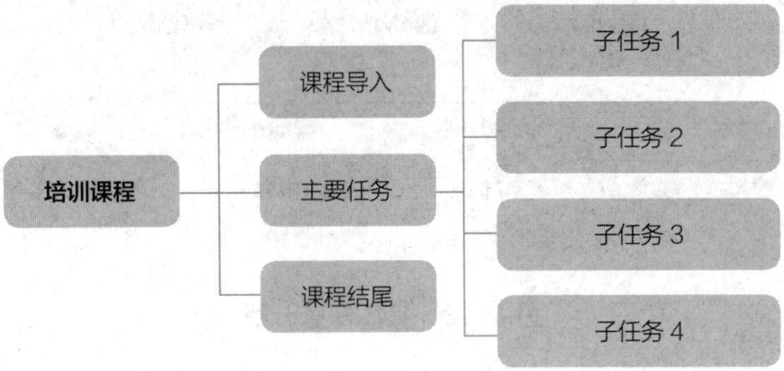

图 4–12 主要任务分解图

为保证子任务分解科学且合理，课程开发者需要十分熟悉课程内容，而且要具备丰富的业务知识与操作技能。例如，培训管理者要开发一套销售类培训课程，如果课程开发人员没有销售经验，就很难设计出一套合理的课程结构，更无法对子任务进行进一步分解。那么，课程开发者要如何将主任务分解成子任务模块呢?

（1）对于具体任务，课程开发者可以按照任务开展顺利，以流程化的方式进行分解。例如，企业要开设一门“商务采购入库”培训课程，面向销售经理、财务人员、商务人员开展商务采购流程培训。在设计这门课程的时候，课程开发者可以按照采购流程与顺序对子任务进行分解，包括用户登录、采购申请、采购订单、采购入库等，然后面向每个子任务进行课程内容开发，如图 4–13 所示。

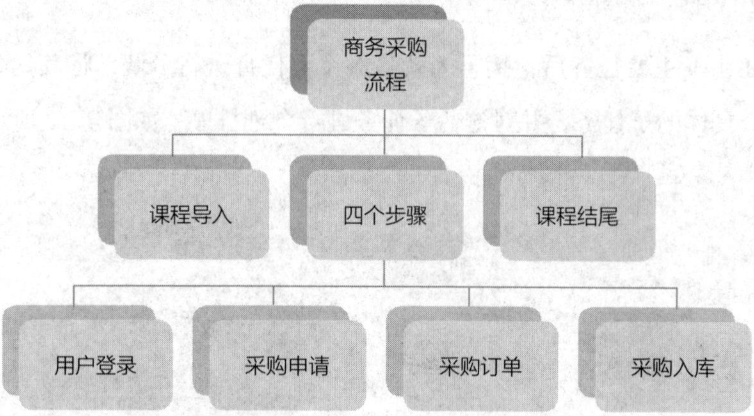

图 4-13　具体任务分解

（2）对于抽象任务，课程开发者要按照任务的内部规律，以模块化的方式进行分解。例如，人力资源部门要开发一门“中层管理者领导力提升”的培训课程，面向企业的中层管理人员开展管理知识培训，提升其领导力。按照领导力的内在规律，使用模块化的方式对这门课程进行分解，可以将其分解成五个相互独立、相互关联的子任务，即与人为善、自信果敢、识人之智、追求卓越、战略思维，如图 4-14 所示。

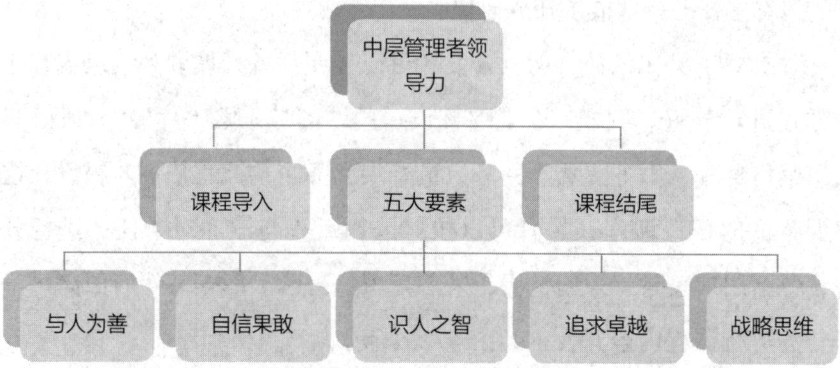

图 4-14　抽象任务分解

（3）对于复杂任务，课程开发者要根据具体情况综合使用按流程顺序分解与按模块结构分解这两种方法。例如，某企业要开发一套面向大客户的销售技能培训课程，这个培训任务比较复杂，无法单纯地按流程顺序或模块结构分解。面对这种情况，首先，企业应立足于销售人员应具备的销售能力，按照销售结构将其分解成以下几个子任务：教育信息化行业培训、系统集成产品培训、大客户销售流程培训、商务谈判技巧培训等。至于大客户销售流程，又可以按照流程顺序继续分解，分解成客户需求分析与引导、解决方案设计、销售合同签订、售后服务规范等子任务，如图 4–15 所示。

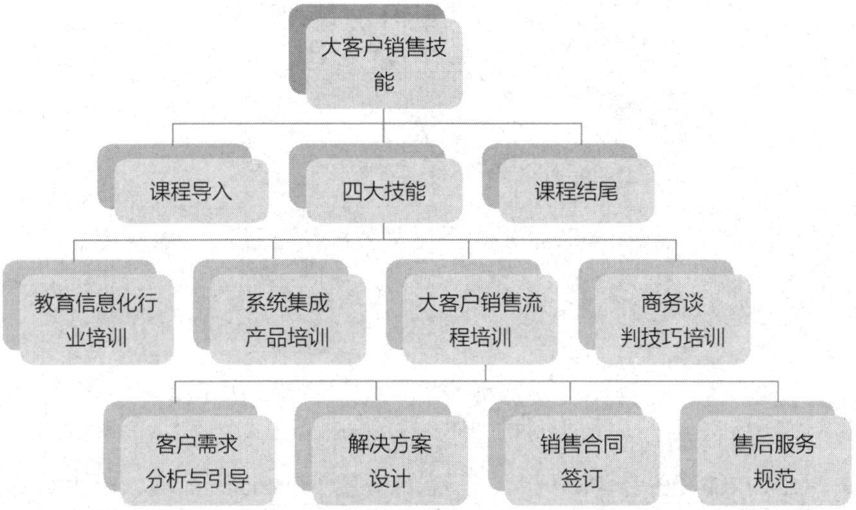

图 4–15　复杂任务分解

4.3.4　子任务逐一解决

在对主任务进行分解后，任务逐渐具体，最终成为一个个不能再细分的独立小任务。对于最终的子任务，常见的解决模式有两种：

（1）ASK 模式。ASK 指的是态度（Attitude）、技能（Skill）、知识（Knowledge），ASK 模式指的是面向某个最终的子任务，按照态度、技能、知识这样的思路来解决。当然，不是所有的最终子任务都必须分成态度、技能、知识，有时可以根据具体情况分成其中一项或两项的组合，如图 4-16 所示。

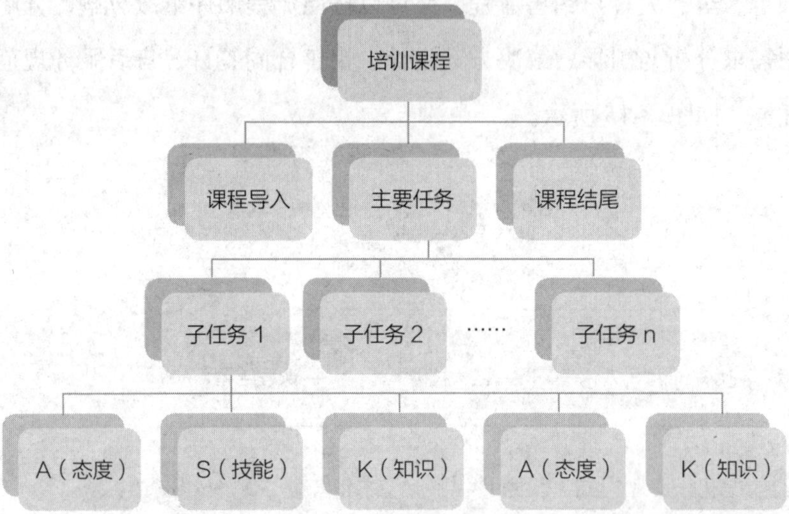

图 4-16　ASK 模式

（2）PRM 模式。PRM 指的是现象呈现（Phenomenon）、原因分析（Reason）、措施及解决方案（Measures）。PRM 模式又称“咨询式培训模式”，面向某个最终的子任务，从问题开始，将关注点放在问题解决方面，如图 4-17 所示。

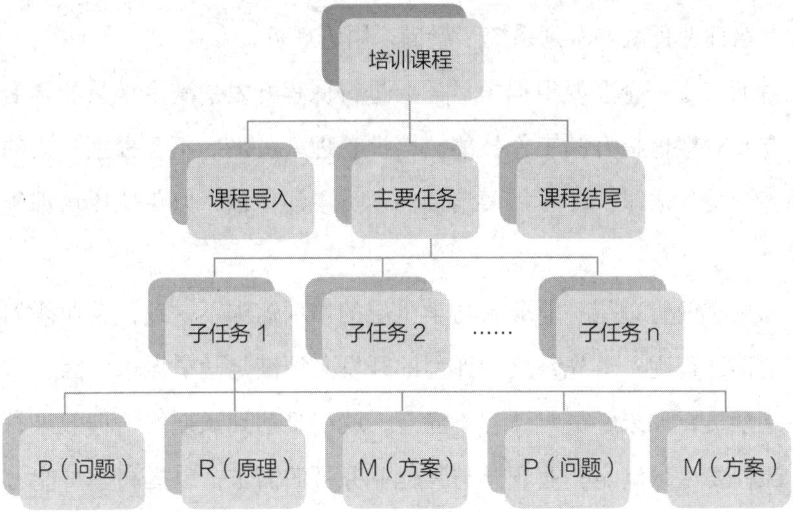

图 4–17　PRM 模式

经过上述几步生成一个完整的课程结构设计图之后，接下来就是根据课程结构图开发课程内容了。

4.4　培训课程开发“七步法”

4.4.1　学员定位，做好利益分析

企业要想开发一套适用的培训课程，必须先做好目标学员定位。因为企业培训的对象是学员，而课程是为企业培训服务的，如果学员定位不准确，课程开发就失去了针对性，自然无法辅助培训活动取得预期的效果。

如果企业招聘的是高校毕业生，就要根据毕业生的实际情况进行课程开发；如果企业招聘的是社会人员，就要根据社会人员的实际情况进行课程开发。如果学员年龄普遍较小，培训课程就要多使用一些符合年

轻人用语习惯的词汇，语言尽量简洁、生动、有趣；如果学员年龄普遍较大，培训课程就要做到系统、严谨，用语规范、专业。

总而言之，企业要根据学员需要进行课程开发，满足学员的学习需求，有针对性地提升其工作技能。培训管理人员最好不要根据自己的想法判断学员的需求，让不需要培训的学员参加培训，以免造成培训资源浪费。

如果企业管理层、业务层与学员层的培训需求不一致，企业要如何开发培训课程呢？首先，培训课程的开发必须满足学员需求，因为培训对象是学员，如果学员对课程不满意，就很难达到预期的培训效果；其次，课程要尽量满足企业领导与其他业务员的需求，以提高学员能力为基础，不断地与其他利益相关方商谈、协调，根据他们的要求对课程内容进行调整，让利益相关方都感到满意。

根据课程开发的一般流程，企业会先对目标学员进行定位，对他们进行利益分析，然后再进行课程开发。如果企业提前确定了课程，为保证培训效果，就要根据课程寻找目标学员。

通常情况下，目标学员都有两大属性：一是组织属性；二是个体属性。在考虑组织属性时，培训师要根据企业发展战略和业务发展需要对目标学员进行定位，明确课程开发的目的是满足企业发展需要；在考虑个人属性时，培训师要根据员工个人发展需要对目标学员进行定位，寻找那些渴望提升自己、对企业忠诚度较高的员工，根据他们的需求进行课程开发，通过有针对性的培训提升他们的岗位技能。总而言之，对于企业培训来说，最合适的目标学员既要符合企业的发展战略，又要契合员工的个人意愿，而且要具有培养价值。

例如，A企业有一套完整的培训体系，该体系涵盖了新员工培训、技术培训、领导力培训、管理培训等多种类型。无论哪种类型的培训，A企业都有一套定位目标学员的方法。

如在领导力培训方面，该企业在挑选目标学员时会对学员对企业的忠诚度、大局观、商务执行能力、战略思想等因素进行综合考察，然后再根据具体要求选出符合条件的学员。最后，A企业会以企业发展目标为基础，与学员的实际情况相结合来开发培训课程，切实培养、提升学员的领导力，让学员成为企业最重要的管理人才。

除此之外，A企业还与很多知名的教育机构合作，选派一些企业想要重点培训的员工前往这些机构参加EMBA培训。在选择这类员工时，A企业会面向待选员工进行专业素质鉴定，对目标学员进行准确定位，开展针对性培训，一方面减少人才流失，另一方面为企业关键岗位培养后备人才。

实践证明，企业只有做好目标员工定位，才能开发出无限贴近员工需求的课程，切实增强培训效果。

4.4.2 立足情境，传授实践知识

日本当代管理大师畠山芳雄曾经说过：“工作才是培训的真正开始，集中培训只是助跑。”管理者都认为培训可以留住人才，但其实，真正影响人才去留的是培训结果。通过培训，员工能力得以切实提升，员工才会留在企业。所以，企业开发培训课程时必须考虑员工具体的工作情境，向员工传授实践型知识。

以M企业的课程培训为例，该企业的培训课程开发主题有两个，一是核心领导力模型，二是CAMP项目。CAMP项目包括四大内容，分别

是课堂教学、岗位轮调、实践性学习、辅导与指导，如图 4–18 所示。其中，实践性学习要求学员在自己的工作岗位上与经理、下属共同完成一项业务，将通过培训获取的新知识、新技能应用到具体工作中去；岗位轮调要求学员在不同的岗位完成不同的工作。

图 4–18　CAMP 项目的四大内容

在此阶段，M 企业会根据运营环境变化与发展战略不断地对人才培养计划进行调整，以满足新市场、新业务发展需要。在这种人才培养模式下，学员可以明确发展方向，紧跟企业发展步伐；企业可以根据市场需求不断地进行调整，培养出能够独当一面的员工。

从根本上讲，培训的目的就是帮员工提升工作技能，解决在工作中遇到的问题。所以在参加培训的过程中，学员不能放弃本职工作，需要一边工作，一边参加培训，将培训内容与实际工作相结合，以保证培训效果。为此，培训师在开发培训课程时必须先了解学员需求，与学员工作岗位的实际情况相结合，以提升员工的工作能力、帮员工解决工作难题为目的，增强培训的实用性。

根据“721学习法则”：人所拥有的知识与技能，70%来自工作经验、生活经历，20%来自学习、反馈，10%来自正规培训。该法则强调“实践是学习的基础，反馈是学习不可或缺的环节，培训只是为人们的学习提供平台和机会”。因此，培训师在设计培训课程时要多使用情景模拟法，降低培训内容的理解难度，让学员可以更直观、更直接地理解培训内容，并将其更好地应用于实践。

4.4.3 目标定位，精准课程开发

只有确定了培训目标，培训工作才能向着正确的方向开展，课程开发才能具有针对性、计划性、目的性，在最大限度上满足员工的自我发展需要与企业的战略发展需要。那么，培训师应如何做好目标定位呢？具体来看，培训目标的定位要从三方面进行考虑，一是行为目标，二是成果目标，三是业务收益，如表4–4所示。

表4–4 目标定位的三大层面

目标定位的层面	具体内容
行为目标	行为目标又称操作目标，指的是学员参加课程培训之后，其行为应该发生的变化，是企业评价学员培训效果的重要标准。定位目标具体、明确、容易操作，多用于以训练知识、技能为主的培训课程
成果目标	企业根据成果目标开发培训课程，必须立足于经营目标，以“学习任务”为载体，引导学员自主探索，致力于教会学员某项工作技能，围绕某一主题开展培训活动
业务收益	业务收益指的是学员参加完培训之后可以更好地开展工作，提升个人绩效，为企业创造更大价值。明确界定业务收益可以将培训提升至战略层面，明确培训为企业带来的价值，激发学员的学习热情

以国内某大型连锁快餐企业为例，该企业员工培训的目的性非常强，目标定位非常准确。刚入职的年轻人要担任实习助理，时间是4～6个

月。在此期间，这位年轻人要以普通员工的身份从事很多工作，例如炸薯条、烤牛排、清洁卫生、服务顾客等。同时，这位年轻人要参加企业培训，时间也是 4 ～ 6 个月。企业会采用开放式、参与式讨论等方法提高他们的行为能力，让他们为以后的工作积累更多经验。

实习期结束，员工顺利通过考核便可成为二级助理。在此期间，员工要负责餐厅的部分管理工作，例如订货、计划、排班、统计等。与此同时，员工要参加 5 ～ 6 个月的培训，为接下来的升职做好准备。

以此类推，每一次升职之前，企业都会为员工安排培训，让其工作能力随着职位的提升而提升。通过这种目标明确的课程设计，该企业为自身培养了大量实用性人才，同时也让员工明确了自己的发展方向，在工作过程中最大限度地释放自己的能力，为企业发展贡献自己的力量。

由此可见，为保证培训效果，实现预期的培训目标，企业必须精准定位，根据自身需求进行课程开发。

4.4.4 知识萃取，挖掘隐性知识

知识萃取指的是企业采用合适的方法、工具对海量数据、信息、文本、经验进行分析，从中提取精华知识的过程。原本，知识萃取只应用于 IT 领域，但现在，知识萃取的概念不断扩大，包含了对隐性知识、显性知识进行整合、加工、提炼等内容。

企业的隐性知识指的是员工与企业各级部门中存在的复杂的、隐含的、高度个体化的、无法与他人分享的主观知识，通常以个人经验、企业文化、团队默契等形式存在，无法用语言、文字、数据等形式表达。经过一段时间的积累，这些隐性知识就会转变为企业的隐性资产。这些隐性资产长期存在于企业运营过程及员工个人经验中，没有被提炼总结出来，尚未实现显性化、方法论化。所以，企业在设计课程时要对这些

隐性知识进行提炼，将其变成有指导意义的知识与技能，传授给其他员工，提升其他员工的工作技能。

在知识萃取领域，联想做出了表率。联想企业在几十年的发展过程中积累了丰富的生产管理经验，并非常注重对这些经验的萃取，将这一过程称为“复盘”。在联想企业内部，这种工作方法流传已久，已成为联想内部一种标志性的工作方法。具体来看，“复盘”指的就是员工在完成工作之后回顾整个工作过程，不断地对工作目标进行检查、校正，分析工作过程中的成就、失败，不断总结经验，为日后的工作改进提供指导。具体来看，联想复盘工作分四步进行，分别是回顾目标、评估结果、分析原因、总结经验，如图 4–19 所示。

图 4–19 联想复盘工作的四步法

回顾目标指的是员工回想工作初期的目标和期望；评估结果指的是员工以预期目标为准则，对工作完成情况进行评估；分析原因指的是员工通过分析找到任务成败的原因；总结经验指的是员工总结得失与规律，据此对下一阶段的工作计划进行调整。这四步看似简单，实际却需要耗费大量时间。但通过复盘，联想完成了对知识、经验的提炼萃取，将原本只可意会无法言传的经验以可视化的形式展现出来，切实丰富了员工的知识、经验，提升了员工的工作技能。

借鉴联想的工作经验，企业要鼓励员工挖掘自己的隐性知识，将提炼后的知识融入培训课程，传授给其他员工，让其他员工尽快掌握相关知识与技能，尽快适应工作岗位，以节省探索与积累的时间。在这个过程中，培训师应采用各种方法将隐性知识显性化。先从企业老员工开始，通过不同的案例还原现场梳理其中隐含的要点与矛盾，然后再进行总结、提炼，将提炼出来的内容分享给所有学员，向他们传授最有效的工作方法与经验，利用集体智慧提升整体员工的工作能力。

4.4.5 知识建模，做好知识内化

对于企业来说，让员工将在培训中学到的知识化为己有，将这些知识与技能应用于实践，是培训的最终目标。目前，很多企业的培训活动举办得轰轰烈烈，学员反响也比较强烈，但在培训结束后，学员会在很短的时间内将所学知识忘记。在这种情况下，企业培训将变得毫无价值。所以，培训师在开发培训课程时，必须做好知识建模，注重学员反馈，不断地对知识点进行调整，降低知识点的理解难度，将其真正转化为学员自己的技能。

知识内化就是在培训结束后，由培训师根据不同课程制定不同的跟踪评估措施，根据学员反馈调整培训要点，通过反复讲解将培训内容落到实地，帮助员工建立完整的知识结构，进而形成一个逻辑清晰的培训体系。

培训内容转换难是由很多原因造成的，比如培训反馈工作没能落到实地，员工没能及时反思，发现自己的问题，不知道哪些方面需要改进；因为培训时间比较短，培训师往往会将很多内容放在一起，一次性传授给学员，导致学员无法完全理解、吸收；企业规划的培训内容脱离了学员的实际情况，导致学员无法将其应用于实践。

在这种情况下，企业必须明确自己培训转换难的原因，有针对性地改进课程内容，让学员真正地通过培训受益。

仍以前面提到的快餐店为例，为保证培训内容可以被学员接受、应用到实践中去，该快餐店采取了很多有效的措施。例如按月考核辅导，培训管理者会以月为周期对员工的工作绩效进行考核，根据员工工作中存在的问题为其制订辅导计划，帮其弥补缺陷，提高绩效。除此之外，该快餐店还建立了培训评估机制，该机制包含四大内容，分别是反应、知识、行为、绩效。在这些评估策略的辅助下，员工创建了自己的知识体系，将培训内容转化成自己的工作技能。

由此可见，企业在开发培训课程时应将培训内容与工作实际相结合，合理制订培训实施方案。例如，面对一场为期两天的培训，第一天，培训师要以讲授课程或技能要点为主，第二天，培训师要引导学员实际操作，或通过情景模拟、角色演练等方法向学员展示培训内容如何应用于实践。

除此之外，企业要在培训开始前做好评估工作，让学员发现自己的培训需求，在培训过程中有意识地学习，同时要在培训结束后做好跟踪评估工作，鼓励学员积极反馈，通过这种方式解决学员“学了就忘”“培训转换难”等问题，切实增强培训效果。

4.4.6 规范设计，提升培训体验

◆对每一块内容的表现形式进行设计

在课程的逻辑结构基本确定之后，员工培训接下来的工作就是对每部分内容进行设计。在此阶段，课程开发人员可以根据每部分内容的特点思考选择哪种教学形式，最终要通过课程目标、能力类型、学院状况分析来确定教学形式，例如讲授法、分组讨论法、角色演练法、情景模拟法等。教学内容不同，采取的教学方法与教学策略也应不同。

教学设计同样可以使用前文提到的 ASK 模式与五星教学模式。

（1）使用 ASK 模式进行教学设计。

根据前文所述，我们已经知道 A 代表的是 Attitude，即态度，S 代表的是 Skill，即技能，K 代表的是 Knowledge，即知识。使用 ASK 模式进行教学设计就是将教学内容分解归入态度、技能、知识三个门类，然后再有针对性地设计教学方法，如表 4–5 所示。

表 4–5　ASK 模式进行教学设计

ASK 模式	教学方法
A（关于态度）	（1）情境刺激法，用情境或问题刺激学员，引发学员反思。因为只有自己原有的价值观受到冲击时，学员才会反思，才有可能改变自己的价值观。 （2）角色演练法，引导学员换位思考，从不同的视角看待问题。 （3）树立榜样法，选择一个标杆人物让学员效仿，标杆人物与学习者的背景越相似，基础条件越相仿，能够发挥的示范作用就越大。 （4）视频情境再现法，通过一个故事抛出问题，引发学员讨论，让学员就某个话题达成共识
S（关于技能）	一般采用大量练习法，培训师做，学员看，或者培训师带领学员做。 第一步：观察模仿，培训师操作，学员观察。 第二步：培训师将任务分解成一个个具体的操作，一步步演示给学员，之后让学员独自练习。 第三步：让学员完整操作一遍。 第四步：反馈纠正，帮助学员改正在试做过程中出现的问题。 第五步：反复练习，熟能生巧。 第六步：现场应用考试
K（关于知识）	一般采用讲授法。 （1）让学员重复记忆知识点，根据艾宾浩斯遗忘曲线引导学员重复记忆，以达到中长期记忆效果。 （2）帮学员对知识进行加工，以减轻学员的工作负担。比如，培训师使用“波特五力”“SWOT”分析法等对知识进行梳理、加工，帮助学生记忆。 （3）帮学员对知识进行分类。据研究，人类大脑短期处理极限是 7，如果培训师归纳的知识点超过 7 条，学员很难将其全部记住。为保证记忆效果，培训师最好将知识点控制在 7 个以内。 （4）笔试，测试学员对知识的掌握程度

（2）五星教学模式进行教学设计。

通过前面的论述我们已经知道，五星教学模式包括聚焦问题、激活旧知识、论证新知识、应用新知识、融会贯通五大内容。用五星教学模式进行教学设计如表 4–6 所示。

表 4–6 五星教学模式进行教学设计

五星教学模式	具体做法
聚焦问题	面对任何一门课程，学员都会考虑一个问题，这门课程与我有什么关系？会给我带来什么价值？为了让学员发现课程的价值，培训师可以设定一个与学员工作息息相关的场景，并在场景结束后抛出一个问题：如果是你，你会怎么办？通过这个问题让学员明白这门课程的价值，从而让学员积极主动地投入培训课程中去
激活旧知识	企业培训的学员往往都有自己的旧知识，所以，培训师在传授新知识之前可以先引导学员回忆旧知识，将其作为接受新知识的基础
论证新知识	在培训过程中，培训师要向学员讲述推理论证的过程，展示示范行为等。这部分内容可以通过视频媒体、案例剖析等方式呈现出来，内容可以非常丰富
应用新知识	鼓励学员利用新知识、新技能解决问题。在这个阶段，培训师要给学员一定的反馈与指导，以便学员进行自我纠正。尤其是技能类知识，培训师必须引导学员反复练习，实时回顾课程目标，保证学员应用新知识的效果与课程目标一致
融会贯通	让学员主动利用新知识解决工作中出现的问题，这一点需要培训后的长期指导与跟踪才能实现

（3）设计教学过程。

在各个内容板块的教学方法、教学形式确定下来之后，培训师就要确定课程顺序，选择课程策略了。

考虑到课程教学时长、每个板块的教学时长、学员一天内注意力的变化等因素，课程培训不用按逻辑一步步进行，可以根据实际情况对课程内容进行调整，具体流程如表 4–7 所示。

表 4–7　教学过程设计流程

流程	具体内容
1	在一天内，学员的精力会呈现出明显的兴衰变化。一般情况下，上午 10∶00 ～ 11∶00，学员精力最为充沛；11∶00 之后，学员又饿又困，精力开始下降；下午 1∶00 ～ 2∶00，学员的精力降到最低；下午 3∶00 ～ 5∶00，学员的精力再次达到鼎盛时期。所以，上午可以安排一些重点知识的讲授，中午、下午可以安排一些互动游戏，下午 3∶00 ～ 5∶00 可以安排一些新知识、新技术的讲授，或者复习上午讲述的要点、重点
2	根据艾宾浩斯遗忘曲线，培训师应每隔半天安排一次复习或现场小测，让学员增强对知识点的记忆
3	培训师可以制订一些激励学员参与培训的方案，调动课堂气氛，设计一些鼓励学员积极参与培训的机制，如小组 PK 等
4	培训师可以进行调频设计，大约每隔 15 分钟就让学员动一下或者笑一笑，让学员始终专注于课堂教学，以免学员感到枯燥、疲惫

这一步结束后，课程教学就基本成型了。

4.4.7　试讲完善，保证培训效果

为保证培训效果，培训师必须进行试讲，通过这种方式发现课程安排方面的问题，适时地进行调整。这个过程至少要穿插三次课程评审活动，即培训目标与课堂大纲评审、每个单元的评审、最终评审。通过试讲、评审发现问题，不断改进，在课程完结后，所有课程都会根据讲授情况、学员反馈、评估结果进行调整、改进。由此可见，对于培训课程的开发来说，试讲、评估这个环节非常重要。

4.5　培训课程开发标准

4.5.1　课程内容标准

培训课程内容设计的最终目的是按照一定的逻辑对课程内容进行组织，形成独立的课程，对课程的重、难点进行分析，对授课时间进行合理分配。课程内容设计必须对客户需求、项目安排、形式需要、资源情况等因素进行全方位考虑，规划出重点内容、普通内容，开头要讲的内容，中间要讲的内容，结尾要讲的内容。需要注意的是，培训课程的内容设计必须与培训项目的总目标相契合。

一门培训课程无法涵盖所有内容，所以，课程开发人员在规划课程内容时，必须先考虑学员的工作背景与学习需求，在选择课程重点开发内容时必须遵循三大标准，如图 4-20 所示。

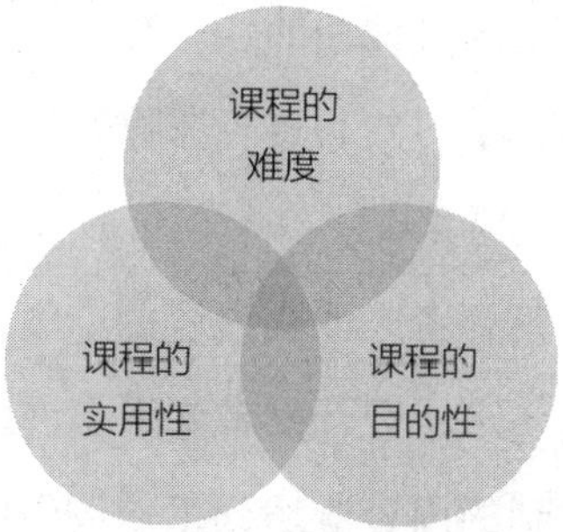

图 4-20　课程内容开发的三大标准

（1）课程的难度。

由于参加统一培训项目的学员可能在知识背景、工作经历、培训需求等方面存在巨大差距，课程内容必须保证在项目总目标的框架中设计，且课程难度不超出学员的接受能力。课程内容设计不能太过简单，以免让学员在培训过程中感到厌烦。

（2）课程的目的性。

培训课程必须有明确的目的，只有如此，培训师才能制订具体、详细的课程开发与授课计划。同时，学员可以根据具体的培训目标确定培训效果，对培训过程做出客观评价。培训目标的设置要紧扣培训目的，是学员经过一番学习要达到的标准，所以，培训目标要根据实际情况进行设置，要做到客观、具体、尽量简化。

课程内容的选择要符合培训项目总目标的具体要求，以培训目标及培训大纲为依据，做到具体、翔实、可行。课程内容要涵盖课程大纲列出的所有知识点、学员需要提升的能力等要素。对于技能类课程，课程培训要以希望获得的技能转化为目标，用定量的语言进行描述，对个人或企业可能达到的程度进行科学评估。

（3）课程的实用性。

企业培训的对象大多是成年人，经验在他们学习的过程中发挥着巨大的作用。如果学习可以满足他们的经验与兴趣，他们就会对学习产生极大的兴趣，这是成年人学习的起点。课程涉及内容与学员共同经验范围的契合度越高，课程就越受欢迎。

课程内容的选择不仅要考虑课程内容的难度和目的性，还要考虑课程内容的实用性。这就要求课程开发者要根据岗位职能与能力要求设计课程内容，让学员将学到的内容应用到工作或生活中去，以满足学员当前岗位要求与未来职业发展要求。

4.5.2 课程形式标准

教学、培训有方法，但没有固定的方法。课程设计是教学内容的载体，教学方法是完成教学任务、实现教学目标的工具。课程形式的选择与设计需要考虑以下几大因素，例如知识传授效率、技能掌握程度、学员参与度、学员现场解决问题能力的提升程度等。一个科学合理的课程形式可以切实提高学员的操作能力、动手能力、问题解决能力。根据学员特征、培训目标，培训师可以选择的课程形式有讲授法、案例分析法、研讨法、情景模拟法、角色扮演法、游戏法等。根据不同的教学方法与授课平台，课程内容可通过文字、图片、表格、图形、动画、视频等形式呈现出来。

4.5.3 课程时长标准

合理安排培训时间可以让培训师很好地掌握培训进度，顺利完成培训任务。在培训总目标、课程大纲、课程内容确定之后，培训师就可以根据企业的实际情况，如授课场所、授课师资、受训者的素质水平、受训者的上班时间等确定课程时长了。课程时间安排是否合理会在很大程度上对培训效果产生影响，为此，培训师必须根据课程内容确定课程时长，保证学员在培训期间可以全身心地投入其中，使培训时间的利用率实现最大化。

有些部门因为工作性质比较特殊，例如呼叫中心、客服中心等，无法一次性将所有员工集中起来开展培训。面对这种情况，部门可采用分批培训，切忌在休息时间安排培训，以免让员工产生抵触情绪，使培训效果大打折扣。

4.5.4 课程起伏标准

培训课程的内容有自己独特的节奏。课程节奏设计要考虑内容的时间分布、成人学习的特点和课程内容各节点之间的联系，让课程培训具有鲜明的层次感、节奏感。众所周知，人的右脑主导形象，左脑主导逻辑。为保证培训效果，培训师必须在培训过程中交替刺激人的左右脑。

科学研究证明，成人在学习过程中非常容易受各种因素的干扰，注意力持续时间比较短，课程节奏设计必须对这一因素进行充分考虑。例如，培训师可以根据受训者注意力的变化设计课程内容，在课程开始前几分钟设计一些简单的内容，营造一个轻松愉快的学习氛围，逐渐凝聚学员的注意力，在学员注意力集中之后再开始讲授重点内容。如果学员在培训期间注意力分散，培训师可适时穿插一些游戏、活动，让学员稍作休息，之后再全身心地投入培训。

一般来说，在课程开始阶段，不用设置刺激太过强烈的课程形式，因为课程刚开始，学员的精力比较充沛，随着课程逐渐开展，尤其是在课程进行到一半时，学员的精力大幅消耗，此时必须设置一些互动演练的内容，以增强对学员的刺激。

在培训课程中，单个教学单元的内容设计可以参考戴维·梅里尔（M. David Merrill）教授提出的五星教学模式，即聚焦问题、激活旧知识、论证新知识、应用新知识、融会贯通，如图 4-21 所示。该模式倡导在一个教学单元中，每隔 15 ～ 20 分钟可以设置一个互动环节，让学员缓解一下紧绷的神经，然后重新集中注意力投入到学习中去。

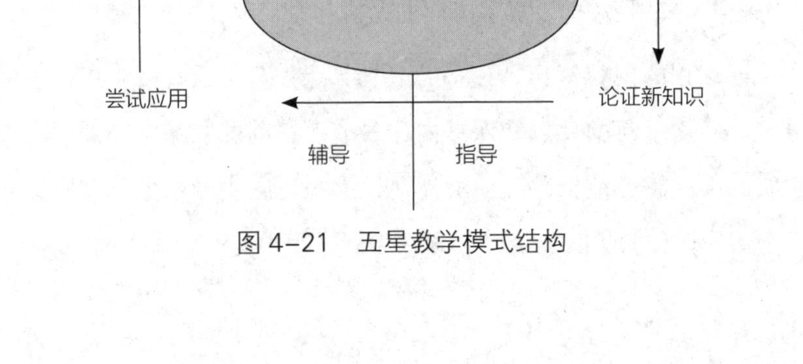

图 4-21　五星教学模式结构

4.5.5 案例使用标准

对于培训课程来说，案例设计是一项非常重要的内容。一个经典的案例可以非常具体地阐释一个理念，展现一个问题解决策略。培训课程中的案例设计需要遵循一定的标准，如表 4-8 所示。

表 4-8 案例选择标准

标准	措施
目的性与针对性	案例选择要精准，要与课程内容紧密结合，帮助学员更好地理解课程内容，保证培训效果
时代性与时效性	案例选择要与时俱进，贴近现实生活，以激发学员的参与热情，保证培训效果
符合学员的认知规律	案例选择要符合学员的认知规律，以引发学员共鸣，让学员可以更好地理解培训内容

4.5.6 内容更新标准

在完成训前设计之后，培训师应在培训过程中积极听取学员反馈，与培训评估结果相结合，不断完善课程内容。一般来说，如果遇到一些关键时间节点，课程内容就必须更新，例如企业外部的市场环境、经济形势发生变化，企业调整发展战略、经营策略，企业原有的课程安排不合理，受训者提出了新的课程内容需求等。

与此同时，课程开发人员根据培训对象调整课程内容时，要增加一些新的课程内容，让课程内容始终具有新鲜感，能够无限贴近实际、持续落地。另外，课程开发人员也可以根据课程内容增加一些互动，吸引学员参与，使课程内容更加丰富。

【延伸阅读】 如何做好培训课程开发中的案例开发

培训课程开发是将课程结构设计图转变为课程成果的过程，这里所说的课程成果包括课件、案例、活动、手册等，而课程开发则包括案例开发、多媒体课件开发、学习活动设计、培训师手册开发、学员手册开发等。下面，我们就课程开发中的案例开发进行讨论。一般来讲，案例开发要经过四个环节，如图 4–22 所示。

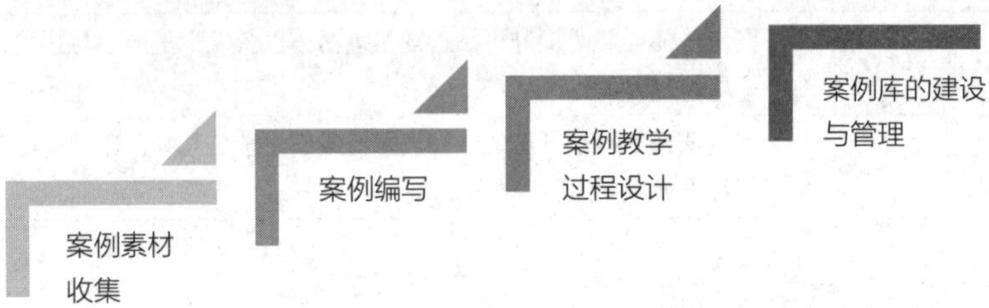

图 4–22 培训课程案例开发流程

◆案例素材收集

在开发案例之前，课程开发人员要先收集与案例有关的素材，包括案例研究对象的真实事件、行为等内容。具体来看，案例素材收集渠道，如表 4–9 所示。

表 4–9 案例素材收集渠道

案例收集渠道	具体内容
文件资料	包括企业内部文件、会议记录、内部报刊、音频、视频等
档案记录	包括公共事业档案、服务记录、组织记录、地图与图表、调查资料等
访谈	包括对企业管理层、业务专家、优秀员工的访谈等
直接观察	包括正式的直接观察与非正式的直接观察
参与性观察	观察者在案例情境中扮演的角色，可实际参与的事件等
实物证据	包括技术装置、工具、仪器、工艺品及其他实物证据等

◆案例编写

一般情况下，案例编写要经过三个流程，分别是编写案例、验证案例和案例的二次开发，如图 4–23 所示。

图 4–23 案例编写的三个流程

（1）编写案例。

案例编写必须写明案例标题、案例背景、案例正文、案例研究的问题。其中，案例正文是最重要的部分，因为案例正文的撰写关系到能否达到学习目标，其内容必须源于实际而高于实际。在编写案例的过程中，相关人员要注意以下三点：

第一，案例重在故事叙述而不是经验分享，不要涉及分析、思想等内容，这些是学员的任务，应由学员主动完成。

第二，案例的可信度来源于基本事实，所以案例要真实，切忌过度改编，即便涉及敏感问题也不能隐瞒。

第三，案例撰写者的观点要保持中立，正反观点的占比要持平，这是案例讨论的基础。需要注意的是，这些观点必须全部来自第三方，不能随意加入作者自己的观点。

（2）验证案例。

案例验证的五个方面，如表 4–10 所示。

表 4–10 案例验证的五个方面

序号	案例验证的切入点
1	学习目标的表述是否完整
2	案例类型选择是否恰当

续表

序号	案例验证的切入点
3	案例场景描述是否具体，是否满足学习目标达成需要
4	任务角色描述是否细致
5	案例讨论的问题是否恰当

（3）案例的二次开发。

如果一个案例要在几个不同主题的培训课程中使用，或者面向不同的学员使用，为保证案例使用效果，课程开发人员往往需要对案例进行二次开发。在此阶段，课程开发人员要考虑以下几个问题：

新的学习目标是否与原有案例的学习目标一致？如果不一致，该案例是否可以应用到新的培训中去？

该类型的案例是否适合新的学员群体？是否有更合适的案例？

案例场景的哪些部分需要重新设定？

案例中的人物角色需要如何设计？

◆案例教学过程设计

案例教学过程设计可分三步进行，分别是案例准备、案例呈现和案例反思，每部分都有自己的任务，如表 4-11 所示。

表 4-11 案例教学过程设计

案例教学过程设计环节	具体内容
案例准备	案例准备往往需要耗费大量的时间与精力。培训师必须透彻地阅读、理解案例，找出其中存在的关键性问题以及问题解决途径
案例呈现	案例教学的一个重要环节就是引导讨论。在讨论过程中，培训师需时时关注案例讨论过程与讨论内容。在这个阶段，培训师将扮演策划者、主持人、调解人、学员与裁判等多种角色。在案例教学过程中，学员应是课堂的主体。培训师要时刻关注学员对案例的评价，因为这往往彰显了学员对案例的理解程度，同时，在对其进行评价时，培训师要关注学员解决问题的方法是否合理

续表

案例教学过程设计环节	具体内容
案例反思	学员要反思学到了什么，怎样将学到的知识、技能应用到其他场景中培训师应反思哪些学员积极发言、学员对课堂的参与度如何、是否向学员传递了关键概念、是否完成了教学目标

◆案例库的建设与管理

案例开发是案例教学的基础，所以，要想推广案例教学，必须做好案例库建设。一般来讲，企业案例库建设要通过图 4–24 所示三个环节实现。

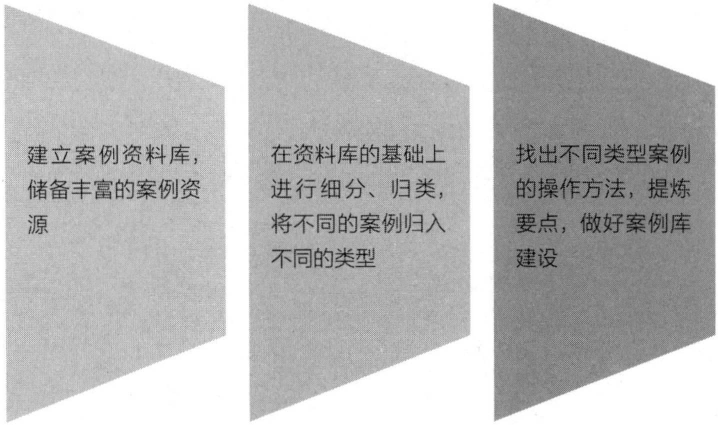

图 4–24　案例库建设与管理的三大环节

除此之外，案例库建设需要两个层面的支持，一是软件系统的支持，二是员工的支持，如表 4–12 所示。

表 4–12　案例库建设的两个层面

两个层面	具体要求
软件系统的支持	软件系统需具备便捷的案例提交功能、高效的案例审批流程、安全的信息管理、清晰的权限管理，设置讨论平台
员工的支持	为鼓励员工为案例库建设提供优质素材，企业可实时公布员工对案例库的贡献，将员工对案例库建设的贡献与个人绩效建立联系

5 合理搭建企业培训组织

5.1 内训师素质要求与选拔

5.1.1 中高层：内训师主来源

◆中高层管理者是内训师的首选

企业内训师有两大来源，一是中高层管理者，二是基层优秀员工。其中，中高层管理者是企业内训师的首选，因为中高层管理者担任企业内训师有几大优点，如表 5–1 所示。

表 5–1 中高层管理者担任内训师的优点

优点	具体表现
创造学习型文化	中高层管理者对企业文化、价值观比较熟悉，他们亲自登台授课，通过言传身教积极分享学习型文化，为内训师队伍的建立奠定了良好的基础
隐性知识显性化	中高层管理者拥有丰富的实战经验，对本企业的发展、外部行业环境的变化都比较了解，可以利用自身的经验向员工传递具有操作性的经验，让隐性知识显性化，实现知识、经验的有效转移

续表

优点	具体表现
倾听一线员工的声音	中高层管理者担任内训师，可以与一线员工亲密接触，倾听一线员工的声音，对他们的工作、生活做出全面了解
支持内训师队伍建设	对于中高层管理者来说，帮助下属成长是一项非常重要的职责。中高层管理者担任内训师，可以为员工树立行为榜样，对其他内训师的培养、激励产生示范作用，为内训师队伍建设提供良好的支持

杰克·韦尔奇任通用电气企业总裁 21 年，在此期间，他经常亲自前往 GE 克罗顿维尔管理学院担任讲师，在课堂上与近 1.8 万名经理人直接沟通。通过这种方式，杰克·韦尔奇向通用集团遍布全球的经理人传达自己的目标与理念，了解他们的工作与市场信息。在通用企业，中高层管理者担任讲师已经成为一种管理手段——克罗顿维尔管理学院 85% 的授课教师是通用企业的高管。韦尔奇认为：如果这种方式运用得当，我就会成为一个助推器，帮助所有学员取长补短。在这个过程中，我也能从学员身上获得很多有益启发。

内训师的第二个来源就是基层优秀员工，包括各部门的业务骨干、操作能力强的员工、技术专家。有企业针对内训师人选做过一次问卷调查，调查结果显示，近 50% 的受访企业倾向于选择企业内部优秀的基层员工担任内训师。因为基层优秀员工担任内训师有很多优点，如表 5–2 所示。

表 5–2　基层优秀员工担任内训师的优点

优点	具体表现
产生良好的示范作用	基层优秀员工非常熟悉岗位技能与操作流程，拥有非常积极的工作态度，极强的责任感，可以为学员树立良好的榜样，起到带头示范作用
提升培训效果	基层优秀员工担任内训师可以结合实际工作中的问题将某一理论、技能讲解透彻，从而增强培训效果
推动个人职业生涯发展	基层优秀员工担任内训师可以全面提升个人能力，推动个人职业生涯发展

为了能够选到合适的基层员工担任内训师，企业管理者可按照内训师选拔标准与流程从日常表现优秀的员工中进行选拔，对初步合格者进行TTT[①]培训，然后再结合其实际工作领域，通过严格认证之后将其选拔为内训师。

◆促使中高层管理者担任内训师

就我国企业的实际情况来看，中高层管理者的工作比较繁忙，因为时间原因或其他原因不愿担任内训师登台授课。面对这种情况，为了激励中高层管理者担任内训师，企业可以做出相关规定，将“担任内训师，为下属或其他同事授课”确定为中高层管理者的一项岗位职责。另外，企业要将培训工作情况与工作绩效挂钩，将担任内训师确定为中高层管理者晋升的一大条件，通过各项制度激励中高层管理者担任内训师。为了方便中高层管理者提前做好工作安排，企业要在年度培训计划中明确培训时间。

5.1.2 内训师的核心素质要求

虽然内训师的一些训练技巧可以通过学习获得，但不是所有人都可以担任内训师，因为内训师必须具备一些独特的能力，具体如表5-3所示。

表5-3 内训师的核心素质要求

核心素质	具体要求
较强的沟通、组织、协调能力	内训师要经常与各部门员工、主管沟通交流，了解他们的培训需求，组织各部门开展有效学习，偶尔会遇到员工不愿配合的情况，为解决这些问题，内训师必须具备较强的沟通、组织、协调能力

① TTT（Training the Trainer to Train），是国际职业训练协会（International Professional Training Association，IPTA）的培训师认证课程的英文缩写，TTT培训的目的是为想要走进培训行业之人提供实战、实效的培训工具及发展平台。

续表

核心素质	具体要求
自主研发与项目实施能力	在不同的发展阶段，企业会对员工素质、技能提出不同的要求，为此，内训师必须具备前瞻性目光与思维，在不同的发展阶段根据企业的战略目标开发适合企业的培训项目，而且要具备独立实施项目的能力
自我感知能力	内训师必须具备一定的自我认知与自我接受能力，自我感知能力越强，选择的空间就越大
激励他人的能力	内训师要善于发现受训者的需求，引导他们认可自己的情感与价值观，激励他们为实现最高目标努力奋斗。一名优秀的内训师可以激发受训者的内在动力，让受训者发现并释放自己的潜能，帮助受训者克服其实现目标路途上的各种障碍
建立关系的能力	内训师必须乐于助人，能够充分表达自己的观点，看起来可以亲近、值得信任，可以与受训者建立良好的关系，保证培训活动可以顺利开展
前瞻能力	培训意味着行动，自我剖析、洞察力、自我意识总是在行动中发生。一名优秀的内训师应具有前瞻能力，在让学员保持活力的同时，引导学员主动寻找问题的成因，培养学员的创造力、认知能力，让学员相信在他们的帮助下可以顺利地解决问题，实现工作目标
控制能力	改变的过程总是痛苦的，无论培训有何益处，只要涉及改变，就会受到学员的抵制。为此，培训师必须具备一定的控制能力，全权掌控培训目标与行动计划，带给学员其所期望的持久的行为变化
把握职业界限的能力	因为不是所有人都适合接受培训，所以，对于内训师来说，选择培训对象，与培训对象建立良好关系非常重要。一名优秀的培训师必须了解自己的能力与局限，清楚地认识到自己无法帮助所有人
诊断问题并找到解决方案的能力	内训师必须主动收集受训者的资料，了解他们的培训需求，对他们存在的问题做出精准诊断，提出令他们期待的解决方法
从事商务的能力	内训师培训的过程也是推销自己的过程，所以，内训师要具备一定的商务能力，让受训者更好地接受自己，展现自己的商业价值

5.1.3　内训师选拔标准与流程

（1）选拔标准。企业内训师选拔往往会先聚焦那些有一定从业年限、有深度专业积累、业绩优秀、品行端正的员工，而且要对培训师这个职业表现出一定的热爱，愿意承担相应的责任，具有良好的潜质。这里所说的潜质包括四点，如图 5–1 所示，只要具备其中的一点就可以成为内训师。

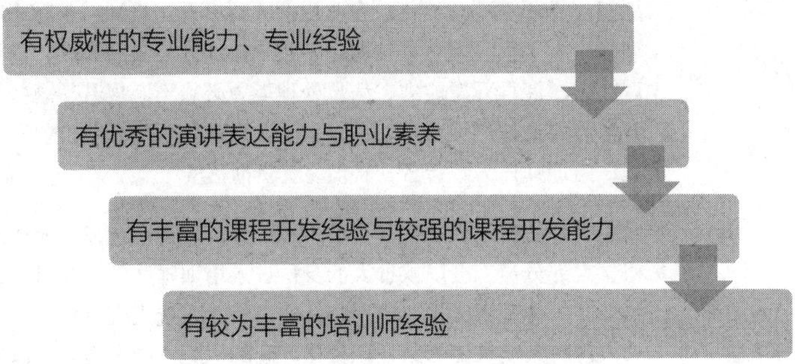

图 5–1　内训师应具备的四大潜能

（2）选拔流程。内训师选拔要遵循一定的流程，如表 5–4 所示。

表 5–4　内训师选拔流程

序号	流程	具体内容
1	发布标准	人力资源部门发布内训师选拔标准，包括内训师任职资格、职责、激励措施、管理方法等。让员工明确标准，建立内训师选拔的舆论氛围
2	个人自荐或单位推荐	个人对内训师产生兴趣，认为自己符合选拔标准，可以自荐；单位根据选拔标准筛选出符合条件的员工，向人力资源部门推荐
3	评估审核	符合选拔标准与任职资格者可直接选聘为内训师；具有相应潜质，但不符合认知资格者，可以先让其进入内训师训练营，通过培训提升其相关技能，评估合格后可聘任为内训师

5.2　内训师管理流程与办法

5.2.1　企业内训师培训办法

初步选拔出来的内训师可能不符合企业要求，需要进一步培训。内训师培训有两种类型，一是对已进入内训师队伍的员工进行培训，二是对有潜质的内训师候选人进行培训，如表 5-5 所示。

表 5-5　企业内训师培训办法

内训师培训类型	具体办法
对已进入内训师队伍的员工进行培训	随着外界环境不断变化，专业程度不断提升，培训需求越来越多，内训师个人工作经验积累越来越多，秉持建设与提高原则，内训师的授课能力、课程开发能力、信息处理能力必须不断提升，这些能力的提升都需要通过培训实现。另外，企业培训管理与企业价值观有相似之处，内训师作为践行者，必须将其贯彻落实
对有潜质的内训师候选人进行培训	在内训师选拔过程中，只有很少一部分员工初次选拔就能达到任职资格，大部分员工会以候选人的身份进入培训师队伍。在对候选人进行培训时，管理者必须对内训师任职资格、候选人现有素质与能力、候选人现有素质和能力与任职资格之间的差距、能力提升可以采用的方式等内容进行全面考虑，培训内容主要集中在表达能力与方法、课程与教材编写方法、教学编排及实施方法三大方面

5.2.2　企业内训师评估办法

完成内训师培训之后，人力资源部门要对内训师进行评估，对培训结果进行考核，以选拔出符合要求的内训师。内训师评估要经过三个环节，一是建立可执行的评估标准，二是评估，三是认证，如表 5-6 所示。

表 5-6　企业内训师评估办法

评估流程	评估办法
建立可执行的评估标准	内训师评估标准来自任职资格，将任职资格转化为可量化、可分级评估的标准。对于内训师来说，只有在知识、经验、课程开发设计、授课能力四个方面达到一定的标准才能具备任职资格。例如，管理者根据素质、能力将内训师分成四个等级，并在知识、经验、课程开发设计、授课能力四个方面对这四个等级进行定义，划定评分范围，之后制定评分细则，设置相应的权重，进入评估阶段
评估	根据企业需求与实际状况进行评估，组建评审委员会，采用基准比照、专家评审、学员满意度调查等方式，按照之前制定的评分标准对候选人进行评估
认证	认证是在对内训师候选人的能力进行评估，确定评估结果之后，企业对其进行认证的过程。认证是企业对候选人在评估期能力等级的确认，是企业决定是否聘任的依据

5.2.3 企业内训师聘任办法

在完成内训师的评估认证之后，企业就要根据自己的需要选择合适的培训师予以聘任了。企业内训师聘任需要采用一些方法，具体如表5–7 所示。

表 5–7 企业内训师聘任办法

聘任办法	具体措施
内训师聘任	符合任职资格的内训师是企业非常宝贵的资源，企业建立内训师队伍的一大目标就是达到预期的培训目标，而在内训师队伍建设的过程中，聘任是非常重要的一个环节。企业内训师是一个专业属性较强的职业，必须以聘任的方式对其培训能力表示认可，作为其开展培训的准入证明
建立内部培训市场	企业有义务采用各种方式将培训供需双方的信息串联到一起，让内训师资源得以充分利用，为内训师提供更多释放自己才能的机会。为此，企业可以建立内部网络平台，将企业内部的培训需求发布到该平台上，明确培训目标及相关要求、报酬，对培训师进行公开招标，鼓励有意愿、有能力的内训师主动投标，以切实保证培训效果
明确内训师任职要求	培训师队伍应时时处于动态发展状态，接受聘任的内训师必须承担相应的业务，而在此之前，企业必须明确内训师任职要求，从授课时间、学员满意度、课程或教材开发情况、自身素质提升等方面对内训师的任职要求做出规定
建立内训师复评制度	外界环境变化、专业深化、行业发展、个人工作经验的积累等都会导致企业对内训师的需求发生改变。面对这种情况，企业必须用发展的思维建立内训师队伍，对其进行动态管理，根据自身需求对已经通过认证的内训师进行 1 ～ 3 年度的复评

5.2.4 企业内训师激励办法

为提高内训师工作的积极性，更好地实现培训目标，企业必须做好内训师的激励工作。具体来看，企业内训师激励办法如表 5–8 所示。

表 5–8 企业内训师激励办法

激励办法	具体措施
名称头衔激励	企业内训师的称号是一种身份象征，代表的是企业骨干人员或专业人员。在内训师队伍建设过程中，企业要有重点地突出这一特征，让内训师产生被尊重的感觉，进而产生使命感、责任感

续表

激励办法	具体措施
物质激励	内训师主要通过授课与课程开发来实现自己的价值，而且个人能力与意愿会对其价值的实现产生影响。虽然企业已经在内训师培养方面投入了巨额成本，但企业仍要对内训师的付出提供一定的报酬，激发内训师的工作热情，增强培训效果
为其提供培训机会	随着外界环境不断变化，企业对内训师能力的要求不断提升，内训师必须不断提升自己的能力。为此，企业要给内训师提供一些培训机会，帮助内训师提升个人能力，激发内训师的工作积极性
业绩评估、职位晋升加分	内训师很好地完成培训工作，企业要在对其的业绩评估中添加一些奖励分，在职位晋升时予以优先考虑
优秀内训师评选	企业要以年为单位，按照学员满意度、课程开发质量与数量、授课时间、自身素质提升等标准评选优秀的内训师，授予金牌培训师的称号，在企业内部的培训市场上形成良性竞争氛围，形成整体向上的内在动力

5.3 企业内部培训讲师制度

5.3.1 内部培训讲师制度制定流程

为做好内训师管理，提高人才培养质量，企业必须制定一套系统、科学、完整的内部培训讲师制度。一般来讲，企业内部讲师制度的制定要遵循以下流程，如图 5–2 所示。

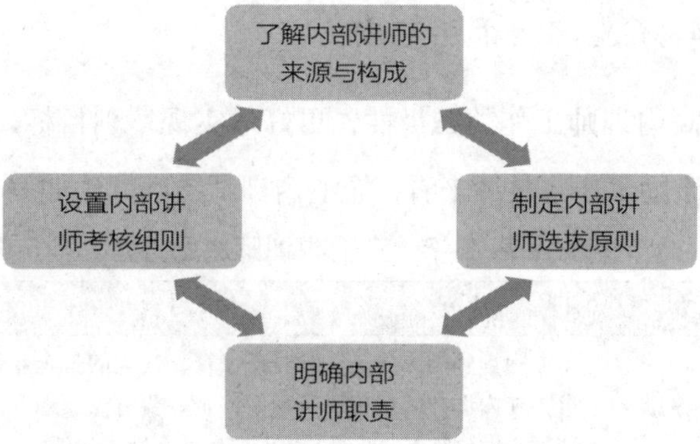

图 5–2 企业内部讲师制度制定流程

◆了解内部讲师的来源与构成

通过上面的论述可知，企业内部讲师的来源有两个，一是企业中高层管理者，二是基层优秀员工。内部讲师团队的构成可分为三种类型，分别是储备讲师、初级讲师和高级讲师。在制定内部讲师制度之前，企业必须了解内部讲师的来源与构成，以保证制度科学、合理、可行、适用。

◆制定内部讲师选拔原则

内部讲师选拔要遵循三大原则，一是公平，二是公正，三是公开。在具体操作的过程中，内部讲师选拔要考虑以下几点要求：

（1）入职时间超过 6 个月，对企业文化予以高度认同，并且愿意分享企业文化。

（2）态度积极，工作表现优异，业绩中上，拥有丰富的理论知识与工作经验。

（3）性格开朗，拥有良好的沟通表达能力与演讲能力。

（4）在某个工作领域有深刻感悟或成功的实践经验。

具体选拔流程如图 5-3 所示。

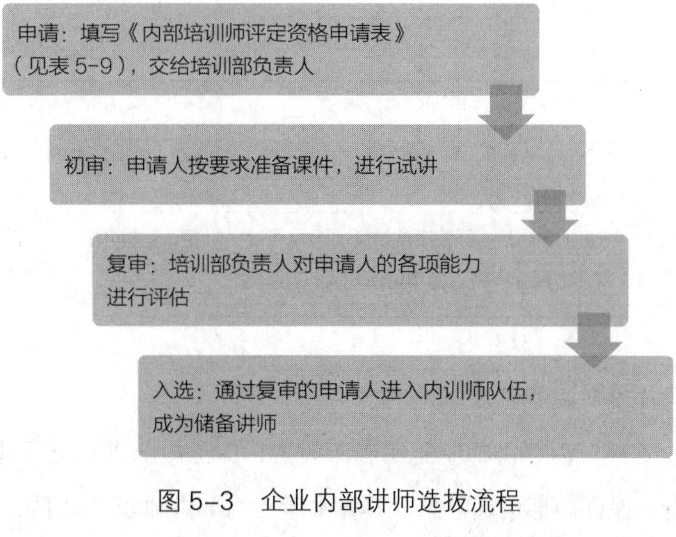

图 5-3　企业内部讲师选拔流程

表 5-9　内部培训师评定资格申请表

申请日期：

<table>
<tr><td>姓名</td><td></td><td>部门</td><td></td><td>职位</td><td></td></tr>
<tr><td>入职日期</td><td></td><td>学历</td><td></td><td>是否参加过专业培训项目</td><td></td></tr>
<tr><td>申请级别</td><td colspan="2">一星讲师（　）
二星讲师（　）
三星讲师（　）</td><td>是否有过担任讲师的经历</td><td colspan="2">有过担任培训讲师的经历（　）
没有担任培训讲师的经历（　）</td></tr>
<tr><td>申请人擅长培训的课程类型</td><td colspan="5">（1）经营战略管理类课程，如企业经营战略与规划、现代企业规范化管理等（　）
（2）管理 / 领导力类课程，如团队建设、高效管理、领导力、管理性格等（　）
（3）财务成本类课程，如部门成本分析与管控、财务费用申报申请流程等（　）
（4）职业技能类课程，如时间管理、有效沟通、危机处理、公共关系等（　）
（5）心态激励类课程，如有效激励、心态管理、压力管理、执行力培训等（　）
（6）人力资源类课程，如员工培训与潜能开发、部门复试面试技巧等（　）
（7）岗位专业知识技能类课程，如 K8 系统运用、电话沟通技巧等（　）
（8）其他类别课程</td></tr>
<tr><td>申请缘由及个人相关说明</td><td colspan="5"></td></tr>
<tr><td>人力资源部意见</td><td colspan="5"></td></tr>
<tr><td>最终意见</td><td colspan="5"></td></tr>
<tr><td colspan="6">注：① 申请人申请时请附上一份教案或讲义（含电子版）以便试讲时用；② 一旦被企业评定为内部讲师，要尽力配合人力资源部的培训安排</td></tr>
</table>

◆明确内部讲师职责

企业要针对内部讲师制定明确的职责，保证内部讲师更好地承担自己的职责，保证内部培训效果。具体来看，内部讲师职责如下：

（1）承担本岗位相关知识与技能的讲授任务。

（2）总结本岗位及相关领域的管理与操作经验，优化课件，编写教程。

（3）主动学习、引进优秀的外部培训课程。

（4）对培训效果进行跟踪，持续提升自身综合素质。

◆设置内部讲师考核细则

内部讲师晋升与课酬必须根据相应的考核机制确定。在内部讲师考核机制中，学员评分、学员培训后的考核是两个非常重要的板块。只有做好这两点，才能切实提升培训讲师的能力，激发培训讲师工作的积极性、主动性。培训讲师考核机制如表 5–10 所示。

表 5–10　培训讲师考核机制

考核项目	学员评分	学员考核通过率
所占比重	50%	50%

培训授课的报酬应根据考核成绩确定，计算方法为：当月授课聘金 = 学员评分的平均数 ×50%+ 学员考试平均分 ×50%，各考核成绩对应系数如表 5–11 所示。

表 5–11　培训讲师各考核成绩对应系数

考核成绩 X	X ≤ 80	80 < X ≤ 90	X > 90
对应系数	0.8	0.9	1.0

5.3.2　内部培训师管理制度范例

◆ ×× 企业内部培训师管理制度

第一条　目的

为了提高企业内部讲师培训的积极性，鼓励员工独立开发培训课程和实施企业内部培训，完善企业的培训体系，全面提高企业的培训质量和培训效果，特制定本管理制度。

第二条　适用人员

企业所有被评选出的内部培训讲师。

第三条　内部讲师选拔流程

（1）内部讲师甄选条件

① 已转正员工（在本企业任职满六个月以上者优先），工作认真、努力，绩效显著。

② 对所从事的专业有丰富的实践经验，且有一定的理论水平。

③ 有较强的书面和口头表达能力和一定的培训能力。

④ 热心培训工作。

（2）甄选流程

① 行政人事部发布内部讲师招募通知，员工可自愿报名或由部门领导推荐，并填写《内部讲师推荐表》（见表 5-12）。

② 行政人事部安排组织内部讲师评选会，通过“申请者的 5 分钟试讲”对内部讲师进行综合评估。评估主要包括三个方面：语言表达能力（口语与肢体）、逻辑思维、授课技巧。评估达到 80 分，聘为企业培训讲师（见表 5-13）。培训讲师一经录用，都享受授课奖励，具体见奖励办法。

第四条　具体奖励办法

（1）内部讲师所开发的课程必须经企业行政人事部及总经理审核通过

（2）奖励方式：奖金奖励

（3）奖励办法

① 讲师独立开发常规培训课程（常规培训指入职培训、产品技术、管理培训等），经人力资源部审核后，并由人力资源部统一安排付诸实

施的，每开发一门课程（包括书面培训资料和 PPT 培训资料），以每门课 100 元作为奖励。

② 在企业人力资源部的统一安排下，讲师若给员工实施培训，将由企业给予一定的课酬奖励：

培训课酬＝基本课酬 × 课时数 × 难度系数 × 考核系数 × 职位系数

基本课酬：50 元 / 小时

难度系数：首次讲授时为 1.2，重复讲授时为 1.0

考核系数：优秀，1.5；良好，1.2；合格，0.9；不合格，0.5

职位系数：总经理，1.2；部门经理、主管，1.1；普通员工，1.0

其中，考核系数为学员对讲师的评价（占 70%）+ 人事部对讲师的评价（占 30%）（见表 5-14、表 5-15）。

③ 讲师外训后结合实际工作编写成与工作相关的培训课程，经相关部门和行政人事部的审核后，统一安排付诸实施的，也同样可以享受培训奖励。

④ 每年年终根据所有讲师的培训资料、培训质量、培训效果和培训反馈对讲师进行综合评估，评选出优秀讲师，获得优秀讲师称号的讲师将一次性给予其 500 元的奖励。

⑤ 发放授课奖励的课程必须为行政人事部统一安排并经人力资源部考核合格的课程，发放时间为课程后期跟踪、总结完成后 1 个月内，由行政人事部负责统一申报与支付（见表 5-16）。

⑥ 行政人事部作为对内训师评审起最终监督和决定作用的一方，为能够掌握第一手信息，将不定期对学员进行访谈，了解内训师的授课效果。访谈结果将成为人力资源部讲师绩效考评的依据，同时也可为人力资源部进一步开发讲师能力奠定基础。

表 5-12　内部讲师推荐表

填表日期：

姓名		部门		岗位	
学历		授课方向			
特长描述					
授课经历					
参加培训经历					
个人自荐理由					
部门推荐意见					
个人签名		部门负责人 签名		行政人事部 审核意见	

表 5–13 内部讲师评选评估表

填表日期：

评分项目 参选对象	语言表达能力 （30 分）	逻辑思维 （30 分）	授课技巧 （40 分）	总分

表 5–14 培训效果评估表

讲师姓名： 培训时间： 培训地点：

讲师胜任程度（以每项满分为 10 分进行测评）

测评项目	得分
1. 培训内容的逻辑性、清晰度	
2. 讲师对所讲内容专业的了解程度	
3. 授课方式的多样性（讲授、讨论、试听、案例、角色扮演、游戏等）	
4. 讲师的仪容仪表	
5. 讲师的语言表达能力	
6. 讲师肢体语言的运用	
7. 讲师激发学员参与学习的意愿	
8. 讲师对时间的掌控能力	
9. 讲师对学员的关注程度	
10. 讲师对现场氛围的掌控能力	
合计	

表 5-15　培训效果考核表（行政人事部填写）

填写日期：

<table>
<tr><td>讲师姓名</td><td colspan="2"></td><td>学历</td><td></td></tr>
<tr><td>所在企业</td><td colspan="2"></td><td>职位</td><td></td></tr>
<tr><td>讲师资格</td><td colspan="4">储备讲师（　）正式讲师（　）</td></tr>
<tr><td>授课科目</td><td colspan="4"></td></tr>
<tr><td rowspan="5">评分项目</td><td colspan="3">讲义编写质量（20分）</td><td></td></tr>
<tr><td colspan="3">讲师培训技巧（20分）</td><td></td></tr>
<tr><td colspan="3">培训后期跟进（20分）</td><td></td></tr>
<tr><td colspan="3">学员意见反馈（20分）</td><td></td></tr>
<tr><td colspan="3">综合评价（20分）</td><td></td></tr>
<tr><td>合计</td><td colspan="4"></td></tr>
<tr><td>其他意见</td><td colspan="4"></td></tr>
</table>

表 5-16　培训费用支出申请表

填表日期：

<table>
<tr><td>部门</td><td>姓名</td><td>培训课程</td><td>课时</td><td>费用标准（元/小时）</td><td>授课费</td><td>讲师签收</td></tr>
<tr><td></td><td></td><td></td><td></td><td></td><td></td><td></td></tr>
<tr><td></td><td></td><td></td><td></td><td></td><td></td><td></td></tr>
<tr><td></td><td></td><td></td><td></td><td></td><td></td><td></td></tr>
<tr><td></td><td></td><td></td><td></td><td></td><td></td><td></td></tr>
<tr><td colspan="7">行政人事部意见：

签名：</td></tr>
<tr><td colspan="7">总经理审批意见：

签名：</td></tr>
<tr><td>备注</td><td colspan="6"></td></tr>
</table>

5.4 外聘培训师选拔与管理

5.4.1 外聘培训师选择办法

企业培训师有两种来源：一种是企业内部培养的培训师，就是上面提到的内训师；另一种是从外部聘请的培训师。总体来看，培训师水平可以从三个维度进行考核，一是知识与经验，二是培训技能，三是个人魅力。从这三个维度可以将培训师划分为八种类型，如表 5-17 所示。

表 5-17 培训师的八种类型

培训师类型	具体表现
卓越型培训师	这类培训师拥有丰富的理论知识和实践经验，熟悉各种技能培训，极具个人魅力，培训效果非常好
专业型培训师	这类培训师和卓越型培训师一样，拥有丰富的理论知识和实践经验，熟悉各种技能培训，但缺乏个人魅力，导致培训效果稍逊一筹
技巧型培训师	这类培训师有较强的个人魅力，掌握了各种培训技巧，但知识与经验积累不足。学员在课堂上感觉不错，实际应用效果却不一定很好
演讲型培训师	这类培训师有较强的个人魅力，掌握了各种培训技巧，但知识与经验积累不足。在课堂上，这类培训师往往能用灵活的培训技巧获得雷鸣般的掌声，但培训效果差强人意
肤浅型培训师	这类培训师掌握了很多培训技巧，但知识与经验积累不足，而且缺乏个人魅力。在培训过程中，这类培训师可能会向学员讲述很多故事，导致课程看似精彩，实则没有任何实际效果
讲师型培训师	这类培训师大多为大学教师，积累了丰富的知识与经验，但缺乏培训技巧与个人魅力，导致学员前听后忘，培训效果不佳
敏感型培训师	这类培训师具有个人魅力，但培训技能、相关知识与经验比较缺乏，会在培训过程中不断提问，要求学员回答，但又不进行指导，导致学员不知所云，培训效果欠佳
弱型培训师	这类培训师不具有个人魅力，而且培训技能、相关知识与经验都比较缺乏，不是照本宣科，就是让学员读教材，浪费学员大量时间与精力，培训效果非常差

其实，作为一名优秀的培训师必须具备系统思维，注重思想、方法的提炼，将复杂问题简单化，才能保证培训效果。但目前，大部分培训师都是局部思维，将更多关注点放在了方法方面，将简单问题复杂化，导致学员不知所云，培训效果不佳。

培训师必须明白一点：培训的根本目的是“思维启发、方法借鉴”。很多企业培训都是“听课时激动，下课后冲动，回去后不动”，导致这种情况出现的一大原因就是企业缺乏鉴别能力，外部培训师选择不当。那么，企业应如何选择外部培训师呢？这里介绍一种“望闻问切”法。

（1）“望”。很多企业都喜欢选择有名气的培训师。为了提高自己的名气，很多培训师会选择各种方法包装自己。面对这种情况，企业必须有一定的侦查鉴别能力，首先排除有着“某理论创立者、亚洲或中国第一人”等头衔的培训师，因为创立某个理论、成为第一都不容易，极有可能是培训师自己编造的头衔；其次要排除头衔超过5个的培训师，头衔太多，名不副实。

（2）“闻”。在互联网环境下，几乎所有的培训师都有自己的微信公众号、微博。在选择培训师的过程中，企业可查看待选培训师的微博、微信，了解其日常工作。另外，企业还可以将培训师的名字输入百度或谷歌等门户网站，如果搜索结果只有一些广告、课程大纲，就说明该培训师的水平值得怀疑。因为有真才实学的培训师往往会亲自撰写一些文章通过网络渠道发布出来，总结自己的知识体系，这些才是最有价值、最能体现培训师水平的内容。

（3）“问”。在选择外部培训师时，相关负责人可以问培训师以下问题：课程大纲的逻辑结构是什么？为什么要这样编排？你会使用哪些教学方法？课程开始前需要做哪些方面的调研工作？课程结束后会采取什么方法让学员将学到的知识与理论应用到实际工作中？如果培训师有真才实学，不仅会逐一回答这些问题，还会针对企业的实际问题提出可行性建议，而不是一味地推销自己的课程。

（4）“切”。经过上面三个环节，企业基本可以选中适合自己的外部培训师了。“切”要求相关负责人透过现场看本质，不要被培训师的各种头衔所迷惑，要选择真正适合企业的培训师。对于“万能型培训师”“过度互动型培训师”“包治百病型培训师”“固执己见型培训师”，负责人应直接排除。

5.4.2 外聘培训师管理办法

◆ ×× 企业外聘培训师管理办法

第一章　总　则

第一条　为规范企业外聘讲师管理，保证培训的有效、有序进行，特制定本办法。

第二条　外聘讲师指受企业聘请的，系统以外专长于某一专业领域的讲师。

第三条　对外聘请讲师的原则：

（1）专业需要原则：对外聘请讲师必须基于吸收本专业领域最新信息、方法和知识的需要，坚持务实作风，学以致用。

（2）严格筛选原则：所聘讲师必须在所讲课题领域有较好的资历与水平，聘用部门对所聘请的讲师要有充分的了解，严格筛选，以保证课程质量。

（3）积极配合原则：培训组织部门必须积极配合讲师，认真完成课程的准备、实施和评估过程每一环节的协助工作，使课程顺利完成。

第二章　外聘讲师的适用领域

第四条　外聘讲师的适用范围：

（1）各专业领域的最新信息、知识、技能的培训。

（2）各专业领域优秀的经验、理论和方法的培训。

（3）基于某个项目的知识、技术培训。

（4）先进、系统的管理理论、管理经验的培训。

（5）相关专业领域的经验交流。

（6）其他与企业管理相关的培训，如员工激励培训、企业文化培训等。

第三章　外聘讲师的审核及审批

第五条　人力资源部或各专业部门均可根据业务发展的需要就某一课题推荐优秀的外部讲师。

第六条　所聘请的外部讲师必须在所讲授课题领域有良好的知名度，并有相关的经历、教育背景。

第七条　外聘讲师的审批为企业人力资源部、企业培训主管主任负责。企业财务部门负责费用审批。

第八条　外聘培训合同统一由主办部门加具聘用意见，上一级管理部门签订。

第四章　外聘讲师工作流程

第九条　外聘讲师的主要工作流程：

（1）确定培训需求：专业部门根据工作需要确定外聘培训项目，并就所讲课题进行培训需求调查，待确定讲师后，以书面等方式与讲师沟通。

（2）筛选讲师：培训组织部门根据讲师的资历、教育、经历及授课背景对讲师进行筛选，确定讲师。

（3）专业部门或培训组织部门向企业人力资源部提出外聘讲师申请，人力资源部根据费用审批等级权限审批或上报企业培训主管主任审批。

（4）培训组织部门在申请批准后，与外聘讲师商定培训协议，提交上一级主管部门签订，并把已签订的协议上送人力资源部存档。

（5）培训组织部门密切配合外聘讲师实施培训，协助讲师做好接待、场地布置、资料准备、学员组织等工作。

第十条　每次培训完毕，必须进行课后评估，并由组织部门向人力资源部提交培训评估报告表。

第十一条　受训部门管理者负责培训后的跟进工作，确保培训效果的实现。

第十二条　本办法由企业人力资源部负责解释，自发文之日起实施。

5.4.3　外聘培训师评估办法

为保证外聘培训师兢兢业业，尽心尽力地授课，企业必须针对外聘培训师进行评估。培训结束后，要求学员填写培训师评估表，如表 5–18 所示。

表 5–18　外聘培训师评估表

培训师姓名		课程名称		培训日期		
培训满意度调查：请用"√"标出你对每条评估项目的满意度						
评估项目		非常满意	满意	可接受	不满意	非常不满意
关于课程	课程目标非常明确					
	内容编排非常合理					
	理论知识非常系统					
	课程内容非常适用					
	课程具有趣味性					
	课程具有互动性					
关于培训师	良好的专业形象					
	对课程内容深刻理解					
	语言表达能力强					
	对学员关注程度高					
	鼓励学员参与					
	可以激发学员的兴趣					
	能够解答学员提问					
	很好地把握课程进度					

续表

此次培训您是否有所收获，哪些内容对您帮助最大：
1. 您是否能接受该培训师讲授的课程？　　能□　　　　　　不能□ 2. 您觉得参加这门课程是否值得？　　　值得□　　　　　不值得□ 3. 如果不值得，您认为是什么原因造成的？培训师□　　培训课程□　培训组织□

在学员填写完评估表之后，培训项目负责人要将这些表格收集起来，进行总结、汇总，填写外聘培训师评估结果统计汇总表，如表5-19所示。

表5-19　外聘培训师评估结果统计汇总表

一、说明

××××年××月××日—××月××日，企业人力资源部对参加《××××××××》培训课程的学员对培训师、培训课程进行满意度调查，现将此次调查情况总结如下：

（1）此次满意度调查面向参加培训的全体学员，除出差及请假的学员外，其他学员都参与了调查活动，调查总人数为××人。

（2）此次调查结果客观公正、可靠真实，共发放调查问卷××份，收回××份，有效问卷××份，无效问卷××份。

二、汇总结果

序号	内容	回答人数	分数汇总	平均得分
1	课程内容非常明确			
2	课程编排非常合理			
3	理论知识非常系统			
4	课程内容非常适用			
5	课程具有趣味性			
6	课程具有互动性			

续表

序号	内容	回答人数	分数汇总	平均得分
7	良好的专业形象			
8	对课程内容深刻理解			
9	语言表达能力强			
10	对学员关注程度高			
11	鼓励学员参与			
12	可以激发学员的兴趣			
13	能够解答学员提问			
14	很好地把握课程进度			
汇总				

5.5 企业大学：规模化培训基地

5.5.1 企业大学的四大角色释疑

企业大学指的是由企业出资，由企业高管、一流商学院的教授及专业的培训师担任讲师，采用实战模拟、案例研讨、互动教学等教学方式，以为企业培养高级管理人才、企业供销合作者为目的，满足企业员工终身学习需求的一种新型教育体系。目前，海尔、华为等企业都创办了自己的企业大学——海尔大学、华为大学等。

企业创办企业大学的根本目的是推动学员快速成长，提高企业绩效，增强企业的竞争力。但根据伯特咨询的调查研究，87.3% 的企业大学通过对业务部门培训需求填报表单进行简单汇总生成培训计划，只有不到 7.1% 的企业大学将培训与人才盘点、继任者计划、个人发展计划进行了结合，只有不到 9.6% 的企业大学的部分培训课程将课程培训与工作学习、日常管理进行了结合。据伯特咨询研究，现有的企业大学主要扮演着四种角色，分别是变革推动者、员工发展顾问、业务合作伙伴以及培训事务专家，如表 5-20 所示。

表 5-20 企业大学扮演的四种角色及功能

角色	功能
变革推动者	以战略变革与推动为导向，对组织实现战略转型、业务转型产生推动作用
员工发展顾问	与经理一起解决员工绩效问题，为经理、员工提供合适的培训项目
业务合作伙伴	根据企业的业务需求，站在投资回报的角度审视企业的培训业务，推动业务增长
培训事务专家	组织培训活动，建立员工培训档案，做好档案记录、更新等工作

企业大学扮演的这四种角色，每一种角色都有一些鲜明的特征。一般来讲，成熟的企业大学要根据战略发展、业务发展的不同要求，聚焦变革推动者、员工发展顾问、业务合作伙伴这三种角色不断强化。

5.5.2 企业大学的价值创造逻辑

如图 5-4 所示，企业大学借绩效伙伴这一角色提升产业链绩效，借成长顾问这一角色推动企业及员工快速成长，使企业竞争力得以大幅提升。而要想从根本上提升企业的竞争力，必须从文化力、学习力、创造力三个层面切入。上面所说的企业大学价值创造逻辑要想落地，使企业竞争力与绩效快速提升，还需要通过使用全面降本增效法来实现。上述价值创造过程需要大量培训，而且必须将培训的价值在最大程度上发挥出来。

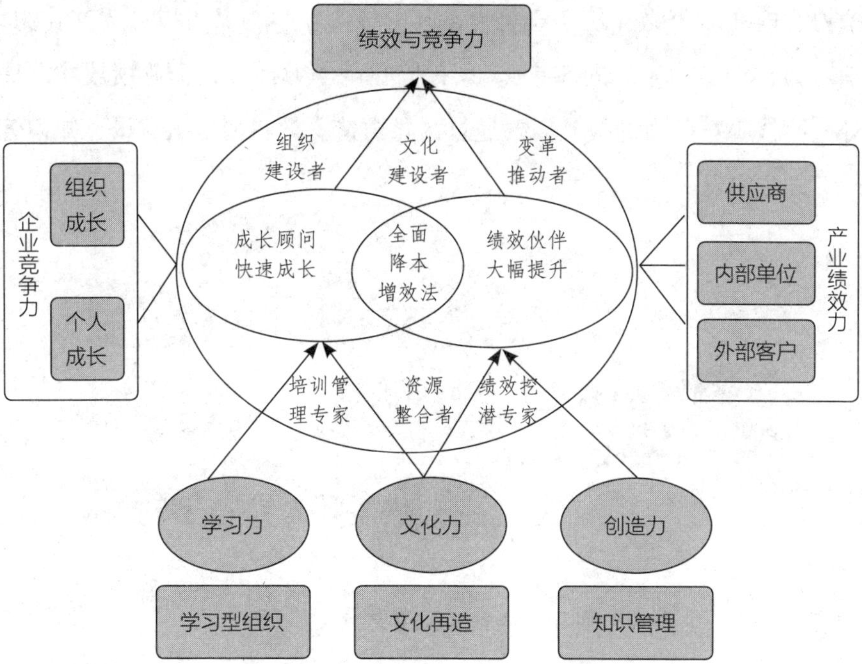

图 5-4　企业大学价值创造逻辑

◆ 快速提升企业绩效与竞争力

作为绩效伙伴，企业大学应为各部门经理提供一些精简的管理理念与工具，帮助他们把握绩效创造的关键点、团队整合要点、任务管控的核心点、管理诊断的基本方法，引导各部门经理诊断挖潜空间，确定挖潜项目，组织团队利用行动学习法在最短的时间内取得最大突破，使绩效得以大幅提升，并将绩效提升方法固化下来，保证绩效可以持续提升。

作为成长顾问，企业大学应为企业搭建系统化的快速成长体系，为员工、组织的快速成长产生积极的推动作用。

◆ 通过打造核心竞争力提升企业绩效和竞争力

企业竞争力指的是企业对各项资源与能力进行整合之后获得的可以超越竞争对手的一种能力。企业竞争力可分为三种类型，分别是外在竞争力、内在竞争力和核心竞争力，其中核心竞争力又可以分为文化力、学习力、创造力（见图 5-5）。只有核心竞争力提升，企业绩效才能提升，而核心竞争力的提升需要通过文化再造、学习型组织建设、知识管理等方法实现。

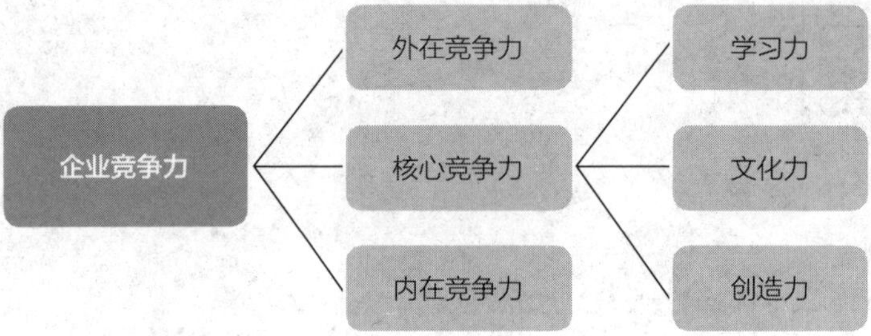

图 5-5 企业竞争力分类示意

◆ 通过全面降本增效法提升企业绩效和竞争力

企业可以通过全面降本增效法引导部门经理从开源、节流、能力提升三个层面切入，对企业内部的挖潜空间进行树立，对组织团队进行挖潜，使企业绩效与竞争力得以快速提升。企业大学可以利用全面降本增效法对内部的挖潜行动进行指导，在最短的时间内使企业绩效与竞争力得以大幅提升。

◆ 充分发挥培训价值，提升企业绩效和竞争力

（1）树立“四基”培训理念，对各种各样的培训手段进行整合。

“四基”培训理念是在“三基”培训理念的基础上增添了一项基于绩效，其中，“三基”培训理念指的是基于能力素质、基于任务、基于问题，具体如图 5-6 所示。

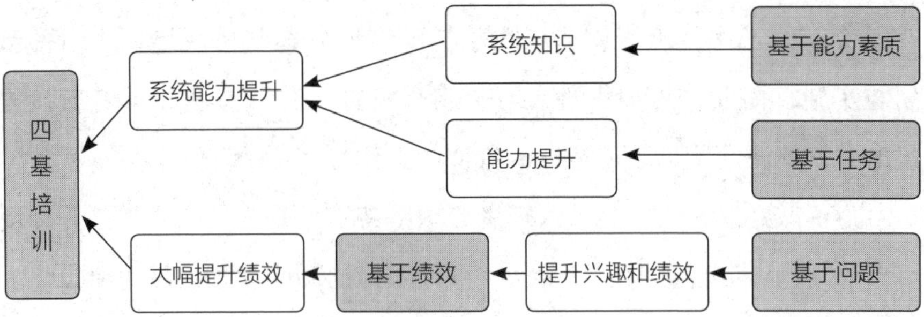

图 5-6 “四基”培训理念

基于能力素质的培训聚焦员工综合素质与能力的全面提升，但很容易成为基于知识的培训；基于任务的培训聚焦任务提升，检验员工能力，但很容易陷入虚拟任务的误区，导致学员的积极性不高，时间浪费严重；基于问题的培训聚焦通过解决问题改善绩效，但很容易陷入局部问题陷阱，因过于看重局部问题导致整个组织的绩效受到影响；基于绩效的培训聚焦问题的系统分析，致力于通过培训解决影响绩效的关键问题，通过这种方式提升绩效。从这个层面来讲，基于绩效的培训更应受到企业关注。

从本质上来看，基于能力的培训与基于任务的培训都是为了提升员工能力，基于问题的培训与基于绩效的培训强调通过实践提升员工能力与企业绩效，激发学员参与培训的积极性。所以，企业应通过基于绩效的培训来提升绩效，再通过基于问题的培训来解决企业内部的各种问题。如果有条件，培训管理者可以考虑设计能力素质模型，开展基于能力的培训，为保证学员将学到的知识与技能转化为自己的能力，必须在培训前后安排相应的任务。

（2）以效果为导向打造有效的培训模式。

目前，很多企业的培训管理者将大部分时间与精力投放在培训组织事务上，被人们讽刺地称为“事务专家”。其实，培训是一项可以创造巨大价值的工作，价值创造点在于年度培训方案与重大培训项目的策划与实施，为此，培训管理者可以将事务性工作简单化，或者直接外包出去，关注这些可以创造巨大价值的工作。

为了做好这一点，培训管理者必须坚持以效果为导向，先制订年度培训计划，再进行重大项目策划、具体项目的调研策划，最后聚焦培训前的准备、培训中的实施、培训后的转化，从各个环节寻找最优方案，创造一种高效的培训模式，防止培训变成“公开课”“娱乐课”。在整个过程中，培训前的准备包括选择讲师、营销推广、学员准备、规划演绎思路与重点内容；培训中的实施包括塑造学习文化、调动学员参与；培训后的转化包括制订行动计划、分享计划、辅导计划，督促计划实施等。

（3）以组织能力建设为导向，抓好重点项目，推进组织变革与绩效提升。

有些企业会将培训作为员工福利，这些培训项目可以不做要求，除此之外的其他培训项目必须以组织能力建设为目标，不仅要提升组织能力，还要对相关机制进行优化，通过人机协同使组织能力得以大幅提升。也就是说，企业的重点项目必须以大项目运作的方式，除培训外，还要对相关机制进行诊断、优化，为学员创造应用、分享的条件与氛围，辅之以学习型组织模式，切实提升团队能力，防止精英人才流失、组织能力下降的情况发生。

5.5.3 转型升级期企业大学建设

◆转型升级时代企业大学建设的新要求

现阶段，各行各业都进入了转型升级时代，企业大学也是如此。在这种社会环境下，企业大学必须紧跟时代发展浪潮，用颠覆性思维、无边界的创新模式对传统的企业大学进行重构。进入互联网时代以来，企业发展速度越来越快，企业大学的发展速度明显滞后，无法为企业提供实时支持。过去，人们常说企业大学是以岗位胜任能力为基础构建的培训体系，而今，企业大学的基础早已转变为员工职业生涯发展规划与个性化需求的孕育。

进入转型升级时代之后，企业大学必须立足于企业发展的根本需求，通过建立扁平化的运作机制、高效的培训方式、切合实际的课程研发体系，创建一个开放、共享、公平、高效的生态系统，如图 5-7 所示。

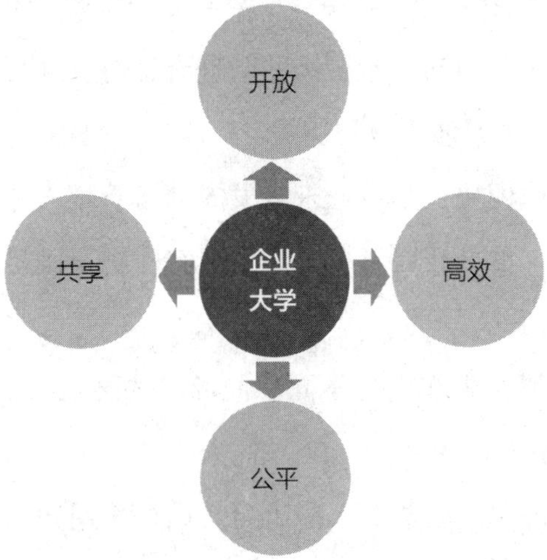

图 5-7 转型升级时代企业大学的基本要求

◆转型升级时代企业大学建设的培训体系框架

（1）培训内容框架。

企业大学在搭建培训内容框架之前，要在企业内部开展调研，全面了解员工的想法与建议，以开放包容的心态，向其他企业大学学习，构建一个领导支持、员工喜爱、可切实提升员工能力与企业管理水平的内容框架，如图 5-8 所示。

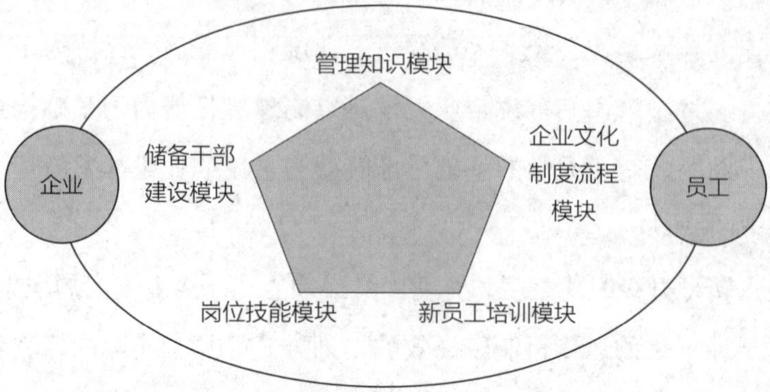

图 5-8　转型升级时代企业大学内容框架

管理知识模块：面向不同层级的管理有针对性地提供管理知识和技能培训，使管理者的素质得以切实提升。

储备干部建设模块：为企业未来发展储备管理人才，以现有的各个业务系统为基础，重点开展解决工作中现有问题及满足未来发展需求的培训。

岗位技能模块：重在引导不同职能部门的员工及时更新专业知识，使岗位能力不断提升。

新员工培训模块：新员工入职后对其进行通用知识培训，通过导师制度向新员工传授系统完整的业务知识与技能。

企业文化制度流程模块：该模块培训的目的在于推广企业文化、管理体系，推动企业新的管理方法、行为规范落地。

（2）培训方式框架。

在转型升级时代，企业大学要秉持“开放、高效”的原则，根据企业现状及员工意愿，以培训效果最大化为前提，灵活选择两三种合适的培训方式，构建培训方式框架。

一般来讲，培训方式可分为线下培训与线上培训两种方式。企业培训方式框架的构建要将这两种培训方式结合在一起：一些标准化的内容可以文字、图片、音频、视频等形式，通过线上培训展示给员工知晓，让员工可以随时随地学习企业知识与技能；非标准化内容可通过线下现场讲授、户外拓展训练、专题研究、新员工导师制等方式传授给员工，让员工对企业文化产生更深刻的认知，具体如图 5-9 所示。

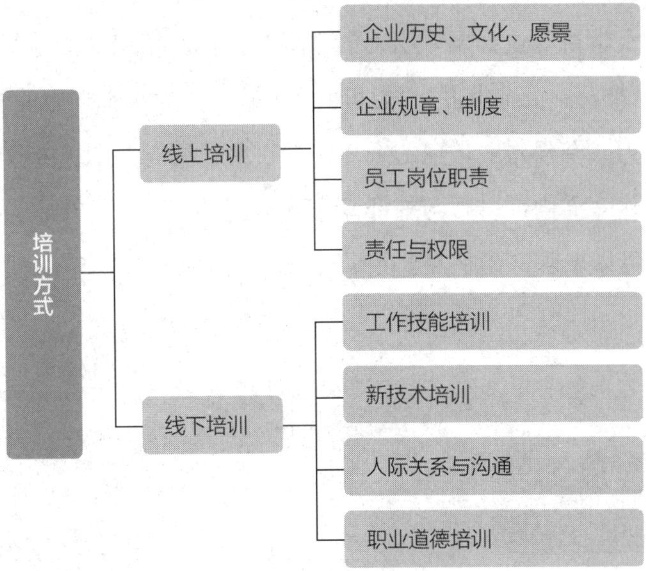

图 5-9　转型升级时代企业大学培训方式框架

线上培训：利用新媒体将培训内容标准化、移动化，让员工利用手机、平板电脑等移动终端随时随地学习。

现场讲授：获得企业大学认可的内部培训师或外部培训师面向学员开展现场培训或外派培训。如果因为工作需要无法安排内部培训的，可参与专业培训机构或院校组织的培训。

专题研究：企业组织各部门负责人对工作中出现的问题进行总结，从而确定培训主体，组织讨论，共同探讨问题解决方法。

户外拓展训练：企业大学每年可组织两次及两次以上的户外拓展训练，以提升员工的综合素质与能力。

新员工导师制度：新员工入职之后，企业大学应派专人进行引导，带领新员工尽快了解企业文化，熟悉企业各项制度与岗位职责，对新员工的工作进行指导，并在 1 年内与新员工保持持续不断的沟通。

◆转型升级时代企业大学建设的讲师选拔及培养

企业大学讲师选择要有明确的立场与目标，切忌论资排辈，要做好"从员工中来，到员工中去"，意思就是，企业大学要面向企业全体员工，选择有能力、有强烈责任感的人才担任讲师，同时要积极吸收外部优秀人才，组建一支内部讲师与外部专家优势互补，公平、开放、共享的讲师队伍。具体来看，企业大学讲师的来源有两种，如图 5-10 所示。

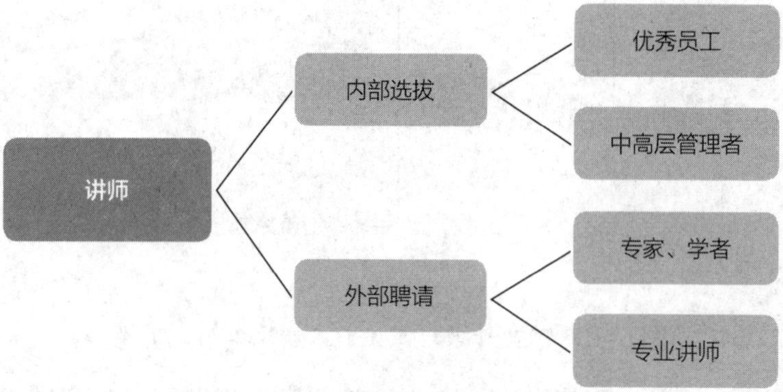

图 5-10　企业大学讲师的两大来源

内部讲师选拔要按照事先制定的流程进行，选拔范围要覆盖企业各个领域与各个层级，例如销售领域、技术领域、生产领域、管理领域，基层、中高层、普通员工等。另外，企业大学要针对讲师晋升、退出建立完善的机制。企业大学可将讲师分成初级、中级、高级三个等级（见图 5-11）。刚刚进入讲师队伍为初级讲师，在职满一年且通过内部讲师级别评审可升级为中级讲师，再通过考核可升级为高级讲师，如果考核结果不及格就要降级，如果初级讲师考核结果不合格，要自动退出讲师队伍。

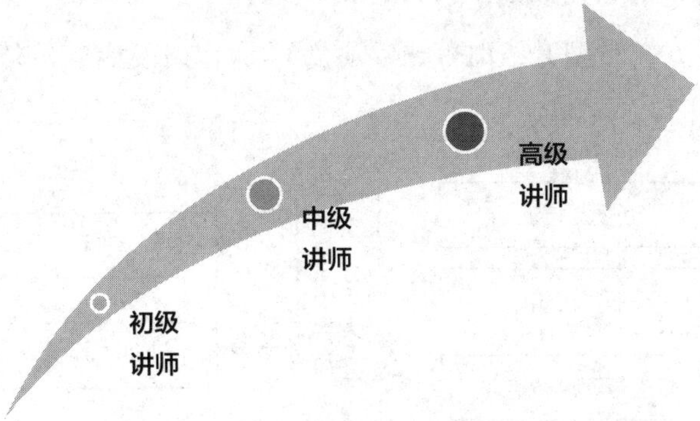

图 5-11 企业大学讲师晋升方向

在互联网时代，企业大学的讲师同样要制定科学的激励机制，坚持公平、高效的原则，让讲师对企业发展、企业对员工的认同产生深刻感受，如图 5-12 所示。

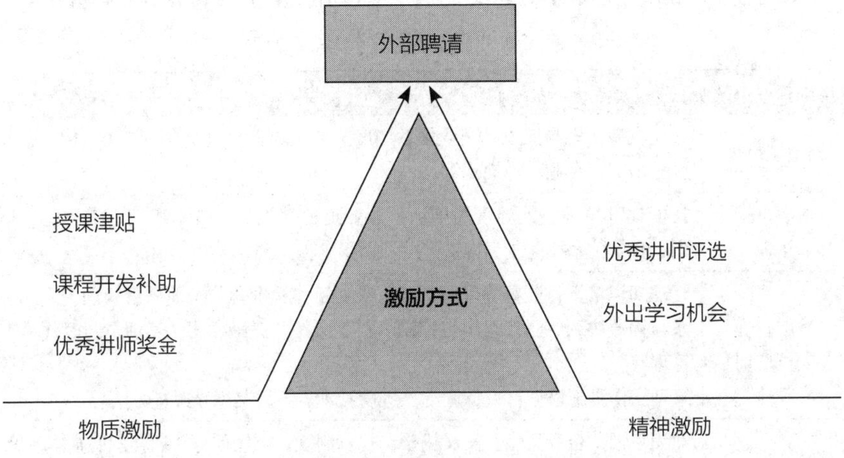

图 5-12 内部讲师激励方式

◆转型升级时代企业大学建设的课程研发

企业大学的课程开发要做好前期调研，深入了解员工的培训需求，根据企业业务发展和员工职业规划有针对性地构建课程体系。除此之外，企业大学要与时俱进，充分利用互联网工具与资源，打造标准化、可视化、便捷化的培训课程，以公开课的形式让学员实现在工作中学习、在学习中进步。在转型升级时代，企业大学课程研发内容与传播渠道要有所改变，如图 5–13 所示。

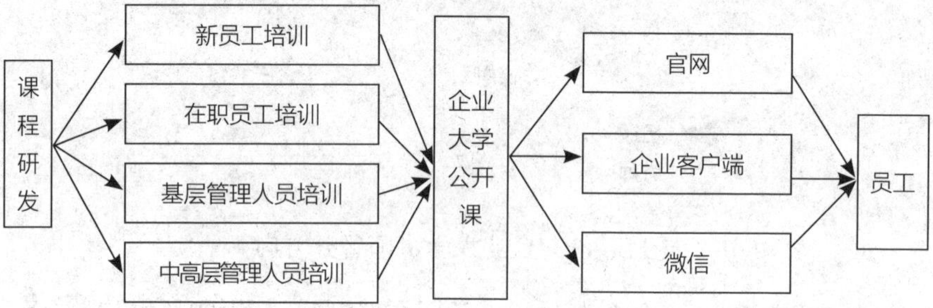

图 5–13　转型升级时代企业大学课程研发内容及传播渠道

（1）培训课程分类。

不同类型的课程要有不同的内容，培训课程分类如表 5–21 所示。

表 5–21　培训课程分类及内容

培训课程类型	具体内容
新员工培训	企业发展历史与愿景、企业规章制度与岗位职责、企业内部组织结构、企业业务培训、企业行为规范等
在职员工培训	技能提升培训、关键事件培训、职业道德培训、新技术培训、素质能力培训、日常技术技能复训等
基层管理人员培训	管理知识培训：监督管理职责与权限、工作标准化与全面质量管理、人际关系与沟通协调、会议组织与控制、员工考核与激励、团队管理及新时代员工管理等 管理工作实施培训：人员调配、进度管理、下属奖惩、改进方法等
中高层管理人员培训	知识培训：企业文化、发展战略、规章制度、市场信息、社会发展基本政策 管理技能培训：领导技能提升培训、团队建设、管理沟通、目标管理与控制、激励管理 中高层管理培训：人力资源管理、市场营销管理、财务管理、职业素养、生产运营管理、目标管理等

（2）课程开发成果。

企业大学的课程开发最终不仅要满足线下授课需要，还要符合企业大学公开课建设标准，采用员工喜闻乐见的方式，增强内容的趣味性、吸引力。例如，用动画的形式将企业文化、规章制度展示出来，让内容生动有趣；用视频的形式进行线下授课与教学，为员工随时随地学习提供方便。企业大学课程开发结果如图 5-14 所示。

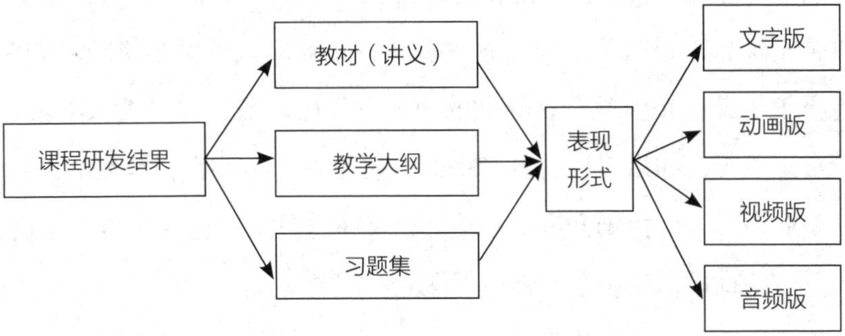

图 5-14　企业大学课程开发结果

教材（讲义）：包括讲师讲义与学员讲义。

教学大纲：主要包括课程任务、教学目的和要求、教学方法与手段、课程内容、教学重点和难点、教学设施和教具、实验实习安排、学时分配。

习题集：所有课程开发项目均按要求编成习题集。

企业大学建设涵盖的内容非常复杂，需要硬件、软件两个层面的支持，整个过程需要循序渐进：先实现阶段性目标，最终实现终极目标。在转型升级时代，企业大学要摒弃传统的观念，积极引进新思维、新方法，通过无边界创新与颠覆性思维应对各项挑战，取得令人注目的成绩。

【延伸阅读】如何避免培训后员工流失

随着经济全球化进程不断深入，行业中的知识竞争、人才竞争愈演愈烈。企业要想在激烈的竞争中脱颖而出，必须创建一支高素质的员工队伍，而培训无疑是企业培养人才的重要途径。通过培训，企业可优化经营管理，实现可持续发展；员工可释放自己的潜能，做好职业生涯规划。基于这些优点，很多企业都不介意在员工培养方面投入人力、物力，却害怕培训后人员流失。出于这种担忧，企业陷入了两难境地：如果不进行员工培养，企业就会在激烈的市场竞争中落败；如果投入大量资源进行员工培养，如果培训后员工跳槽，就是为竞争对手培养人才。于是，对于企业来说，如何既开展员工培训，又防止员工将企业作为“先就业，后择业”的跳板，是一个非常值得探究的问题。

◆培训后员工流失的原因

要想避免培训后员工流失，企业必须了解培训后员工流失的原因，其原因大致有以下几点，如图 5-15 所示。

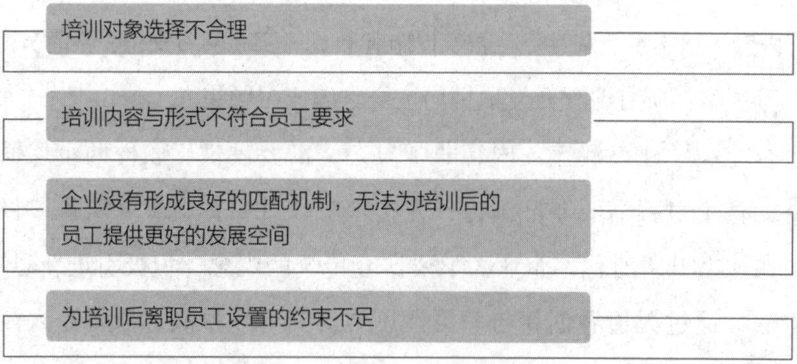

图 5-15　培训后员工流失的原因

（1）培训对象选择不合理。企业培训要根据员工的具体情况设置培训目标，规划培训内容。对于有潜质、学习意愿较强的员工，企业培训可以提升他们的工作能力，获得较高的投资回报。但如果企业选择的培训对象对企业没有形成强烈的认同感，在经过培训提升个人能力之后，这类培训对象很容易被其他企业高薪聘走，给企业带来较大的损失。所以，为了防止培训后员工流失，选择合适的培训对象非常重要。

（2）培训内容与形式不符合员工要求。如果培训内容与员工需求不符，对于员工来说，这类培训就是浪费时间，从而萌生企业无法为自己提供学习机会、成长机会的想法，进而萌生离职的念头。为防止这种情况发生，企业必须根据员工需求设置培训内容，保证培训课程设置科学、合理、专业、实用。

（3）企业没有形成良好的匹配机制，无法为培训后的员工提供更好的发展空间。通过培训之后，员工能力有所提升，渴望获得更大的发展平台，但企业却没有相应的匹配机制，无法为这部分员工提供合适的发展与晋升空间。在这种情况下，如果有其他企业能为员工提供这类机会，员工就会毫不犹豫地跳槽离职。

（4）为培训后离职员工设置的约束不足。目前，大部分企业都是通过道德、情感约束员工，防止员工在培训后离职。实际上，如果企业能建立与物质利益有关的约束机制，就能在更大程度上防止员工在培训后离职。例如，企业规定员工在培训后离职要承担相应的经济责任或法律责任，相信大部分员工都不会选择离职。但目前，很多企业都没有这种约束机制。

◆避免培训后员工流失的策略

基于上述分析，为避免培训后员工流失，企业可采取以下策略，如图 5–16 所示。

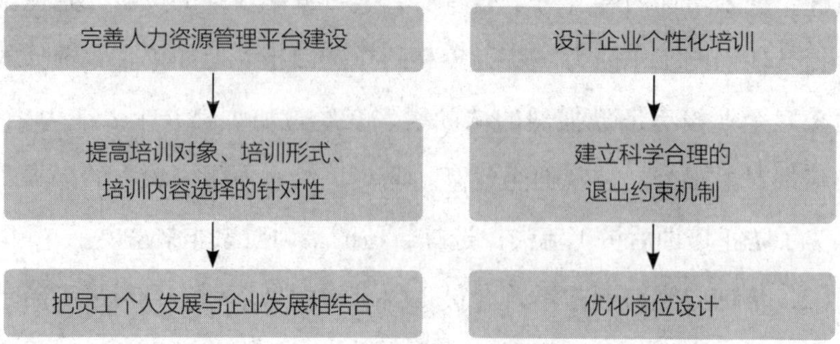

图 5-16　避免培训后员工流失的策略

（1）完善人力资源管理平台建设。通过建立一个系统完善的人力资源管理平台，企业可以健全人才培养机制，构建一个公平竞争的内部环境，形成锐意进取的文化氛围，为员工提供一个广阔的职业发展空间，来留住培训后的人才。企业中的任何一个体系都无法孤立存在，培训体系必须以薪酬体系、绩效体系为支撑才能更好地发挥作用。当员工经过培训之后，各方面的能力都有所提升，企业必须使用一种新方法对这些员工的价值进行衡量，创建一套新的绩效考核制度，将薪资待遇与工作绩效挂钩，使员工能力与员工绩效得以进一步提升，防止“学与不学一个样，干好干坏一个样”的情况发生。在这套体系的作用下，员工价值得以充分展现，自然不会轻易地离开企业。

（2）提高培训对象、培训形式、培训内容选择的针对性。企业要根据企业发展需求有针对性地选择员工参与培训，建立员工培训基金账户机制，根据员工绩效对培训基金进行分配，统一管理培训资金，如果员工需要培训可向企业提出申请。通过这种方式，企业可以更好地留住员工，让员工珍惜培训机会，保证培训效果。培训内容的选择也是如此，企业要根据自己的管理实际与业务实际选择培训内容，让员工在培训后可将学到的内容应用于实际工作中去，展现自己的价值。

（3）把员工个人发展与企业发展相结合。如果企业管理人员经过培训各项能力有了显著提升，企业就要为他们提供更广阔的发展空间来施展才能，这是企业留住培训后员工的重要条件。除此之外，企业要帮助培训后员工规划一套职业发展通道，与员工职业规划相结合有针对性地设计培训，让员工认识到培训对自己的益处，鼓励员工将在培训中学到的知识应用于实际工作中，从而实现快速成长。与此同时，企业为员工提供更大的发展空间，就能让员工安心留在企业工作。一些大型企业经常开展后备管理队伍培训，这类培训对员工职业发展做了全面设计，不仅成功地留住了培训后员工，还刺激员工为企业创造更大价值。

（4）设计企业个性化培训。现阶段，人才已经成为企业的核心竞争力，在此情况下，企业必须根据战略需求，面向关键岗位与核心员工开展个性化培训，培养独特技能。企业要根据未来的发展需求面向关键岗位员工开展专业技能培训，培养员工的独特技能，这些技能对本企业来说有利，对其他大众企业来说未必有益。在接受这种培训之后，在本企业，员工的工作绩效可能会有大幅提升，但在其他企业，未必会有如此明显的效果，这样一来就减少了其他企业对本企业员工的吸引力、诱惑力。

（5）建立科学合理的退出约束机制。企业要建立规范的培训约束机制，以降低培训风险。例如，培训前，企业与接受培训的员工签订《培训服务协议书》，对培训后员工在企业最短工作年限做出明确规定，并制定违约赔偿方案。除此之外，企业还要加强文化建设，与员工构建道德契约，通过物质、道德的双重约束减少员工流失。

（6）优化岗位设计。企业在设计岗位时，对于一些关键岗位，可采用轮岗制或交叉设计等方法让工作更加多元化，带给员工持续不断的新鲜感，激励员工在不同的工作岗位上不断挑战自我，让员工认识到自己与工作岗位要求之间的差距，从而产生学习需求与动力。通过这种方式，企业可以让员工保持好感，不会轻易选择离职。

综上所述，企业要想避免员工在培训后离职，必须有针对性地选择培训对象、培训内容与培训方式，建立科学合理的退出约束机制，完善人力资源管理平台建设，开展个性化培训，将员工个人发展与企业发展相结合，对岗位设计进行持续优化。对于企业来说，“养兵千日”的目的在于“用兵一时”，如果企业花费大量人力、物力培养的员工没能给企业创造价值就离开了，对于企业来说是非常重大的损失，如何避免这种情况发生，企业应根据相应的理论，与自身实际情况相结合寻找解决方案。

6 培训计划制订与实施

6.1 合理制订企业培训计划

6.1.1 培训计划包含的内容

培训计划是培训管理者立足于企业发展战略，在对培训需求进行客观、全面分析的基础上，对培训时间、培训地点、培训者、培训对象、培训方式、培训内容等做出的预设。培训计划必须满足组织、员工两个方面的需求，对组织资源条件、员工素质基础、人才培训的超前性、培训结果的不确定性进行充分考虑。具体来看，培训计划应包含的内容如表 6–1 所示。

表 6–1　培训计划应包含的五大内容

内容	具体描述
确定培训负责人与负责单位	明确培训项目的负责人与负责单位是制订、实施培训计划的关键。为此，企业必须建立责任制，明确各部门分工。具体来看，培训项目的负责人必须有一定的工作经验，充满工作热情，有能力说服董事长批准培训计划与培训预算，擅长协调生产部门与其他部门之间的关系，可以保证培训计划顺利推进
确定培训目标与培训内容	培训管理者可通过组织分析、工作分析、个体分析确定培训目标与培训内容。组织分析就是对企业的发展目标、发展计划、现有的资源条件进行分析，以确定培训重点；工作分析就是对员工胜任某项工作必备的知识与技能进行分析，以确定培训目标；个体分析就是对员工的具体情况进行分析，找到与工作要求之间的差距，以确定培训内容。无论如何，培训目标必须准确，培训内容必须符合实际
选择合适的培训方法	企业培训可以选择的方法有很多，不同的方法有不同的侧重点，企业必须根据培训对象选择合适的培训方法。培训方法的选择不仅要考虑员工的特点，还要考虑企业的客观条件
选择学员和教师	企业培训需要投入大量资金，为保证培训效果，企业必须选择有潜力的员工进行培训。这里的有潜力指的是员工有较强的可塑性。如果员工的可塑性较差，很有可能跟不上培训进度，达不到预期的培训目标，导致培训资源严重浪费。此外，为保证培训效果，企业还应合理选择培训师，可以根据具体情况聘请企业内部的各级管理人员，也可以聘请专职教员
制定培训计划表	在明确了上述事项之后，企业要制定培新计划表，以明确培训内容、培训时间、培训地点、培训方式、培训要求等，同时也为企业安排其他工作提供方便

6.1.2　制订培训计划的原则

企业培训计划的制订不能盲目，必须遵循八大原则，如图 6–1 所示。

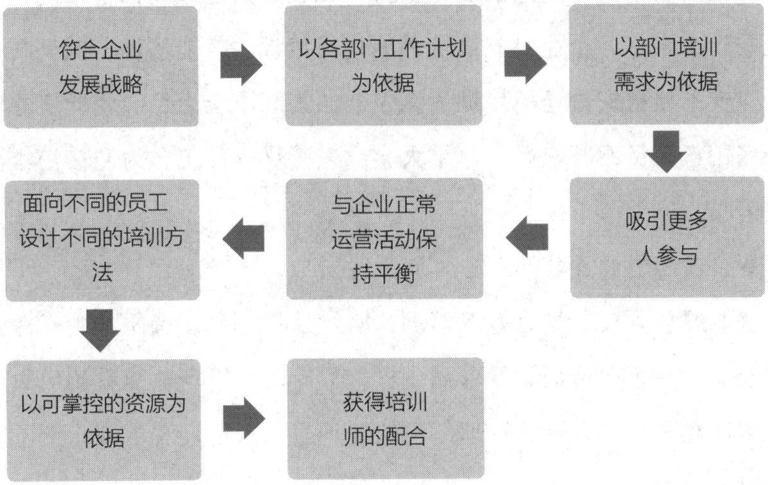

图 6–1 企业制订培训计划的八大原则

◆符合企业发展战略

在很多企业，企业发展战略总是被置于高处供人瞻仰，而不是用来指导企业的日常运营。尤其是培训管理部门，面对各部门提交的培训需求、培训问题，总是茫然不知所措。其实，在这些培训问题中，有些并不符合企业的发展战略，有可能是个人因素造成的，也有可能是某些员工的臆想。

例如，某企业的发展战略是提高某一产品的市场占有率，但销售部门提出的培训需求是“如何在二批市场开拓经销商？”这款产品属于高端产品，根本不可能在二批市场投放，所以销售部门提出的这个培训需求毫无道理。基于此，为了制订出对企业发展真正有利的培训计划，培训管理部门负责人必须全面了解企业的发展战略。

◆以各部门工作计划为依据

企业年度培训计划的制订必须以各部门年度工作计划为依据，培训时间、培训内容必须与各部门的工作计划相协调。以新人入职培训为例，企业要在所有新人到岗之前统一安排培训，尤其是市场销售部门，在销售旺季到来之前，企业要安排统一的动员培训、技能培训。销售旺季到来后，就不要再安排任何培训活动了；销售旺季结束后，企业应立即组织市场销售人员召开表彰与总结大会，表彰优秀员工，为迎接销售淡季建立信心。

◆以部门培训需求为依据

企业要想开展一场有效的培训，必须从培训需求调研开始就保证足够的专业度。企业培训就像看病一样，只有对症下药才能看到成效。为此，培训经理、人力资源管理部门的经理必须对培训需求调研给予足够的重视。

为保证调研结果，企业必须设计一套需求调研问卷，如《销售经理调研问卷》《一线销售员调研问卷》《HR 培训经理调研问卷》等，各个调查问卷中的问题环环相扣，力争层层挖掘，触及最真实、最核心的问题。

◆吸引更多人参与

对于培训经理来说，邀请很多人参与培训计划的制订是一件非常麻烦的事情。因为培训部门与其他业务部门属于平级关系，在企业运营中发挥的作用不甚明显，财务部、生产部、销售部、技术部、市场部等部门的日常工作紧急且重要，对于培训部门请人参与培训计划制订的申请，这些部门会以各种理由拖延。面对这种情况，如果培训部门能得到总经理的支持，就能获得其他部门的支持。因为培训活动需要投入不少资金，而总经理是最不希望看到这些资金被浪费的人，所以，如果培训经理能够请总经理向各部门发布“配合培训部门制订培训计划”的通知，这项工作的开展就会变得非常顺利。

当然，这种被动配合的效果远不如主动支持的效果好。为了获得其他部门的主动支持，培训部门的经理要在企业内部广泛宣传培训的好处，让其他部门的经理认识到培训对于本部门的益处，这样他们才会主动配合。

◆与企业正常运营活动保持平衡

企业的培训活动不能与企业的正常运营活动发生冲突，如不能在销售旺季召集销售部门进行培训、不能在新产品上市当天召集相关人员进行新产品上市培训等。新产品上市培训最好安排在新产品上市前1～2个月，过早或者过晚都会影响新产品上市工作的正常开展。

◆面向不同的员工设计不同的培训方法

成年人的学习特点决定了企业培训不能只用教师课堂授课这一种方法，企业应根据受训者的个人能力、学习需求、个体差异等因素选择合适的学习方法。例如，对于年龄超过45岁的老员工，让他们参加拓展训练，很有可能发生危险；让他们参加动员大会，普通的激励性语言很难激发他们的工作热情。面对这种情况，培训管理者就要转变思路，聘请这些老员工担任讲师，让他们向年轻人讲述自己的工作经历、传授工作经验，激发他们的荣誉感。为了在年轻人心目中树立良好的形象，这些老员工会充满动力。

对于30～40岁的员工，企业培训应多采用案例讨论、案例辩论等主动进攻性学习方法，激发他们的工作热情。对于20多岁的年轻员工，企业培训可开展拓展训练，课堂培训以讲授知识为主，以笔试、知识竞赛、销售竞赛等为辅，激发他们的好胜心，进而保证培训效果。

◆以可掌控的资源为依据

有些企业的培训计划制订好之后，却发现企业没有足够的资源支持计划实施，造成资源的极大浪费。为避免这一问题出现，培训经理必须了解企业可用的资源，明确培训预算，据此制订培训计划。另外，很多培训课程可由内部讲师讲授，此时，企业就要考虑是否有内训师团队，是否建立了内训师管理制度与激励机制等，这些都会对培训项目的开展产生直接影响。

◆获得培训师的配合

对于一项培训工作的开展来说，培训师的配合非常重要。为此，培训经理必须找到合格的培训师。选择培训师时，培训经理不能只考虑培训师的学历与就职经历，还要通过提问判断他是否是自己想要寻找的培训师，然后向其提出一些调研需求，看其是否能够积极配合，对于企业培训活动的开展来说，这一点非常重要。

6.1.3 制订培训计划的方式

企业制订培训计划的方式有很多，最常用的方式有三种，如表 6–2 所示。

表 6–2 企业制订培训计划的三种方式

培训计划制订方式	具体做法
召开培训计划会议	为保证培训计划合理、可行，企业可以在制订培训计划之前召开培训计划会议，对培训计划进行论证，确定最终的培训计划。培训计划会议需要邀请相关部门经理、培训部门经理、课程开发人员参加，如有必要，还可以邀请几名学员代表，让他们提出自己的想法与建议
与部门经理沟通	培训经理与部门经理沟通，共同制订培训计划。如果培训计划完全是培训部门自发制订的，在执行过程中非常容易受到部门经理的阻挠。另外，培训计划不能只有一套方案，要为决策者提供备选方案，以便在出现问题时可以及时采取补救措施，以免造成较大损失
领导决策	有些培训活动比较重要，可由领导根据企业的实际情况直接决定，自行制订培训计划

无论企业采用哪种方式制订培训计划，都必须注意以下三大问题：

（1）注意对投入、产出效益进行分析。企业运营能够使用的资源有限，培训活动的开展也是如此，所以，培训经理在制订培训计划时必须对培训活动的投入、产出效益进行对比。在培训活动开始之前，培训经理要将培训计划交给管理层审批，审批通过才能落地执行。所以，能否保证培训活动的开展效益，关键在于培训部门能否得到管理层对培训投入的承诺。

（2）寻求高级管理层对培训的支持。为保证培训活动可以顺利推进，培训部门必须想方设法获得高级管理层的支持，对企业长期发展目标与组织需求做出深入了解。如果培训计划与企业长期发展目标结合得非常紧密，高级管理层就会积极地为培训计划的执行提供资源支持。

（3）培训计划的制订要请直接管理层参与。因为直接管理者对业务与人员的了解程度更高，可以帮培训部门更准确地定位培训目标，保证培训活动可以获得各部门的积极支持。

除此之外，企业还要确立培训部门在企业中的地位，让培训活动获得各部门的认同。随着培训活动的开展，企业各职能部门的绩效不断提升，必然会增强对培训部门的信任，从各个层面支持培训工作的开展。

6.2 培训计划实施前的准备

在培训计划确定下来之后，培训部门就要按照培训计划组织开展培训活动了。在培训正式开始之前，相关人员需要做一系列准备工作，如下发培训通知、准备课件、确定讲师、确定培训时间与地点、检查调试相关设备、准备所需表格与资料等。在具体执行过程中，因为各部门的职能不同，所以需要准备的事项也不同，具体分析如下。

6.2.1 HR的准备事宜

在培训正式开始之前，人力资源部门要开展一系列准备工作，如协调培训时间与培训地点、确认讲师与课件、了解参训者的情况、下发培训通知、检查设施设备、确认所需表单与资料、安排交通与食宿、对培训效果进行跟踪等，具体如表 6-3 所示。

表 6-3　人力资源部门的准备事宜

准备工作	具体事项
协调培训时间与培训地点	在培训正式开始前 2 ～ 3 天，人力资源部门要与部门经理、培训讲师确定具体的培训时间，为避免干扰企业的正常生产与运营，培训活动最好安排在下班后。 如果是内部培训，人力资源部门要与会议室、培训室管理者做好沟通，提前申请，避免与企业的其他活动产生冲突；如果是外部培训，人力资源部门要提前向领导请示，确定培训场地，如 ×× 酒店、×× 度假村等
确认讲师与课件	人力资源部门要提前与讲师确认好培训时间与培训地点，详细查看课件大纲、PPT、游戏、重要案例等内容，了解培训时长。如果在此期间发现不合理内容，应建议培训师调整。如果遇到自己不能决定的事情，要及时汇报给上级领导进行协调处理
了解参训者的情况	人力资源部门要对参训人员的情况进行了解，包括参训人员对培训内容、培训形式是否了解？有什么建议？参训人员有没有特别想要了解的内容？HR 要将这些信息及时反馈给培训师。此外，HR 也要实时关注参训者数量，如果数量过少，要及时向领导说明情况，询问是否调整培训时间
下发培训通知	上述三项内容确定之后，HR 就可以发布培训通知了。人力资源部门先将培训通知提交领导审核，审核通过之后张贴到企业的广告栏上，并通过企业内部 OA 系统进行公示。培训通知要重点说明以下内容，如培训时间、培训地点、培训内容、培训讲师、培训纪律、需要携带的资料、培训检验考试等。培训通知需要提前 1 天发布
检查设施设备	设施设备包括投影仪、音响、话筒、耳麦、激光笔、白板、白板笔、桌椅、白板擦、电源、照明、空调等，培训开始前，HR 要确认这些设备是否可以正常使用，如有损坏，要立即申请维修或借用
确认所需表单与资料	培训需要用到的表单与资料大致包括培训签到表、培训评价表、测试题、笔记本、笔等，数量要充足，要超过参训人的数量
安排交通与食宿	如果是外聘讲师，HR 要安排人接送。如果培训时间较长，HR 要为培训师安排好食宿，提前订好酒店。如果是外部培训，HR 还要提前安排好参训人员的交通、住宿
对培训效果进行跟踪	培训结束后，HR 要对培训效果进行评估，开展考核评价，总结经验等

培训不是上课那么简单，课后跟进与效果评估非常重要。有些企业的培训活动会与绩效考核、满意度调查挂钩。培训结束后，HR 要及时总结，及时发现问题、解决问题，这是最常见的 PDCA 模式。

培训涉及很多细枝末节的工作，如果 HR 担心自己遗漏某些事情，可以制定一个培训工作准备清单（见表 6-4），将培训前所有需要做的工作列出来，时刻提醒自己。

表 6-4 培训工作准备清单

培训工作准备清单			
时间	序号	事项	是否完成
提前10天	1	与讲师及主要受训者确定培训时间	
	2	安排讲师差旅、住宿、就餐等事宜	
	3	确认参加培训者名单	
	4	预订培训场地	
	5	预订学员住宿，安排学员用餐	
提前7天	1	确认课程内容与时间安排	
	2	发送培训通知	
	3	制作 PPT 和讲义	
	4	确认学员分组情况，打印各组成员名单	
	5	复印、装订学员资料	
	6	准备游戏道具和小组游戏奖品	
提前2天	1	制作向导名牌	
	2	制作学员名牌	
	3	确认会场饮水机、纸杯等物件齐全、可用	
	4	布置培训教室	
	5	将课程安排、学员名单交给培训师	
	6	打印自用学员名单	
提前1天	1	准备油笔、黑板擦、白板、白纸、夹子等物品	
	2	准备铅笔、学员用稿纸	
	3	准备话筒、胸麦、音响	

续表

时间	序号	事项	是否完成
提前1天	4	准备投影仪	
	5	准备手提电脑	
	6	PPT 放映，查看背景音乐及视频是否正常	
	7	准备电源线接板	
	8	其他事项：灯源、温度、隔音、通风等	

6.2.2 部门主管的工作事宜

企业培训活动的开展需要各部门配合，所以在培训开始之前，各部门主管要提前做好相关工作，如表 6–5 所示。

表 6–5 培训开始前部门主管的工作事宜

准备工作	具体事项
鼓励下属参加培训	培训开始前，部门主管应鼓励下属参加培训，在请假与工作安排方面为其提供方便
了解培训内容	培训开始前，部门主管应了解培训内容，一方面可以更好地与下属沟通，跟进培训落地；另一方面，部门主管了解培训内容，以便在日常工作中遇到类似问题时制定的策略与培训内容一致，以免下属觉得主管与培训师的看法不一致，不知该何去何处
跟进下属培训落地	培训结束后，主管应引导下属将所学知识应用于实践，叮嘱下属与其他同事分享，以强化对知识的了解和记忆
有能力者担任培训师	部门主管肯定在某一方面有过人之处，担任培训师不仅能提高自己的影响力，还能增强自己在下属心目中的威信。所以，有能力的主管要主动申请担任培训讲师

6.2.3 培训师的准备事宜

无论是内部选拔的培训师，还是从外部聘请的培训师，在培训开始之前，都要提前开展一系列工作，具体工作内容如表 6–6 所示。

表 6–6　培训开始前培训师的准备事宜

准备工作	具体事项
提前了解学员情况	为保证培训效果，培训师要根据学员的具体情况准备教材，选择培训方式。例如，如果学员是新入职员工，培训内容就要从基础内容开始；如果学员性格都比较内向，培训师就要准备一个破冰游戏来活跃课堂气氛；等等。所以，在培训开始之前，培训师必须了解学员的具体情况，提前准备好应对方案
制定培训教材	培训教材也要因人而异，培训师要根据学员的喜好准备 PPT、视频、案例等内容。培训师要掌握 PPT 制作技巧，准备一些有趣的 PPT。如果培训师选择案例模拟，就要提前写好剧本，确定各个角色的扮演者。教材准备好之后，培训师要找人试讲，发现教材中的缺点，不断完善，以切实保证培训效果
准备考试题目	为加深学员对课堂知识的理解与记忆，培训师最好在培训结束后进行一次简单的考核。例如，某节课的培训重点是如何制作 PPT，培训结束后，培训师可以要求学员自己选择主题制作一个 PPT，一周内提交，批改后及时反馈给学员，让学员了解自己的学习情况
提升自身技能	为了做好培训，培训师必须不断提升自己的培训技能，储备足够的故事、案例、经历等。在培训开始之前，培训师要自问、自省：我有没有试讲？试讲了几次？效果如何？等等。另外，为了提升自己的培训技能，培训师还可以主动参加一些 TTT 课程，私下多练习，要相信熟能生巧

6.2.4　学员的准备事宜

培训开始前，参加培训的学员也要做好一系列准备工作，具体事宜如表 6–7 所示。

表 6–7　培训开始前学员准备事宜

准备工作	具体事项
培训开始前	参加培训前，学员必须了解培训内容，如果对课题一无所知，可以自行上网搜索或者请教同事、主管，结合实际工作拟定几个问题，带着问题参加培训。为保证学习效果，学员还可以给自己制定一个培训目标。例如，在参加绩效管理培训之前，学员可以先了解自己企业的绩效管理制度，寻找其中存在的问题，了解业内流行的绩效管理方法，思考哪些方法比较适合自己企业，为什么适合？自己参加培训是为了提升哪方面的能力？培训结束后是否可以将所学知识与技术应用于工作实践？另外，对于学员来说，参加培训还能拓展自己的人脉关系。所以，在参加培训之前，学员应准备好名片，了解培训师的情况

续表

准备工作	具体事项
培训结束后	培训的目的是改善工作方法，提升工作绩效。如果学员不能将学到的知识应用于实际工作，培训效果相当于零。所以，在培训结束后，学员必须利用学到的知识改进工作方式与方法，提升工作绩效

总而言之，在培训活动开始之前，相关部门及人员必须做好准备工作，对培训计划与培训目标进行全盘考虑，尤其要注意很多细枝末节，以切实保证培训效果。

6.3 企业培训计划实施流程

培训计划的实施不是没有顺序的，而是要遵循特定的流程，以免在实施过程中混乱不堪，影响最终的培训效果。具体来看，企业培训计划实施流程如图 6-2 所示。

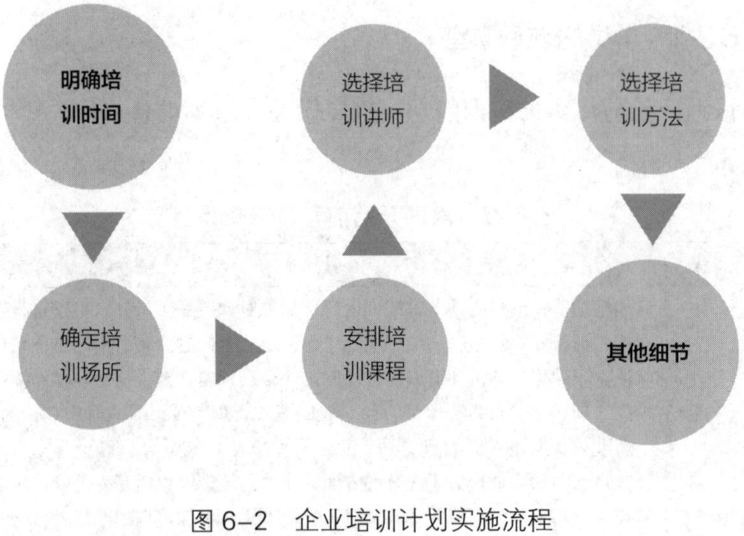

图 6-2　企业培训计划实施流程

6.3.1 明确培训时间

不同的培训项目应安排在不同的时间进行，以不影响业务的正常开展为前提，做好与相关部门的协商。

以某生产制造企业为例，该企业生产部门实行的是两班三倒工作制，每班工作时长是 12 小时，职能人员每周日休息，每周六下午召开例会，各部门负责人与企业高管都要参加。如果是新员工入职培训，培训时间比较容易安排。如果生产车间比较忙碌，可以安排新员工提前入职。

培训时间最难确定的是管理者培训。开始，企业将管理者培训时间安排在周三晚上，要求职能部门与生产部门都必须参加。但因为生产工厂比较偏远，有些管理者培训后回家困难，还有管理者认为培训占用了业务开展时间，所以经常缺勤，导致培训效果不佳。面对这种情况，企业将管理者培训时间调整到了每周六例会后，虽然解决了管理者回家不便的问题，但因为会议结束后，很多管理者需要处理一些紧急工作，不得不请假，也使员工出勤率与培训效果受到了非常大的影响。甚至，有时生产方面的事情比较多，周例会持续一个下午，占用了培训时间，导致培训活动无法正常开展。

之所以会出现这种情况，就是因为培训时间安排不当，当然也有学员认知的问题。一般来讲，企业的日常培训最好安排在周五或周六进行，尽量减少对工作的影响。而且在 4 天工作后安排 2 天培训，可以让工作、培训相互促进，提升培训效果。

当然，培训时间的安排还必须考虑培训内容与培训对象，例如团队训练类课程的培训周期不宜过长，而管理者培训的培训时间不能太过集中等。为保证培训时间安排能够得到普遍认同，培训管理者要多与其他部门沟通，让其他部门主管辅助做好工作安排，以免培训与其他经营活动的开展产生冲突，导致参训者借故缺席。

6.3.2 确定培训场所

对于培训师与新入职员工来说，培训场所非常重要，因为一个舒适的环境可以有效提升学习效率。培训场所的选择要秉持一个非常重要的原则，即保证培训实施过程不受干扰。具体来看，培训场地的选择必须考虑三大要素，如表 6-8 所示。

表 6-8 培训场地选择应考虑的三大因素

培训场地选择的三要素	具体要求
场地空间	场地空间要足够大，能够容纳所有新入职员工，为其配备相关设施，保证每个学员都有足够的活动空间
配套设施	场地内的电子设备、音响等都必须满足培训需求
整体环境	培训场地的环境、气氛会对学员情绪造成一定的影响，进而对培训效果造成一定的影响。所以，在选择培训场地时，培训师要对场地颜色、明亮度、温度、噪声、通风等情况进行综合考虑，必要时可适当布置，为受训者创造一个愉快、舒适、有利于培训的环境

6.3.3 安排培训课程

培训课程的安排需要全员参与，尽量做到精练、层次分明、通俗易懂，而且要合理利用动画、语音等工具，做到图文并茂、生动有趣。具体来看，培训课程安排流程如表 6-9 所示。

表 6-9 培训课程安排流程

序号	事项	具体要求
1	明确培训目标	在安排培训课程之前，培训管理者必须明确培训要解决的问题，确定培训目标与效果

续表

序号	事项	具体要求
2	明确培训课程要求	通过培训需求调查，获知领导者、培训对象主管、学员对培训课程的要求； 对学员的培训需求进行分析，用逻辑树对学员的培训需求进行分解，以实现对培训需求的归纳、整理； 将经过逻辑树分解的培训需求制成表格，分发给高层领导、培训对象主管及培训对象，让他们按照重要程度给每一个事项打分，以确定培训重点，根据培训重点安排培训课程
3	设计课程大纲	回收培训需求表格，统计各项分值，以分数最高的几项需求为依据设计课程大纲，收集详细资料； 按照课程大纲编制培训教材、PPT 文件，对培训活动开展可能用到的资料进行整理
4	试讲、完善培训课程	一门好的培训课程需要不断修改、完善，在此之前，培训师必须不断试讲，发现课程安排方面存在的问题与不足，以切实保证培训课程的质量

6.3.4　选择培训讲师

作为培训活动的授课主体，培训讲师的知识丰富程度、语言表达方式、授课形式都会影响最终的培训效果。为此，培训管理部门必须根据培训目的、培训要求、培训内容选择拥有超高专业知识、丰富实践经验的培训讲师。

企业选择培训师有两个方向：一是内部选拔、开发；二是外部聘请。培训管理人员的主要任务就是根据企业的实际情况，确定内部讲师与外聘讲师的比例，尽量做到内外搭配、相互学习、相互促进。无论培训师来自内部还是外部，培训管理者都要做好监督，制定培训师管理规范，保证培训活动有序开展，实现预期的培训目标。

6.3.5　选择培训方法

企业开展培训活动可用的方法非常多，每种培训方法都有自己的优缺点，为保证培训效果，企业必须根据培训目的、培训对象选择合适的培训方法。培训方法的选择不仅要考虑人员的特点，还要考虑企业的客观条件。一般来讲，企业常用的培训方法有八种，具体如表 6–10 所示。

表 6–10　企业常用的八种培训方法

培训方法	优缺点分析
讲授法	讲授法是一种比较传统的培训方法，使用方便，培训者可以控制整个过程，缺点在于信息单向传输，培训师无法与学员有效互动，无法获得较好的反馈。这种培训方法多用来开展理论性知识培训
视听技术法	培训讲师利用现代视听技术对学员进行培训，这种培训方式直观鲜明，但无法获得很好的反馈，视听材料制作成本与购买成本都比较高，内容易过时
讨论法	讨论法有两种方式，一种是小组讨论，另一种是研讨会。研讨会多以专题演讲的方式开展，演讲者可与学员交流互动，信息多向传递，但费用较高；小组讨论信息可多向传递，学员参与性较高，费用较低，可帮学员巩固知识，培养学员分析问题、解决问题、与他人交往的能力，但对培训教师的要求较高
案例研讨法	这种培训方式的优点在于费用低、反馈效果好，可以培养学员解决问题的能力，可用于知识类培训，培训效果较好
角色扮演法	在培训过程中，受训者应培训师的要求扮演某种角色进行表演，表演结束后，其他学员与培训师进行点评。在这种模式下，信息可多向传播，培训师可以获得较好的反馈，而且费用较低，可用于开展针对人际关系能力培养的培训
互动小组法	互动小组法又称敏感训练法，这种方法多用来开展人际关系与沟通训练，可提高学员处理人际关系的能力，但对培训师的水平有较高要求
网络培训法	这是一种新型的培训方法，需要企业投入较多资金，但这种培训方式使用起来比较灵活、方便，可以满足学员利用碎片化时间学习的需求，节省学员集中培训的时间与费用，而且可以传输的信息量比较大，传递的信息、知识都比较新，符合成人学习的特点
项目教学法	这是一种典型的以学生为中心的教学方法，学员在教师的指导下亲自处理一个项目，学习教学计划内的所有内容。这种培训方法赋予学生极大的自主权，可切实提高学生的学习兴趣，激发学生学习的积极性、主动性

6.3.6　需注意的其他细节

培训过程其实是教与学的互动过程，在培训过程中，讲师与学员相互沟通、交流。为了营造一个良好的互动氛围，企业必须制定一些规章制度，对学员行为进行有效约束。制定培训规章与制度有很多好处，一方面可以保证讲师的授课效率，提高学员的学习效率，另一方面可以让学员积极主动配合讲师，体现学员对讲师的尊重，展现学员素质。

6.4 合理编制年度培训预算

6.4.1 培训成本的构成

培训成本指的是企业在员工培训过程中发生的一切费用，包括培训前的准备工作、培训实施过程、培训结束后的效果评估等活动产生的各种费用。

◆培训成本分类

培训成本可划分为两种类型，一种是直接培训成本，另一种是间接培训成本。其中，直接培训成本指的是在培训开展的过程中，在培训者与受训者身上花费的一切费用的总和，包括培训教师的费用、学员交通费及食宿费、教室设备的租赁费用、教材印刷费用以及培训过程中的各种花费等。间接培训成本指的是在培训组织实施过程之外所产生的各项费用之和，如培训项目设计费用、培训项目管理费用、培训对象接受培训期间的工资福利、培训效果评估费用等。为了更好地控制成本，企业应该制定培训成本表，将各项费用明示出来，如表 6-11 所示。

表 6-11　培训成本表

项目分类	项目内容	数量／单位	单价／元	细项总额／元	大项总额／元	备注
直接成本	培训师课酬					
	培训教材与资料					
	培训场地的租金					
	培训器材					
	培训文具用品					

续表

项目分类	项目内容	数量 / 单位	单价 / 元	细项总额 / 元	大项总额 / 元	备注
直接成本	受训者学费					
	交通差旅费					
	餐饮费					
	点心费用					
	合计					
间接成本	培训管理成本					
	受训者薪资福利					
	生产力受到的影响					因培训带来的一些短期利益损失
	高管的时间成本					时间成本应折算成金额，或作为参考

◆培训成本的构成

西方的人力资源会计将员工培训成本视为人力资源开发成本，指的是企业为了让新入职员工熟悉企业，快速提升其业务水平，让其在最短的时间内适应岗位要求，或为了提高在岗人员素质开展培训活动所产生的一切费用的总和。企业人力资源开发成本的支出有利于丰富员工的知识，提升员工技能。因此，从本质上看，企业人力资源开发成本就是企业对人力资源的投资，是真正意义上的人力资源投资。具体来看，人力资源开发成本包括三大内容，分别是人员定向成本、在职培训成本和脱产培训成本，具体如表 6–12 所示。

表 6-12 人力资源开发成本包含的三大内容

人力资源开发成本	具体内容
人员定向成本	人员定向成本也称岗前培训成本，是企业在员工进入工作岗位之前向其开展的有关企业历史、企业文化、企业规章制度、业务知识、业务技能等方面的培训所支出的费用，具体包括培训者与受训者的工资、教育管理费、学习资料费、教育设备折旧费等
在职培训成本	在职培训成本指的是对在职人员进行培训所支出的费用，包括培训人员与受训人员的工资、培训过程中消耗的材料费、受训人员参加业余学习的图书资料费、学费等。在职培训往往涉及机会成本，指的是因培训导致工作效率下降给企业带来的损失。例如有关人员离开原岗位造成的损失，受训人员因参加培训导致工作效率下降给整条生产线造成的不良影响等
脱产培训成本	脱产培训成本指的是企业根据生产工作需要，对在职员工进行脱产培训支出的费用。根据实际情况，企业的脱产培训可采用很多形式，比如委托其他单位培训、委托有关教育部门培训、企业自己组织培训等。根据所采用的培训方式不同，脱产培训成本可分为企业内部脱产培训成本和企业外部脱产培训成本，前者包括培训者与被培训者的工资、培训资料费、培训机构管理费等；后者包括培训机构收取的培训费、参与培训员工的工资、差旅费、资料费、补贴等。脱产培训成本与参与培训的员工在企业担任的职务、接受培训的层次、培训单位等因素密切相关

6.4.2 培训预算编制原则

企业培训预算的编制不能盲目进行，要遵循三大原则，如表 6-13 所示。

表 6-13 企业编制培训预算的原则

原则	具体做法
基本逻辑	自上而下，先根据年度培训计划中的项目分解确定费用需求，再对培训总费用进行调节
费用需求分析方法	借鉴以往的成本费用经验，参照培训资源供应市场的自身组织能力，对每个项目组合的费用需求进行分析
调整费用总量	参照同行业其他企业、培训资源供应市场、企业年度经营状况、培训费用可支出比例等对培训费用总量进行调整

基于上述几大原则，企业管理层可对培训活动进行全面审核，防止各项培训费用随意支出，提高培训主管计划、预算、控制与决策水平，促使组织长远目标、培训目标、培训效益实现有机结合。

6.4.3 培训预算编制方法

企业编制培训预算可采用的方法有很多，最常用的方法有五种，分别是按计提总额分解预算法、按人头费用标准预算法、按人员类别计提预算法、按参考线预算法、按培训内容重要度逐级评审法，如表6-14所示。

表6-14 培训预算编制的五种方法

编制方法	具体描述
按计提总额分解预算法	参照教育经费计提总额，根据企业管控模式、法人主体、业务发展阶段、员工培训的特点对企业及下级单位的预算比例与费用余额进行预算
按人头费用标准预算法	参照往年数据，根据不同人员层次与数量、不同部门类型确定人均培训经费额度，通过加权算法得出部门预算总额度，在此范围内制定部门培训计划与预算
按人员类别计提预算法	按照人员分类，如管理人员、营销人员、技术人员、客服人员等，结合企业业务特点与培训重点确定各类人员的经费投入比例，企业按照这个比例编制培训预算
按参考线预算法	企业根据往年教育经费决算结果制定各类人员、培训项目的预算参考线，各部门按照这个参考线制定预算。例如，新入职人员外聘讲师培训每年的培训预算不能超过1万元，中层管理人员不能超过2万元等
按培训内容重要度逐级评审法	按照各部门提交的培训项目的重要程度及业务发展重点、培训对象的紧急程度、新业务等进行预算，对重要程度较高的项目增加预算，对重要程度较低的项目减少预算

6.4.4 培训预算编制流程

◆预算编制的流程

培训预算编制要按照特定的流程进行，首先是企业高层领导下发培训预算编制目标与指导思想，由培训部门进行大数据分析，制订预算编制计划，然后由各部门编制培训计划，确定部门培训预算，交由企业培训部审核并将审核结果反馈给各部门，待各部门对预算方案进行修订并交由部门经理审核上报后，培训部将这些预算汇总在一起形成企业培训预算，交由人力资源部门进行审核，审核通过交给财务部门审批，交由企业领导审批，审批通过下发执行，最后组织开展绩效评估，进行滚动管理，具体流程如图 6-3 所示。

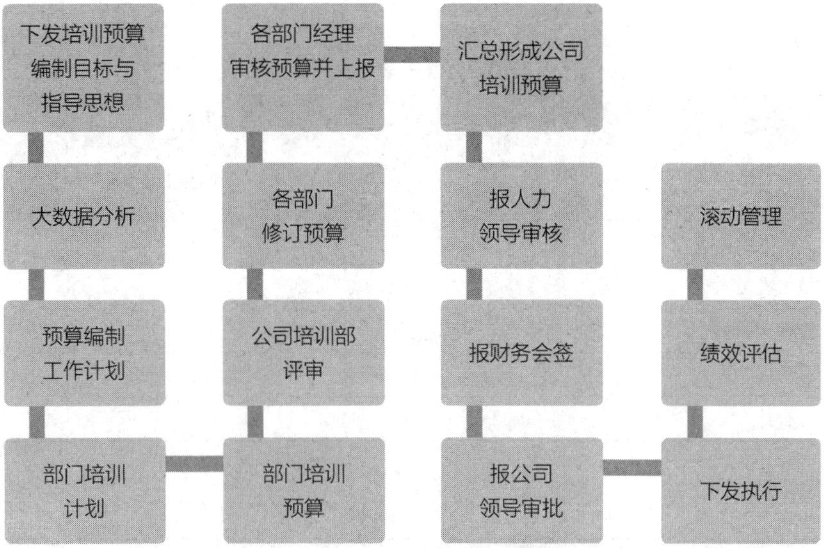

图 6-3 培训预算编制流程

◆培训经费决算分析模板

培训预算编制人员要在对往年决算进行深入分析的基础上编制新一年的预算。只有通过对往年分单位、分培训项目、分人员类别的费用进行分析，根据分析结果，才能比较科学、精准地制定新一年的费用预算。培训经费决算模板如表 6-15、表 6-16、表 6-17 所示。

表 6-15 培训经费决算表（按单位）

内容 单位	当年经费情况			差异分析				备注
	年度计提经费	年度经费预算	年度实际发生	余额	差幅 /%	余额	差幅 /%	
单位 1								
单位 2								
单位 3								
……								
合计								

表 6-16 培训经费决算表（按人员类别）

内容 人员类别	当年经费情况			差异分析				备注
	年度计提经费	年度经费预算	年度实际发生	余额	差幅 /%	余额	差幅 /%	
生产人员								
技术人员								
管理人员								
……								
合计								

表 6-17 培训经费决算表（按培训项目）

内容 培训项目	当年经费情况			差异分析				备注
	年度计提经费	年度经费预算	年度实际发生	余额	差幅 /%	余额	差幅 /%	
项目 1								
项目 2								
项目 3								
……								
合计								

◆培训经费预算相关模板

（1）按单位预算汇总模板，主要用于企业对下级各部门的培训预算进行管理，通过汇总评审确定哪些部门的预算应该增加，哪些部门的预算应该减少，具体的培训经费预算表如表6–18所示。

表6–18 培训经费预算表（按单位）

内容 单位	当年经费情况		下一年经费预算		差异分析						备注
	年度计提经费	年度实际发生	年度计提经费	年度实际发生	计提经费同比		预算经费同比		下一年预算与当年实际比		
					差值	差幅	差值	差幅	差值	差幅	
单位1											
单位2											
单位3											
……											
合计											

（2）按人员类别预算模板，主要用于企业对不同类别人员的培训经费预算进行管理，通过汇总评审分析明确哪个层级的人员是下一年重点培训对象，按人员类别的培训经费预算表如表6–19所示。

表6–19 培训经费预算表（按人员类别）

内容 人员类别	当年经费情况		下一年经费预算		差异分析						备注
	年度计提经费	年度实际发生	年度计提经费	年度实际发生	计提经费同比		预算经费同比		下一年预算与当年实际比		
					差值	差幅	差值	差幅	差值	差幅	
生产人员											
销售人员											
管理人员											
……											
合计											

（3）按培训项目预算模板，主要用于企业对不同项目的经费预算进

行管理，通过汇总评审确定下一年的重点培训项目，确定企业未来人才发展与知识技术创新的重点，按培训项目的培训经费预算表如表 6-20 所示。

表 6-20　培训经费预算表（按培训项目）

内容 / 培训项目	当年经费情况		下一年经费预算		差异分析						备注
	年度计提经费	年度实际发生	年度计提经费	年度实际发生	计提经费同比		预算经费同比		下一年预算与当年实际比		
					差值	差幅	差值	差幅	差值	差幅	
项目 1											
项目 2											
项目 3											
……											
合计											

◆培训经费预算的评审

各部门参照企业预算编制原则、流程、目标编制本部门年度培训预算，逐级评审后上报企业，企业人力资源部门根据总预算、投入业务人群比例、项目重要程度等对各部门的培训预算进行审批，最终形成企业培训预算初稿。在与财务部门协商后，形成最终的企业年度培训预算，提交企业级会议评审，评审通过下发给各个部门。

6.4.5　培训经费管理方案

◆培训经费的过程管理

（1）月度培训经费统计分析。

企业各部门以月为单位编制月度培训计划与预算，月度培训经费不能超出月度培训预算，如果遇到特殊情况需要追加预算，需向人力资源部门提交申请，经人力资源部门审批后才能执行。各部门需要建立培训经费台账，每个月底将实际发生的培训费用统计出来，提交给企业的人力资源部门。

（2）培训经费预算的调整。

各部门的培训预算经过审批之后必须严格执行，如果遇到下述情况需要调整，需严格按照既定流程进行报批。

需要调整培训经费预算的情况有：

年度培训计划调整。

组织机构调整变化。

人员定编计划发生重大调整。

企业业务发展需要培训项目增减变化。

国家相关部门或上级主管单位临时安排必要培训项目等。

◆培训经费决算管理

在培训经费管理中，培训经费决算管理是其中非常重要的一环。企业对培训经费使用情况做出准确决算，可以对下一年度培训预算的制定进行有效指导。通过对上一年度培训经费预算管理中存在的问题进行分析，可以在制定下一年度的培训经费预算时进行改正、调整。具体来看，培训经费决算管理内容如表 6–21 所示。

表 6–21　培训经费决算管理内容

管理内容	具体描述
年度培训经费决算	从培训经费政策执行情况、培训经费决算分类使用情况及经费管理存在的问题、解决办法等方面对年度培训经费的使用情况进行分析
培训经费效果评估	在完成培训经费季度决算、年度决算之后，要从预算完成率、各单位使用情况、培训对象类别投入度等方面对培训经费的使用效果进行综合评估
决算结果确认应用	下一年经费预算制定依据：根据本年度的统计决算结果确定各类人员的预算参考线、供应商分级管理中的培训单价等是否需要调整，为下一年度预算的制定提供指导 各单位培训投入产出分析依据：在投入产出分析中，培训经费的成本分析是一项非常重要的内容，只有将经费投入与后期培训效果进行对比，才能对培训项目、培训讲师、培训课程、培训供应商的使用效果做出全面评价

【延伸阅读】 如何设计培训计划书

××培训计划

1．目的

从宏观上阐述培训计划要解决的问题或者要表达的目的。

2．原则

制订和实施计划时的原则或规则。

2.1　以需求调研为依据，培训计划的内容建立在理性的数据分析之上。

2.2　在计划制订过程中，灵活选用培训手段，设计不同的学习方式来适应学员的需要。

2.3　采取一些积极性的措施提高培训效率。

2.4　注重培训细节。

2.5　注重培训内容。

3．培训需求

学员在什么地方与现实需要存在差距，需要弥补。

4．培训目标

培训计划中的培训项目需要达到一个什么样的培训目的、目标或结果。

5．培训对象

培训计划中的培训项目是对什么人进行的，他们的学历、经验、技能状况如何。

6．培训方案

6.1　培训内容：培训计划中每个培训项目的内容是什么。

6.2　培训时间：培训时间包括三方面内容：首先，培训计划的执行或者有效期；其次，培训计划中每一个培训项目的实施时间或者培训时间；最后，培训计划中每一个培训项目的周期或者课时。

6.3 培训地点：培训地点包括两方面内容：一是每个培训项目的实施地点；二是实施每个培训项目时的集合地点或者召集地点。

6.4 培训方式：培训计划中的每个培训项目所采用的培训形式和培训方式。例如，是外派培训还是内部组织培训；是外聘教师培训还是内部人员担任；是半脱产培训、脱产培训还是业余指导培训等。

6.5 培训教师：培训计划中每个项目的培训教师由谁来担任，是内聘还是外聘。

6.6 培训组织人：培训组织人包括两方面人员：培训计划执行人或者实施人；培训计划中每一个培训项目的执行人或者负责人。

7. 考核

每个培训项目实施后，对受训人员的考评分为笔试、面试、操作三种方式。笔试又分为开卷和闭卷，笔试和面试的试题类型又分为开放式或者封闭式试题。

7 培训效果评估与转化

7.1 培训效果评估标准与流程

7.1.1 培训效果评估的四大标准

培训效果评估指的是在培训结束后，企业采用合适的方法，用定量或定性的方式将培训结果表现出来。一个优秀的培训体系可以对工作分析、业绩考评、岗位说明、薪酬管理、培训实施全过程进行管理，其核心是通过培训提升业绩，在业绩提升的基础上逐步提升业绩考核标准，推动企业实现可持续发展，对企业的发展经营产生积极的推动作用。

在企业的人力资源管理中，培训是一项非常重要的内容。企业可以通过培训持续革新员工的知识、技能、方法、态度、理念等，从人才、人力方面为企业战略的实施提供强有力的支持。在此过程中，人力资源部门必须考虑一系列问题，例如培训投入是否值得？培训效果如何？为了对企业培训效果进行客观、科学的评估，证明企业培训达到了预期目标，企业在培训领域的投入得到了不错的产出，人力资源部门应先确定评估标准。

培训评估标准可分为四个层面，分别是效果反应标准、培训学习标准、学员行为标准和培训结果标准，如图 7-1 所示。

图 7-1　培训评估的四大标准

（1）效果反应标准。效果反应标准指的是受训人员对培训的反应。每一位接受培训的员工都会对培训效果做出评价，对这些评价进行汇总分析就能了解所有参训人员对培训效果的基本态度。效果反应标准考察的主要是受训人员对培训项目的看法，包括对培训师、培训方法、培训教室、培训设施、培训内容、培训材料等因素的看法，采用的方法主要是问卷调查法。

培训结束后，人力资源部门通过向受训人员发放调查问卷，收集受训人员对培训项目的评价，包括对培训师授课技巧的评价、对教材内容的评价、对课程组织的评价、对课程内容的评价、对将来能否在工作中用到所学知识与技巧的评价等。受训者的这些评价是人力资源部门重新设计或继续培训项目的重要依据。

（2）培训学习标准。该标准考察的目的是对培训学习过程进行评价，主要是对培训所用方法、手段是否合理进行判断，对培训过程中每一个学习过程是否满足了培训要求进行评价。通过培训学习标准，培训项目负责人可以准确了解受训人员对原理、事实、技术、技能的掌握程度，主要评估方法包括笔试、工作模拟、技能操练等。

（3）学员行为标准。学员行为标准考察的是培训活动对学员行为的改变。培训的目的在于提高能力，而能力基本上都是通过行为表现出来的。所以，对培训效果进行评价就是要对受训者在工作行为方面的变化进行考察，这些行为必须有利于工作绩效的提升。行为标准评估一般在培训结束后一段时间进行，实施主体一般是受训者的上级领导、同事或客户。开展这类评估的好处在于可以切实改变学员行为，直观地看到培训效果。

（4）培训结果标准。这项评估考察的是工作行为的改变带来了什么样的结果。培训最终评价应以企业的工作绩效为标准，即工作行为的改变带来工作绩效的提升。如果培训能产生这种效果，就说明培训活动实现了预期目标。对于培训结果评价，培训管理人员可以设置一些评价指标，包括事故率、质量、员工流动率、生产率、员工士气、企业对客户的服务等。通过对这些指标进行分析，企业可以对培训所产生的效益做出更深刻的理解。

7.1.2 培训效果评估的三大流程

◆评估准备

在对培训效果进行评估之前，企业必须做好三方面的准备，如表7–1所示。

表 7–1　培训效果评估开始前的准备

流程	准备事项	具体内容
1	培训需求分析	培训需求分析是培训工作的起点，要想评价培训活动是否达到了预期效果，评价人员必须了解最初的培训需求。为此，人力资源管理部门要采用各种方法对员工的工作目标、工作技能、工作方法、工作态度、工作理念等进行调查分析，确定培训需求与培训目标，为培训评估的开展奠定良好的基础
2	确定培训评估的目的	在培训开始之前，人力资源部门必须明确培训评估的目的，结合培训实施过程中获得的信息反馈进行调整、修订。需要注意的是，培训评估目的会对数据收集方法与收集的数据类型产生一定的影响
3	收集培训评估所需数据	培训效果评估可分为定性评估与定量评估两种类型，所以，数据收集也要从这两个方面进行。定量数据主要包括设备运转率、产品合格率等；定性数据主要包括员工满意度、工作氛围等。一般情况下，在企业的培训评估中，定量数据的应用范围更广泛，而且更具说服力

◆评估实施

在具体实施评估的过程中，评估人员必须先确定评估层次，然后再确定评估方法，最后收集并分析培训所需原始资料，具体内容如表 7–2 所示。

表 7–2　培训评估实施过程

流程	实施内容	具体事项
1	确定评估层次	培训评估要秉持实用、效率、效益、客观、科学的原则，企业根据自己的具体情况开展针对性评估，如果是全员培训，就开展第一层评估；如果是面向受训员工开展的知识培训、技能培训，就开展第二层评估；如果是周期较长、企业投入较大、以解决企业关键问题为目标、培训效果对企业发展较为关键的培训，就开展第三层、第四层评估
2	确定评估方法	培训评估可以按照时间分为即时评估、中期评估、长期评估。其中，即时评估需在培训结束后立即进行，中期评估、长期评估需在员工回到岗位工作一段时间后进行。不同层次的评估需要采用不同的评估方法，例如第一层评估可采用问卷调查法、试卷测试法；第二层评估可采用抽样法、试卷法、关键人物法、技能操作法等；第三层评估可采用业绩考核法；第四层评估可用效益评价法等

续表

流程	实施内容	具体事项
3	收集并分析所需原始资料	在培训评估中，原始资料的收集是非常重要的一个环节。一般来讲，第一层评估需要收集的资料包括评估问卷、调查表等；第二层评估需要收集的资料包括笔试试卷、技能或方法考核等；第三层、第四层评估需要收集的资料包括员工满意度、财务收益、产品合格率等。收集到所需数据之后，培训效果评估人员需要对数据进行分析、对比，得出比较客观的结果

◆评估总结

（1）形成评估报告。一般来讲，评估报告要包含三部分内容，如表 7–3 所示。

表 7–3　评估报告的三大组成部分

组成部分	具体内容
培训项目的概况	培训项目名称、培训时间、培训地点、参加人员、培训周期、培训目的等
受训员工的培训结果	合格人员、不合格人员、不合格原因、对不合格人员的处置方法等
培训项目评估结果与处置	对好的培训项目进行升华，对有缺陷的培训项目进行完善，将没有效果的培训项目淘汰等

（2）评估报告传阅。评估报告生成后，要及时在企业内部进行传阅。具体来看，评估报告要传阅给四类人知晓，如表 7–4 所示。

表 7–4　评估报告传阅范围

传阅对象	预期效果
受训人员	让受训人员了解培训效果，以便在工作中进一步改进
受训人员的上级领导	让受训人员的上级领导了解培训效果，以便对培训对员工的影响做出深入了解
培训组织者、管理者	培训组织者、管理者包括人力资源部门的经理、培训主管、培训专员、培训师等，让他们了解培训效果，为今后的培训工作提供更多有益指导
企业决策层	让企业决策层了解培训效果，辅助他们在未来的培训决策中做出更有价值的决策

培训报告传阅后，人力资源部门要及时与收到报告的人员沟通，了解他们对报告的意见、建议，采取一定的措施进行处理。同时，人力资源部门要及时向他们反馈对这些意见与建议的处理结果，采取合适的方法对培训项目进行处理。

培训评估主要是对学员掌握的知识与技能进行评估，判断学员能否将这些知识与技能应用到实际工作中去，不断创新评估方法，改进考核指标，创建现代化的企业培训机制。

7.1.3 培训效果评估的五大方法

对于企业的培训活动来说，培训效果评估非常重要。培训效果评估的好坏在一定程度上决定着培训成本能否发挥出最大的效益，能否对下一次的培训产生重要的指导。为保证培训评估效果，企业必须采用合适的评估方法。一般来讲，培训效果评估常用的方法有五种，如图 7–2 所示。

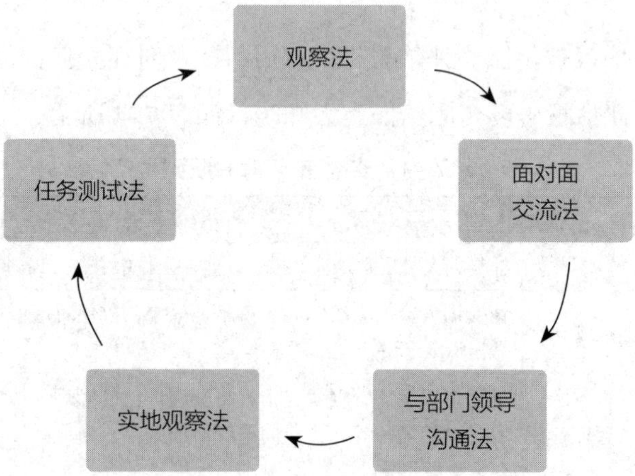

图 7–2 培训效果评估常用的五种方法

（1）观察法。观察法适用于培训过程中或培训结束后的短时间内。在培训过程中，培训师要时刻观察学员的反应，从中大致了解培训效果。如果学员情绪高涨，说明培训效果较好；如果学员情绪低落，甚至烦躁不安，说明培训效果不佳。一旦发现学员出现不良情绪，培训师要及时与受训人员沟通，了解究竟是哪一环节出现了问题。

（2）面对面交流法。如果参加培训的员工数量较少，培训管理部门可采用与受训者面对面交流的方法倾听他们对培训的真实想法，对出现频率较高的问题进行总结、分析，切实保证培训效果评估的真实性、有效性。

在与受训者沟通时，培训师必须注意方式、方法，要与受训者站在平等的位置，以朋友的方式交流，切忌用领导的口吻盘问，让员工产生压迫感，不敢将自己内心深处最真实的想法暴露出来。

（3）与部门领导沟通法。员工培训的最终目的是提高员工绩效与技能，对企业发展产生积极的推动作用，所以在培训结束后，员工必须将在培训过程中学到的知识与技能应用于实际工作。作为在企业内部与员工接触时间最久的人，员工所属部门的直系领导必然能通过对实际工作的观察了解培训效果。所以，通过与部门领导沟通交流，培训管理者可以很好地评定培训效果。

（4）实地观察法。培训结束一段时间之后，培训师或者培训项目的负责人可以到受训员工的工作现场进行观察，判断培训活动是否达到了预期效果。如果员工的工作技能、工作方法一成不变，工作绩效与效率也没有明显提升，就说明培训效果不佳；反之，如果员工采用新的工作技能与方法，且工作效率与工作绩效有了明显提升，就说明培训体现出了一定的效果。

（5）任务测试法。培训结束后，给受训人员安排新任务，观察他们的工作能力与工作效率，要求他们每天提交工作进度，将现在的工作进度与培训之前的工作进度进行对比，如果工作进度加快，工作效率提升，就说明培训效果显著；反之，就说明培训无效。

在上面几种方法中，任务测试法可以说是一种最直观的方法。通过这种方法，培训师、培训项目负责人可以非常直观地看到受训人员的工作态度、工作效率及工作氛围，根据这些信息对培训效果进行有效判断。

7.2 培训效果评估模型与方法

7.2.1 柯氏四级培训评估模型

柯氏四级培训评估模型是国际知名学者、教授唐纳德·L. 柯克帕特里克（Donald. L. Kirkpatrick）于 1959 年提出的，是目前世界上应用范围最广的一种培训评估工具，在培训评估领域占据着难以撼动的地位。

柯氏评估的原理和方法。柯氏评估的基本原理是认知决定行为。接受培训后，员工的工作行为、工作绩效必须有所改变，以达到预期效果。为此，企业要求员工掌握培训过程中培训师所教授的知识与技能，并在此基础上产生特定行为，做到“知行合一”。只不过，柯克帕特里克在“知”与“行”的前后加入了两个层次，一是形成认知的过程，二是行为产生的结果。于是，柯氏评估就形成了反应、学习、行为、成果四个层次。

柯氏培训评估模式简称“4R”模式（见图 7–3），主要包括以下几个方面的内容：

Level 1，反应评估（Reaction）：对受训者的满意程度进行评估。

Level 2，学习评估（Learning）：对受训者的学习获得程度进行评估。

Level 3，行为评估（Behavior）：对受训者的知识运用程度进行评估。

Level 4，成果评估（Result）：对培训创造的经济效益进行计算。

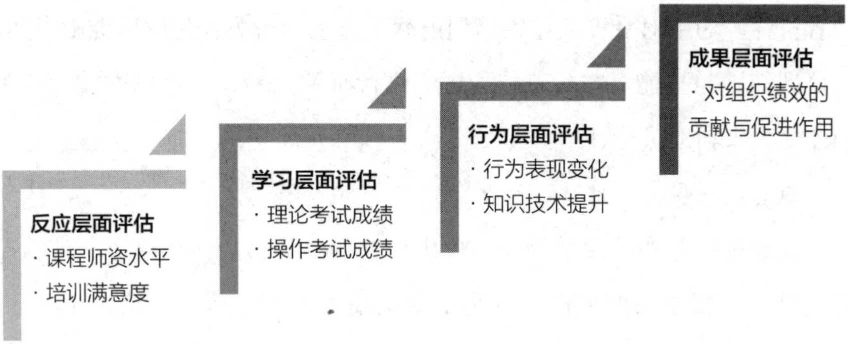

图 7–3 柯氏培训评估模式

◆对反应层的评估

在柯氏四级培训评估模式中，反应评估位于第一层，其作用类似于客户满意度调查。要想保证培训效果，必须让学员做出积极反应。柯克帕特里克认为，对于一项培训活动来说，学员反应非常重要。如果学员对培训活动的态度比较消极，对培训活动提不起兴趣，无论培训内容多有价值，学员都无法很好地掌握。

◆对学习层的评估

学习层评估主要是对受训人员理解、掌握培训内容的程度进行评估。如果学员不能很好地掌握培训内容，就无法改变工作行为，提高工作绩效。学习层评估可用的方法有很多，比如笔试、工作模拟、实地操作等。培训组织者可以通过笔试、操作测试等方法对受训人员在培训前后对知识、技能的掌握程度进行评价，据此判断培训成效。

◆对行为层的评估

行为层评估通常发生在培训结束后一段时间内，主要由受训者的上级、同事、下属、客户对他们在培训前后的变化进行观察，了解其是否将在培训中学到的知识与技能应用到了实际工作中。对行为层的评估包括受训人员的主观感觉、下属与同事对其培训前后行为变化的对比、受训者自评。为了对受训人员在培训前后工作中的行为变化做出准确考察，对培训知识与技能对实际工作的影响进行有效判断，企业可以设计一系列评估表来辅助进行评估。

◆对成果层的评估

企业是以盈利为目的组织，所以企业的培训活动必须产生一定的经营成果。对成果层的评估上升到了组织高度，可以通过岗位 KPI 进行，如事故率、员工离职率、生产率、客户满意度、次品率等，通过对这些指标进行分析，管理层可对培训活动所产生的实际收益做出全面了解。

7.2.2 考夫曼五层次评估模型

考夫曼对柯克帕特里克的四层次模型进行了拓展，他认为培训能否成功关键取决于培训前各种资源的获得情况。所以，考夫曼在模型中加入了对资源获得可能性的评估，并将其放在模型的第一个层次上。

考夫曼还认为，培训产生的效果最终会对企业所处环境产生影响，给企业带来一定的效益。所以，考夫曼又增加了一个层次——评估社会与客户的反应，最终形成了五个层次。具体来看，考夫曼评估模型的五个层次如表 7–5 所示。

表 7–5 考夫曼评估模型的五个层次

序号	评估层次	评估内容
1	可能性与反应评估	可能性因素指的是保证培训成功所需的各种资源的可用性、有效性、质量等问题。 反应因素指的是对培训方法、手段、程序等因素的接受情况与效用情况进行说明
2	掌握评估	对学员对培训知识与技能的掌握能力进行评估

续表

序号	评估层次	评估内容
3	应用评估	对学员在接受培训之后，将培训获得的知识与技能应用于工作的情况进行评估
4	企业效益评估	对培训项目对企业的贡献与报偿情况进行评估
5	社会效益产出	对社会与客户反应、利润与报偿情况进行评估

7.2.3 CIRO评估模型

◆ CIRO评估模型的四大层次

CIRO培训效果评估模型是由奥尔（Warr. P）、伯德（Bird. M）和莱克哈姆（Rackham）共同设计而成，其中C指的是Context evaluation，即背景评估；I指的是Input evaluation，即输入评估；R指的是Reaction evaluation，即反应评估；O指的是Output evaluation，即输出评估，具体内容如表7–6所示。

表7–6 CIRO评估模型

序号	评估层次	评估内容
1	背景评估	背景评估的目的在于确认培训活动是否有必要，任务有两个：一是对与人力资源开发有关的信息进行收集、分析；二是对培训需求与培训目标进行确认、分析
2	输入评估	输入评估的目的在于确认培训的可能性，任务有两个：一是对可利用的资源进行收集、汇总；二是对培训资源进行选择、评估，对可利用资源的利弊进行分析，确定培训战略与方法。所以，输入评估可看作收集、佐证，利用这些佐证确定培训方法的过程
3	反应评估	反应评估的目的在于提高培训的有效性，关键任务有两个：一是对学员反馈信息进行收集、分析；二是对人力资源培训流程进行改进。如果用传统方法对上述信息进行收集、利用，那么学员提出的意见与观点将对培训流程的改进产生强有力的推动作用
4	输出评估	输出评估的目的在于检验培训效果，关键任务有两个：一是对与培训相关的信息进行收集、分析；二是对培训结果进行评价、确定。培训结果的评价与确定可以分层进行，可以对照之前确定的培训目标验证培训结果是否有效。为保证输出评估效果，企业必须在培训开始之前设定预期的培训目标，针对这些目标架构评估标准。目标结果分析与评价必须对培训项目改进产生积极影响

◆ CIRO 评估模型的优缺点

CIRO 评估模型不仅可以对每个组成部分的任务、要求进行详细说明，还能无限接近系统型培训模式所倡导的评估理念。相对于柯氏四级培训评估模式来说，CIRO 模型没有将评估活动视为整个培训活动的一环，而是将其作为一个独立的步骤，将其置于培训过程的其他相关环节中去。这样一来，培训评估的内涵与外延不断扩大，其作用不仅体现在培训活动之后，还体现在整个培训活动中的其他相关步骤中。具体来看，CIRO 评估模型的优点主要表现在以下两个方面：

第一，背景评估与系统培训模式中确定培训需求与培训目标的步骤相对应，也就是评估工作随整个培训活动的启动而启动，甚至比培训活动更加超前。而培训需求分析与确定又必然会将培训活动的必要性、重要性充分体现出来；培训目标的分析与确定又会让培训活动更具针对性、指向性，为输出评估提供有效支持。

第二，输入评估的开始时间同样先于培训活动开展之前，也就是输入评估要与决定培训战略、设计培训步骤相对应。毫无疑问，培训资源的选择、分析、评估与开发都会对培训战略的确定，培训方式、方法、途径、渠道、媒体的选择产生积极影响。

CIRO 评估模型最大的缺点就是没能将评估与培训结合在一起，没能对反应评估、输出评估对后续培训项目设计、本地培训项目改进的作用做出确切说明。

7.2.4 CIPP 评估模型

◆ CIPP 评估模型的四大层次

CIPP 评估模型是美国学者斯塔弗尔比姆在 1976 年对泰勒行为目标模式进行反思的基础上提出的。其中，C 指的是 Context evaluation，即背景评估；I 指的是 Input evaluation，即输入评估；P 指的是 Process evaluation，即过程评估；P 指的是 Product evaluation，即成果评估，具体内容如表 7–7 所示。

表 7–7　CIPP 评估模型

序号	评估层次	评估内容
1	背景评估	背景评估的内容主要包括了解相关环境、诊断特殊问题、分析并确定培训需求、鉴别培训机会、制定培训目标等，其中确定培训需求、设定培训目标是最主要的任务
2	输入评估	输入评估的主要内容包括对培训资源进行收集、评估，确定如何利用现有的资源实现培训目标，确定项目规划与设计的总体策略是否需要外部资源协助
3	过程评估	过程评估的主要目的在于向培训项目负责人提供信息反馈，以便不断地对培训项目的执行过程进行修正。过程评估的实现方式有很多，例如对导致培训执行过程失败的潜在原因进行洞察，将潜在失败原因排除；对导致培训过程失败的因素进行分析，提出克服不利因素的方法；对培训执行过程中真实发生的情况进行说明；对它们与目标之间的距离进行判断；坚持在培训过程中提供既定决策或新决策。和其他阶段的评估一样，过程评估也要建立在大量相关信息的基础上，这些信息的收集可以使用正规方法，也可以使用非正规方法，收集数据的方法包括意见反馈表、对现存记录进行分析、等级打分表等
4	成果评估	成果评估的主要任务是对培训活动能够达到的目标进行衡量，包括对预定目标进行衡量、解释。需要确定的是，成果评估不只在培训结束后开展，还可以在培训过程中进行

◆ CIPP 评估模型的特点

CIPP 评估模型有很多特点，如全程性、过程性、反馈性等。

（1）全程性。全程性指的是将评估活动贯穿于培训全过程，或者说是让培训活动与评估过程中的每个环节都建立连接。其中，背景评估主要用来确定培训需求与培训目标；输入评估主要用来决定培训战略，设计培训步骤；过程评估主要用来执行培训步骤等。

（2）过程性。过程性指的是对培训项目的执行过程进行监督，明确可能导致培训项目失败的潜在原因、不利因素、培训项目之间存在的距离等，让培训项目可以在执行过程中不断地对战略、策略进行调整。

（3）反馈性。CIPP 模式明确提出成果评估可以在培训过程中进行，也可以在培训后进行。意思就是，CIPP 模式不仅注重培训后的成果评估，让评估结果为后续的培训项目提供指导，还注重培训过程中的成果评估，让评估结果对正在进行的培训活动产生作用。实践证明，培训执行过程中的成果评估不仅会为改善培训进程提供更多动力，还能为挖掘学员的学习潜能、强化学员的学习动机产生助益。

◆ CIPP 评估模型的优缺点

CIPP 评估模型不仅弥补了 CIRO 评估模型的不足，还对柯氏四级培训评估模型进行了完善。对于 CIPP 评估模型来说，最重要的就是它将评估活动引入了执行培训环节，同时成果评估的时间不仅限于培训后，还能在培训过程中开展，对本次培训活动的开展产生积极的推动作用。

CIPP 模型的缺点在于，虽然它反映了评估的全程意义、反馈意义、过程意义，但在成果评估方面，CIPP 模型还需进行更多思考。

7.2.5 菲利普斯五级评估模型

菲利普斯五级评估模型非常契合互联网思维，即清晰地提出自己的主张。菲利普斯五级评估模型的五级分别指的是课堂评价、学习评价、应用评价、对业务影响的评价以及收益评价，如表 7–8 所示。

表 7–8 菲利普斯五级评估模型

序号	评估等级	评估内容
1	课堂评价	对学习过程及学员满意度进行评价，主要包括 5 个要素，分别是课程的实用性、相关性、恰当性、重要性、学员的积极性。这五大要素构成了课堂培训满意度问卷的主要内容

续表

序号	评估等级	评估内容
2	学习评价	对学员对所学内容的理解程度进行评估，并将其应用到实际工作中。具体来看，学习与收获评估可以从认知层面、知识层面、行为层面进行。其中，认知层面指的是学员对术语、概念的认知；知识层面指的是学员对知识结构的认知；行为层面指的是学员对知识的调用能力，能否在没有指导的情况下将所学知识用到实际工作过程中。学习评价可以使用测评法进行，测评内容主要包括主观题、填空题、判断题等。企业组织有效的考核与测评可以很好地强化学习
3	应用评价	对学员能否在工作中使用新技能解决问题，获得预期结果进行评估。在此过程中，应用评价应主要考虑绩效、条件、标准三个方面的内容。其中，绩效方面主要考虑培训结束后的特定时间内，学员工作绩效是否有明显提升；条件方面主要考虑新技能、新知识的使用与环境是否匹配；标准方面主要考虑完成任务或工作时使用技能的熟练度、频次、水平是否满足了企业要求
4	对业务影响的评价	培训对组织的影响主要体现在两个方面：一是硬指标；二是软指标。这些指标可以是实际销售额的增加，也可以是员工之间沟通愉悦度的提升，还可以是离职率的改善、工作士气的提升等
5	收益评价	收益评价是菲利普斯投资回报率模型的精髓，它将货币量化后的培训收益与培训成本进行对比，比值用百分比或投资回报期的形式表述，这一层级的衡量需要做好两步：第一，将可能对培训结果产生影响的数据转化为以货币为单位量化后的数据；第二，对培训项目的开展成本进行计算

7.3 企业培训效果转化与评估

7.3.1 培训效果转化原则

在知识经济时代，企业要想长期保持竞争优势，必须做好人力资源培训与开发，而企业在培训方面的资源投入一般可以直接反映出企业对培训的重视程度。

培训利用相关研究表明：一般情况下，在企业培训过程中，大约只有 10% ～ 20% 的培训资源能发挥出应有的效用，剩余 80% ～ 90% 的资源都会被浪费。对于追求高效率且面临激烈市场竞争的企业来说，这一点无法容忍。对于这类企业来说，它们必须考虑如何在降低培训成本的同时增强培训效果，促进知识有效转化。

在现代企业培训中，如果培训效果不佳，相关主体就会相互推脱责任，例如企业负责人将责任推给培训组织者，培训组织者将责任推给培训机构，培训机构将责任推给培训师等。这种现象非常恶劣。

从整体来看，培训无效是由很多因素造成的。随着企业对培训的重视度不断提升，企业对培训活动的态度变得更加理性。因为培训活动开展过程中存在很多问题，导致企业认为培训不仅没有效果，还浪费资源。为了改善这一情况，企业必须做好培训转化。具体来看，企业培训转化要遵循两大原则，如图 7–4 所示。

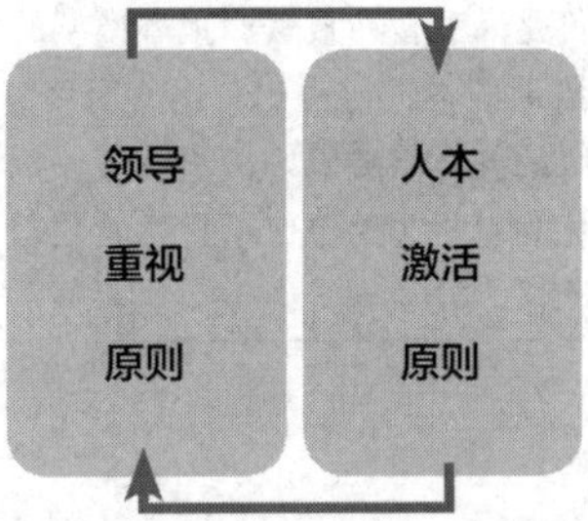

图 7–4　企业培训转化的两大原则

◆原则一：领导重视原则

培训工作的开展不仅是培训部门的工作，还需要高层领导、直线经理的支持与配合，培训转化更是如此。企业高层领导的支持主要体现在两个方面，一是培训政策，二是培训制度；而直线经理的支持则要落在实处。

培训结束后，受训者所处部门经理要与受训者沟通培训内容，鼓励受训者将所学内容应用到实际工作中去，对培训内容的应用情况进行指导、评价、反馈。如果受训者在用所学内容开展工作时出现失误，经理最好不要给予惩罚；如果受训者利用所学内容开展工作，并取得了不错的效果，经理应给予适当的表扬与激励。

◆原则二：人本激活原则

为调动受训者转化所学知识的积极性，企业可采用两种方法：一是人本激励法，让受训者主动向指定方向前进；二是以考核、奖惩等手段进行约束，让受训者不得不向目的地前进。培训效果转化必须坚持人本激活的原则。

要想实现人本激励，企业必须在培训后期改善活动策划，为效果转化提供一个良好的载体；通过引入竞争机制、竞赛机制，激发受训者的求胜欲；通过创建荣誉平台，策划转化成果展示大会，激发受训者的表现欲等。简单来说就是为员工创造一个可以展示自我的平台，激发其表现欲、参与欲，培训效果转化就会自然而然地发生。

7.3.2 培训效果转化步骤

为了让企业在培训领域投入的资源都能发挥出应有的效用，企业必须想方设法降低培训成本，将培训效果转化为实际的生产力。具体来看，培训效果转化需要通过六个步骤实现，如表 7–9 所示。

表 7–9 培训效果转化的六大步骤

步骤	措施	具体内容
1	将课程内容转化成学员的理解与心得	要求学员在每一节课程结束后的 3 天内提交一篇不少于 300 字的培训心得，其中必须包括课程内容中的关键词、关键句、关键课程内容等，借此了解学员对培训内容的理解程度
2	结合工作现状将学员的理解心得转化为工作改进计划	要求学员将提炼出来的关键词、关键句、关键理念、关键课程内容、如何将这些应用到日后的工作中等事项用书面形式呈现出来，找到问题的症结所在，然后结合日常工作形成书面改进计划，一式三份，一份交给直属领导，一份交给人力资源部门，一份自己保留

续表

步骤	措施	具体内容
3	将工作改进计划转化为可持续的工作行动	要求学员将书面工作改进计划逐一落实，迅速采取行动。在这个过程中，培训管理者要对学员日常工作开展效果、工作态度、工作行为、改进效果等内容进行检查，让学员坚持改进工作
4	将工作改进行动转化为工作绩效	要求学员在改进工作的过程中将学到的知识、理念、技能落地执行，在这个过程中，学员必须考虑三方面的内容：第一，教师所讲内容我能做到多少；第二，自己总结、提炼出来的内容能做到多少；第三，工作过程中产生了哪些业绩。对于这些内容，学员要从工作数量、工作质量、工作时间、工作成本、工作速度等维度进行提炼，确认工作绩效，做好绩效评估与绩效面谈检讨
5	对工作绩效做出进一步评价，产生再学习	要求学员与其直属领导坐在一起，分阶段对学员的工作绩效进行评价，共同寻找工作中存在的问题。上司要帮学员进行总结、提炼，发现接下来的培训内容，形成新的培训计划，继续开展有效培训
6	培训成果认定与发表	企业人力资源部门要定期组织召开企业内部培训成果发表表彰大会，对学员培训成果转化效果进行评价，借此对取得重大培训成果的学员给予一定的奖励，例如升职、加薪等。培训成果的认定与发表必须按照事先制定的章程定期进行，形成全员参与、全员学习、全员投入、全员享受的良好氛围，通过这种方式调动学员转化培训成果的积极性与主动性

除了上述六步之外，企业要想做好培训效果转化，还必须要求培训组织者设计出更好的培训管理制度，构建良好的内训师队伍，集思广益，持续深入，以提升企业的核心竞争力，完成学习型组织的构建。

7.3.3 培训效果转化评估

◆现场评估法

现场评估法指的是培训结束后，培训组织者针对培训内容、培训师讲授技巧、培训课堂气氛、组织工作等内容进行调查，要求学员现场作答的一种方法，具体如表 7-10 所示。

表 7–10 现场评估法

相关指标	具体内容
适用范围	该方法适合用来检查培训目标与工作任务的匹配程度，对学员将培训内容应用于实际工作的具体情况进行评价，了解受训人员喜欢的学习方法及其对目前培训师使用的教学方法的态度
操作步骤	（1）明确想要通过问卷调查了解的内容； （2）设计调查问卷； （3）进行预调查，对调查问卷进行修改、完善，如有必要可以重新设计问卷； （4）正式开展问卷调查，从相关总体中抽取一个具有代表性的样本作为调查对象； （5）对回收的有效问卷进行分析； （6）调查结果上报
优点	（1）成本低，支持从大样本中收集信息； （2）资料编码更直接，可以以匿名的方式进行； （3）回收问卷便于分析，例如可以将回收问卷设计成机读卡； （4）即便调查对象分散在世界各地也能非常方便地进行调查； （5）可以有选择地提问，降低访谈人员的偏见对调查结果的影响； （6）如果需要封闭式提问，现场评估法无疑是最合适的方法，简单实用，可在最短时间内对本次培训效果进行定性评估
缺点	（1）花费时间较长，问卷回收率较低； （2）对调查对象对自己所处环境的认识、个性特点、思考能力有较强的依赖； （3）问题受调查对象文化水平的限制； （4）灵活度较低，已完成的问卷设计很难改变； （5）存在简化资料、设计盲点的可能； （6）可能无法真实反映学员的学习效果，评估结果可能偏离真实情况

◆测试比较法

利用知识技能测验对培训效果进行评定，也就是在培训开始前和培训结束后分别用难度相同的测试题对学员进行测试，对两次测验结果进行比较。如果培训结束后的测试成绩比培训开始前要好，说明培训有效。

（1）适用范围。测试比较法比较适合用来对应用类岗位技能培训的转化效果进行评估，比如计算机应用技能培训，可以直接用测试比较法进行结业测试。从原则上看，测试考核可采用作业、开卷、学习总结等方式进行，有的也可以采用闭卷考试，由培训主管部门组织考核，实现教考分离。

（2）缺点。测试比较法需要培训组织者、受训人员、培训师相互配合，要求培训师拥有丰富的经验，否则在测试过程中，学员相互抄袭，测试结果就会变得毫无意义。

◆测验评估

测验评估有两种类型，一种是书面测验，另一种是操作测验。书面测验可以了解学员掌握了哪些知识与技能，操作测验可以了解学员的学习成果，这两种测验方式的优缺点如表 7–11 所示。

表 7–11 书面测验与操作测验的优缺点比较

测验方式	优点	缺点
书面测验	成本低、容易记分、可迅速批改、可进行大样本评估	可能带来威胁感，测验分数与工作绩效无关；测试结果容易受文化因素影响
操作测验	表面效果好；可以强化学习效果，鼓励学员将所学内容应用到实际工作中去；让培训师与学员加深对学习效果的了解	耗时长；成本高；需要做大量现场准备工作与监督工作；学员之间经常相互观察，评分不甚可靠；中途可能受设备损坏的影响

◆考察比较法

考察比较法指的是对学员的实际工作情况进行实地观察，对培训效果进行评估。如果通过实地考察发现，培训结束后，受训员工的工作态度、工作技能等有明显改善，就说明培训成果转化较好。另外，培训组织者还可以对未接受培训人员与接受培训人员的工作成绩进行对比，如果两类员工处于同样的工作岗位，培训前工作成绩相差无几，培训后，受训人员的工作成绩远超未接受培训人员的工作成绩，说明培训效果显著。这种定性评估比较适合用书面调查或面谈的方式开展，调查对象最好是受训人员的直属领导。

◆访谈法

访谈法应用范围较广，可以了解受训人员对培训方案或培训方法的态度，了解受训人员对培训目标、培训内容与实际工作之间的关系，判断受训人员将培训内容应用于实际工作中的程度，了解影响培训成果转化的因素，了解受训人员的感觉和态度，帮助受训人员确立个人发展目标等。具体来看，访谈法的应用步骤、优缺点如表 7–12 所示。

表 7–12　访谈法的应用步骤与优缺点分析

相关指标	具体内容
步骤	（1）决定需要什么信息； （2）设计访谈方案； （3）测试方案效果，必要时可以重新设计； （4）全面实施； （5）分析访谈资料； （6）报告调查结果
优点	（1）可以及时对问题进行解释，判断理解是否正确； （2）可以实现双向沟通，将问题解释清楚； （3）可以对问题进行深入追踪调查； （4）适合用于开放式提问
缺点	（1）访谈成本较高，经济性较差； （2）访谈与资料分析都需要消耗大量时间，使得样本规模受到了一定的限制； （3）访谈效果对访谈者能力的依赖程度较高

培训结束后，培训部门可以每隔一段时间就以书面调查或实地考察的方式了解受训人员的工作成绩，如工作量是否有所增加、工作效率是否有所提升、人际交往能力是否有所好转等，通过这些指标可以对培训效果做出准确判断。

7.3.4 培训效果跟踪评估表

在完成培训效果转化评估之后，相关负责人要填写培训效果跟踪评估表，将相关内容以规划的形式记录下来，如表 7–13 所示。

表 7–13 培训效果跟踪评估表

学员填写					
课程名称		参训时间		培训地点	
姓名		部门		职务	
培训内容					
学员对本次培训的总结体会及在培训中所掌握知识的运用情况					
学员所在部门填写					
部门对学员学习效果的总体评价	A．好，完成了培训计划，能利用培训知识创造性地开展工作（ ） B．中，完成了培训计划，工作效果明显（ ） C．一般，基本完成了培训计划，工作效果不明显（ ） D．差，没有完成培训计划，基本无工作效果（ ）				
对本次培训工作的其他建议					

7.4 ORID 促进培训效果转化

ORID 又叫作焦点讨论法，源自美国教育暨文化局（Cultural Affairs），是一种通过动态递进引导学员逐渐找到关键点，并制订行动方案的结构化汇谈方法。具体来看，ORID 可以分成四部分，分别是客观性（Objective）、反应性（Reflective）、诠释性（Interpretive）、决定性（Decisional），每部分都有相应的转化阻碍和工具，如图 7–5 所示。

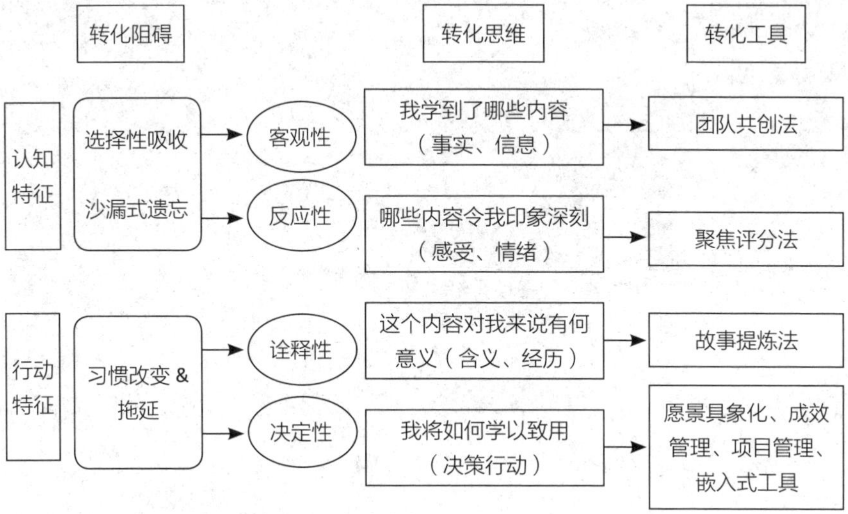

图 7–5　培训转化阻碍与工具

7.4.1　Objective：回顾内容

人的认知行为有一些独有的特点，如选择性吸收、沙漏式遗忘、借助信息巩固记忆、再认信息比回忆信息更加容易等。基于此，在客观性环节，培训组织者可以通过引导学员思考“我学到了哪些内容”来诠释事实与信息。在此情况下，“团队共创法”就变成了促进培训效果转化的一种非常重要的方法。

团队共创法是一种群体研讨的脑力激荡法，可以在一定程度上弥补学员在培训过程中选择性吸收培训内容的缺陷。该方法的实施可分 5 个步骤进行，分别是内容介绍、头脑风暴资料、组织（分群）、群组命名、赋予群组意义，其中前三个步骤可以将培训内容要点完整地呈现出来，如图 7–6 所示。

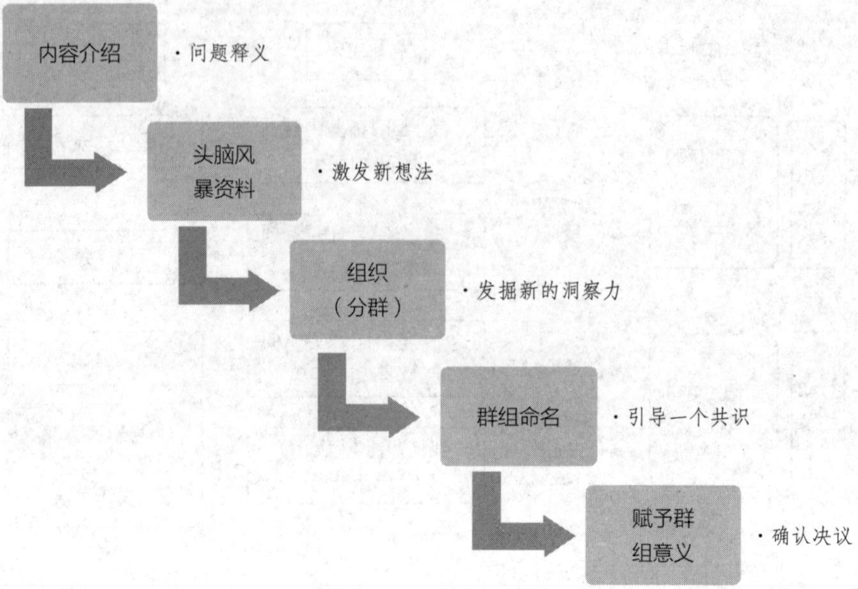

图 7–6　团队共创法

（1）内容介绍。

培训师明确内容回顾任务，可以在课堂上提出如下要求：“请大家回忆所学内容，并尽可能多地将其呈现出现，要求做到中立、客观。”

（2）头脑风暴资料。

第一步，请学员在 10 分钟内独立思考，将自己所能记住的内容名称全部写下来，不用考虑格式、逻辑，只写代表性词语即可。

第二步，引导学员在小组内分享自己所写的内容名称，每人每次只分享一个，依次进行，直到小组内所有内容名称分享为止。然后，小组成员选出三个最重要的内容名称交给培训师。

第三步，培训师将小组提交的内容名称依次展示出来，并消除疑义。

（3）组织（分群）。

第一步，培训师展示 10 张内容名称，请学员对其进行归类，至少归为5类。

第二步，补充其他想法。

（4）群组命名。

这一环节的目的在于帮助学员从一堆意见中产生一个完整的想法。在这个环节，导师要带领学员发现这些内容共同表达的是什么，背后隐藏的真正含义是什么。

（5）赋予群组意义。

这一环节是将所产生的新想法结构化，创造一个合适的图像来反映新想法之间的关系，确定在问题解决过程中不同想法所起到的作用是什么。在团队共创中，这是一个可选择的步骤，导师可以根据具体的事情决定是否使用。

7.4.2 Reflective：聚焦关键

在反应性（Reflective）这一环节可以使用聚焦评分法，也就是在全面呈现所学内容的基础上，通过让学员回答“哪些内容令我印象深刻”这一问题，对信息的重要性进行评价，帮助学员找到对自己来说最重要的内容。在这种方法的帮助下，学员可以将有限的精力投入到有针对性的理解与转化中，弥补沙漏式遗忘的缺陷，切实保证培训效果。

在具体操作中，培训师可以让学员对内容要点进行评分，分值为1～5分，根据内容的重要性程度依次递增。之后，学员可以选择自己认为最重要的一个内容要点记录下来。当然，记录的要点数量可以根据课程内容进行调整，如果学员需要记录2个及以上的要点，只需重复上述步骤即可。聚焦评分法示例如表7–14所示。

表 7-14 聚焦评分法示例

内容要点	重要性评分（1 ～ 5 分，5 分最高）
消费者购买心理特征	4 分
客户拜访技巧	5 分
客户服务的十个要点	3 分
商务接待礼仪	3 分

7.4.3 Interpretive：赋予动机

对于诠释性（Interpretive）环节，可使用故事提炼法，通过对聚焦的内容进行经历联想与意义提炼，比如“这个内容对我来说有何意义”“我之前的哪些经历与它相关”等，在一定程度上增强后期培训转化动机，减弱人类认知过程中的拖延特性。

“故事”可以牢牢吸引人们的注意力，既加深学员对所学知识的印象，又可以延长记忆时间。“故事提炼”不仅可以帮学员明确行动目的，还能帮助其下定决定开始行动。所以，提炼意义、讲故事可以很好地改变人们的行为习惯。具体来看，故事提炼法可通过以下三个步骤进行：

第一步，结合自己记录的内容要点，回忆与之相关的内容。

第二步，明确故事对自己的影响，参考三步式结构与黏度要素（见表 7-15）编写一个小故事。

第三步，将写好的故事讲给他人听。

表 7-15 参与式结构与黏度要素

项目	具体内容
三步式结构	起因：介绍故事背景、人物、处境等； 经过：介绍故事发展过程中的冲突，人物的心理活动，事件走向等； 结果：冲突达到顶点，出现结果，主角总结感受与故事的意义

续表

项目	具体内容
黏度	一个黏度很强的故事必然能吸引他人关注，给他们留下深刻的印象。一般来讲，这类故事通常包含以下六个条件中的一个或多个： （1）简洁，“少即是多”，简洁的信息更有冲击力，更容易被人记住； （2）意外，令人出乎意料的信息更容易吸引他人的注意力，被人记住； （3）具体，人们往往对一些细节更好奇，所以故事要有具体内容； （4）可信，这是让人们相信故事、记住故事的前提； （5）情感，大多数人都比较感性，如果故事能令其感动，就会被长久地记住； （6）故事，故事必须有完整的结构、精彩的故事情节，这样才容易被人们记住

7.4.4　Decisional：迅速行动

在决定性（Decisional）这一环节，学员要在动机赋予与强化的基础上制订行动方案，即要考虑“如何学以致用”，改变原来的行为习惯，加强过程管控。具体来看，这一阶段可采用的方法有四种，分别是愿景具象化、成效管理、项目管理和嵌入式工具。

（1）愿景具象化。引导学员根据总结出来的意义，想象预期目标实现时的景象，将其画在纸上，或选择相关图片表现出来。例如，在完成某项任务之后，你就可以获得一个短暂的假期，可以想象这个假期会如何度过，与家人一起享受温馨的家庭时光，或者前往某个心仪已久的旅游景点，此时，你就可以将脑海中的场景画下来，或通过相关图片表现出来。

（2）成效管理——SMART 原则。设定科学、合理、有效的行动成效，根据实际情况制定符合 SMART 原则的有效行动成效，如图 7-7 所示。

初始成效："我要提高销售业绩"

（S）提升销售业绩

（M）销售业绩提升 30%

（A）通过多拜访客户的方式来实现

（R）提高销售业绩为了更好地发展

（T）2019 年 10 月 31 日之前完成

调整后的成效：

为了实现更好的发展，我需要通过多拜访客户，在 2019 年 10 月 31 日之前，将销售业绩提升 30%

图 7–7　成效管理示例

（3）项目管理——甘特图。学员在明确成效目标之后，要根据自己设定的成效目标执行具体的行动计划，这个计划可以用甘特图来展现，如表 7–16 所示。

表 7–16　甘特图示例

序号	关键动作	时间计划											
		1 日	2 日	3 日	4 日	5 日	6 日	7 日	8 日	9 日	10 日	11 日	12 日
1	了解拜访客户的技巧												
2	实践演练												
3	回顾反思												
4	提升拜访客户的技巧												
5	实践演练												
6	回顾反思												

学员在设定成效目标时要遵循以下原则：

充分考虑成效目标的可行性。

将整体目标分解为不同的子目标。

设定关键行为的“间隔重复”锻炼。

为自己设定自我奖励。

留出足够的时间“停下反思”。

（4）嵌入式工具。在 Decisional 环节，学员还能将嵌入式工具作为辅助工具，帮助完成行为转化。一般来讲，嵌入式工具必须具备三大特点：一是与培训内容、工作情境有关；二是描述简洁、重点突出，具有较强的可操作性；三是便于携带，可随时使用，可快速检索。

嵌入式工具的表现形式有很多，如工作表格、流程 / 技巧卡片等，学员可根据自己的实际情况选择其中一种或几种工具使用。

总而言之，培训转化不能草草了事。在 ORID 工具的支持下，培训转化效果可以大幅提升，使学员可以有效改变自己的行为习惯，以实现企业业绩的大幅提升。

【延伸阅读】如何设计培训效果评估表

◆合理设计培训效果评估表

培训管理人员在设计培训评估表时必须考虑以下几个方面的内容：

（1）评估表的设计是简洁，还是详细？

培训师让学员填写评估表是为了获得学员反馈，所以必须要求学员认真填写，只有这样才能获得有参考价值的数据。如果评估表中的内容过于详细，尽管能获得更多信息，但很难保证学员会逐一认真填写。所以，从实践结果层面来看，评估表设计最好简洁，评估内容控制在1页纸内，只需涵盖最想了解的信息即可。

（2）采用定量评估，还是定性评估？

简单来说，定量评估就是以数据为基础的评估，这个数据可以用数字的形式表现出来，比如打分等。定性评估是以评估人直觉、经验为基础的评估，评估者根据主观感受与看法对评估对象做出评价。定性评估的评估结果多用描述性词汇进行表示，比如“很好”“一般”“不好”等。

为了获得比较客观的评估结果，将评估结果放在一起进行比较，评估者最好采用定量评估，也可以将定量评估与定性评估结合使用。比如，先用定性评估确定评估结果的基本性质，然后再开展定量评估，将其转换成具体的分数，将这种结果更加准确地表述出来。但在将主观感受转化成具体分数时，经常因为主观感受与分数体现不一致，导致评估结果不正确。为避免这种情况发生，不如将评估结果修改为“很满意”（4.5～5分）“满意”（4～4.5分）“一般”（3～4分）“不满意”（3分以下）。

（3）评估内容如何设计？

在评估内容方面，如果评估表是针对“教”设计的，可以分为“教学态度”“教学内容”“授课技巧”等（见表 7–17）。有些培训管理者会将“培训组织工作”看作一项评估内容，但为了保证“教”评估结果客观、准确，即便在评估表中有该项设计，也应将其单独列项评估，不应将其纳入教学评估项中。

表 7–17 评估表针对“教”的内容设计

评估指标设计	具体内容
教学态度	对培训师对待培训的态度进行考察，可以细分为“熟悉授课内容、教学准备充分”“精神饱满、热情严谨、认真负责”等内容
教学内容	对教学内容安排的合理性进行评价，可以细分为课程结构设计合理、基本内容表述完整、讲师对所讲内容理解深刻、重难点突出、条理分明等
授课技巧	主要对培训师呈现培训内容的能力进行评价，可以细分为教学经验丰富、语言表达能力强、现场把控能力强、善于利用不同的教学形式、激发学生的学习热情等

事实上，如何对评估内容进行分类、细分，并没有特别的规定。但无论如何分类都必须注意以下两点：第一，评估项要包含所有重要的评估内容；第二，评估项要按照统一的逻辑划分，能够自圆其说。

（4）采用何种计分标准？

对于定量评估来说，计分方式有五分制、十分制和百分制等，相较于五分制来说，十分制、百分制能够更准确地反映一些细微差别。所以，为了获得更准确的结果，定量评估要尽量采用十分制、百分制的计分方式。一般来说，十分制、百分制计分的评估效果相差无几，只不过十分制计分会精确到小数点后一位或两位，百分制计分会精确到个位数或小数点后一位，具体如何可根据自身需要确定。

（5）如何为不同评估项设置合理的分值？

培训管理者在设计评估表时不能对所有评估项分值进行平均分配，而应该根据各评估项对培训效果的贡献有区别地分配评估项分值，或赋予不同评估项不同的权重，或为不同评估项分配不同的分值。

平均分配评估项分值看似公平，实际上并不合理。这一点很容易理解：因为每个评估主项与分项对培训效果的贡献度不一样，所以如果平均分配分值就有失公允，考核结果不准确，无法为培训活动的持续改善提供科学指导。

例如，“教学态度”“教学内容”“授课技巧”虽然都是评估表的主项，但它们对结果的贡献不一致。在这三项中，“教学内容”是中心，通过教学活动向学员传递知识、技术、技能，其质量对培训效果起着直接决定作用。“教学态度”“授课技巧”是次要部分，如果没有优质的“教学内容”，这两项很难达到预期效果。

根据这样的思路，培训管理者在设计评估表时应赋予不同的培训主项不同的权重，或者为其分配不同的分值，例如，“教学态度”为15分，“教学内容”为60分，“授课技巧”为25分等，以保证各项分值公平分配，考核结果科学、准确。

（6）是选择封闭式问题，还是开放式问题？

为了进一步了解员工的感受与收获，培训管理者在设计评估表时可以设计很多不同类型的问题，这些问题可以分为开放式、封闭式两种类型，二者的区别如表7–18所示。

表7–18 封闭式问题与开放式问题对比分析

	封闭式问题	开放式问题
概念	封闭式问题指的是事先设计好备选答案，受访者从这种备选答案中选择作答。一般情况下，封闭式问题常用能不能、会不会、是不是、多少、对吗、多久等词汇，如果问题中带有上述词汇，一般就是封闭式问题。除此之外，单项 / 多项选择题也属于封闭式问题	开放式问题指的是能让调查对象自由回答的问题，这类问题没有明确的答案，也不会提前规定回答范围，调查对象可以自由填写答案。在设计这类问题时，只需在问题后面留出足够的空白即可

续表

	封闭式问题	开放式问题
优点	封闭式问题可以让学员快速给出答案，而这些答案恰恰是培训管理者最关心的内容	开放式问题可以让培训管理者了解学员真实的、个性化的想法
举例	在面向“教”的培训效果评估中，“教学态度”“教学内容”“授课技巧”等属于封闭类问题	在面向“教”的培训效果评估中，“对于本次培训有什么意见或建议”“本次培训有什么收获”等属于开放类问题

在设计培训评估表时，培训管理人员最好将封闭式问题与开放式问题结合在一起，以获得更全面、更详细的信息。

◆培训评估表参考模板（见表 7-19）

表 7-19 培训评估表参考模板

课程名称（时间）	××××（2019 年 ×× 月—×× 月）	讲师姓名：					
评估指标	评估内容	A		B		C	
教学态度（15 分）	熟悉授课内容，准备充分，答疑解惑	8	7	6	5	4	3
	精神饱满、热情严谨、认真负责	7	6	5	4	3	2
教学内容（60 分）	课程结构设计合理，基本内容表述完整	15	14	13	12	11	10
	讲师对所讲内容有深刻认知	13	12	11	10	9	8
	重难点突出，条理分明	12	11	10	9	8	7
	案例具有针对性，剖析透彻	10	9	8	7	6	5
	时间控制与分配合理	10	9	8	7	6	5
授课技巧（25 分）	教学经验丰富，语言表达能力、现场把控能力强	10	9	8	7	6	5
	善于利用不同的教学形式，激发学员的学习热情，启发学员思考	9	8	7	6	5	4
	PPT 与讲义制作完善，有利于帮助学员理解课程内容	6	5	4	3	3	1
总计	满分（100 分）						

续表

教务服务（20分）	态度端正、专业负责、积极沟通、快速响应	8	7	6	5	4	3
	教务管理严谨，教学支持及时到位，服务热情体贴	12	11	10	9	8	7
本次培训带给我最重要的收获是：							
本次培训能让我学以致用的是：							
本次培训后，我希望在哪些方面继续学习：							
对于本次培训的整体感受与建议：							
对于讲师的感受与建议：							

8 新员工入职培训

8.1 正确认识新员工入职培训

8.1.1 新员工入职培训目标

新员工培训又称入职培训，是企业将聘用员工从社会人转变为企业人的过程，也是让员工从企业外部融入企业内部，成为企业一员的过程。在这个过程中，员工可以熟悉、了解组织文化与环境，明确自身角色定位，对自己的职业生涯发展进行规划，不断释放自己的才能，对企业发展产生积极推动作用。从企业的角度看，通过新员工培训，企业可以让员工明确知道企业价值理念、管理方式对其未来的工作态度、工作绩效、工作行为产生的影响。一次有效的新员工培训可以让新员工了解企业的核心理念与价值观，对其行为进行重塑，还能在新员工与企业之间搭建沟通桥梁，让新员工迅速适应企业环境，为新员工与企业其他成员的沟通、互动打下良好的基础。

具体来看，新员工入职培训的目的，如表 8-1 所示。

表 8-1 新员工入职培训目的

入职培训目的	具体描述
降低员工流失率	新员工培训内容越丰富，效果越好，员工留在企业的意愿就越强，企业员工队伍的稳定程度就越高
让员工尽快适应工作	新员工培训将企业的规章制度悉数告诉员工，可以让员工尽快适应工作，在工作中少犯错误，节省时间，提高工作效率
展现清晰的职位及组织对员工的期望	新员工培训要告诉受训员工其任职职位是什么，需要承担哪些工作，组织希望他能取得怎样的工作成绩等
减少员工抱怨	如果新员工入职后得不到足够的关照就会心生抱怨，认为自己不受重视。一个良好的入职培训可以减少员工抱怨，让员工专心工作
可以让员工更好地融入企业文化	通过新员工入职培训，将有着不同背景的员工引入企业，让其快速适应企业文化，真正成为企业的一分子，这是新员工入职培训最重要的目的

8.1.2 新员工入职培训内容

新员工入职培训需要培训的内容有很多，如企业的经营思想、企业愿景、企业价值观、规章制度等，具体如图 8-1 所示。

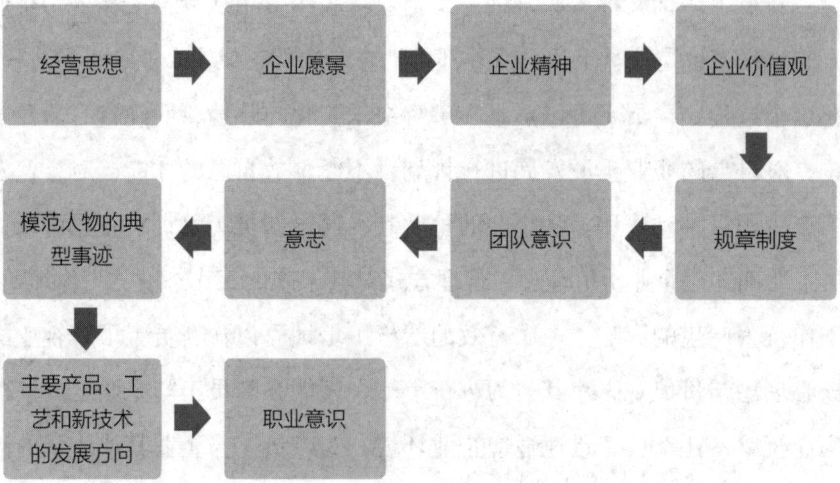

图 8-1 新员工入职培训内容

（1）经营思想培训。经营思想是企业特有的从事生产经营与管理活动的方法论，对企业行为发挥着重要的指导作用。培训的目的是要求员工在激烈的市场竞争中，在面对复杂问题时，可以按照企业方法论和逻辑思维开展行动。经营思想培训主要采用授课方式进行。

（2）企业愿景培训。企业愿景是企业对未来发展方向、发展目标的规划与设想，包括企业长期发展方向、发展目标、自我设定的社会责任与义务，在未来经济社会中的影响力、贡献力，在行业内的排名等。企业愿景培训的目的是让员工对企业未来发展充满信心，让员工将个人目标与组织愿景、工作行为相结合，让员工根据组织要求设计高质量目标，提升自我效能。企业愿景培训可采用多媒体教学的方式进行。

（3）企业精神培训。企业精神是指企业基于自身特定的性质、任务、宗旨、时代要求和发展方向，并经过精心培养而形成的企业成员群体的精神风貌。企业精神培训的目的是增强员工的凝聚力、感召力和约束力，启发员工的信任感、自豪感和荣誉感。企业精神培训主要采用授课方式。

（4）企业价值观培训。企业价值观是指企业在追求生产经营过程中所推崇的基本信念和奉行的目标，是指企业决策者根据企业性质、目标、经营方式，经过长期培育、引导后，所形成的共同观念和价值取向。价值观培训是教给员工一个判断事物的标准，让新员工知道什么是重要的，什么是可有可无的；什么是该做的，什么是不该做的；什么是可贵的，什么是要抛弃的。促使员工勇于承担责任、相互关心、追求卓越。企业价值观培训主要采用体验式。

（5）规章制度培训。企业制度是企业在生产经营过程中形成的，对员工行为具有一定的强制性，且能保障员工各项权利的规定，如薪酬福利制度、绩效管理办法等。规章制度可以规范员工的行为模式，协调内外人际关系，切实保护员工利益。企业规章制度培训可以通过情景模拟的方式开展。

（6）团队意识培训。团队意识指的是整体配合意识，是企业形成内部凝聚力的重要心理因素。团队意识培训的目的在于培养新员工的整体目标意识，让新员工将个人目标与企业目标相结合，形成集体成就感、客户服务意识、积极主动意识、使命感与团队危机感。企业团队意识培训可通过拓展训练实现。

（7）意志培训。意志力指的是一个人自发地确定目标，根据目标安排自身行动，克服困难并实现最终目标的品质。意志培训的目的在于培养新员工吃苦耐劳、朴素勤俭的作风、战胜困难的勇气。企业意志培训可采用军训的方式进行。

（8）模范人物的典型事迹。榜样往往有着无穷的力量，通过宣扬模范员工的先进事迹，对模范员工的工作、生活、学习进行总结，汇总形成模范员工的人格品质，并将这种人格品质提升为文化修养，让新员工学习、效仿。面向新员工宣传模范人物的典型事迹可通过演讲的方式进行。

（9）主要产品、工艺和新技术的发展方向。向新员工介绍企业的主要产品、工艺和技术及其发展方向，让新员工对企业产品、工艺流程、发展方向做出大致了解，从而增进对企业的了解。企业主要产品、工艺、新技术发展方向培训可以通过现场参观的方式进行。

（10）职业意识培训。面向新员工开展职业意识培训，是为了让应届毕业生快速完成身份转换，迅速成长为一名职业化的工作人员。职业意识培训的内容非常丰富，包括社交礼仪、人际关系、沟通与谈判、科学的工作方法、职业生涯规划、压力管理与情绪控制、团队合作技能等。企业职业意识培训可通过演示与情景模拟的方式进行。

8.1.3 新员工入职培训要点

为保证培训效果，新员工入职培训必须合理规划培训周期、科学安排培训时间、优化选择参训人、精心安排培训内容，具体如表 8–2 所示。

表 8–2 新员工入职培训的四大要点

新员工入职培训要点	具体内容
合理规划培训周期	培训管理者要根据企业的业务规模、复杂程度、培训体系的完善程度等合理规划培训周期，一般不少于 3 天，一些大型企业的新员工培训可延长到 1 ～ 3 个月。通过长时间的训练与引导重塑新员工对企业的忠诚度，增进新员工对业务流程的了解
科学安排培训时间	上班第一天是新员工入职的最佳时间，为了更好地组建新员工培训班，人力资源部门最好将新员工报到时间安排在同一天或者同一周
优化选择参训人	新员工入职培训应要求所有新员工参加。培训管理者可以按照职位、能力等创建几个不同的培训班，将有无工作经验的新员工分开培训，每个培训班的人数最好控制在 15 ～ 20 人，最多不要超过 30 人，最少不要少于 6 人
精心安排培训内容	为保证培训效果，培训管理者或培训讲师必须事先安排好培训内容，而且要在培训课堂上留出学员与讲师互动的时间、学员提问的时间。培训内容的选择可参考第 8.1.2 节中的内容

8.2 新员工入职培训方案制订

8.2.1 新员工培训方案制订流程

员工是企业最重要的资源，为企业的可持续发展注入了源源不断的动力，为此，企业必须重视员工培养，尤其是新员工培养，帮助新员工快速成长，适应企业的工作环境。新员工培训必须遵循“以人为本”的理念，根据企业实际需要和新员工需求制订科学的培训方案。具体来看，企业新员工培训方案的制订流程如表 8–3 所示。

表 8–3　新员工培训方案制订流程

步骤	措施	具体内容
1	分析培训需求	培训需求分析是制订新员工培训方案的前提，是培训评估的基础，具体来看，培训需求分析可通过三方面的内容进行： （1）组织分析。根据企业愿景与战略发展目标确定员工要求，保证培训方案设计能够满足企业发展的战略要求。 （2）工作分析。新员工达到理想的工作成绩必须掌握的知识、技能与能力，如果企业已有完善的岗位说明书，可以直接参照岗位说明书确定培训需求。 （3）差距说明。将员工现有水平与岗位要求进行对比，根据二者之间的差距确定培训内容
2	确定培训目标	培训目标包括培训总目标和培训的具体目标，培训总目标是新员工培训计划设计的依据，具有宏观、不可操作的特点，可以表述为“让新员工了解企业情况”“适应企业环境”“更快地胜任新工作”等。 培训具体目标是对总目标的分解，具有可操作的特点，可表述为“了解企业文化与经营理念”“熟悉岗位的基本要求”“了解企业的业务状况”等
3	遵循培训原则	培训原则有很多，如“以岗位实践锻炼为主，脱岗培训为辅”“面向不同的员工制订不同的员工培训计划”“对培训过程进行严格监管、考核”等
4	确定培训方案的适用对象	如本培训方案的适用对象为企业所有新员工或某部门的新员工
5	设置合理的培训时间	一般情况下，新员工入职培训时间为 7 ～ 30 天，有些大企业的新员工入职培训需要 2 ～ 3 个月。企业应根据自己的实际情况合理安排培训时间
6	选择合适的培训责任部门	新员工培训由企业统一安排，由人力资源部门或专门的培训中心负责
7	规划培训内容	新员工培训内容应包括知识培训、技能培训和素质培训。其中知识培训应包括企业地理位置、工作环境、企业文化、经营理念、经营战略、发展前景、发展历史、产品和服务等；技能培训应包括沟通技巧、团队合作、时间管理、会议管理等；素质培训应包括企业价值观等。企业要根据自己的实际情况合理规划培训内容
8	选择合适的培训方式	新员工入职培训可使用的方法有很多，如讲授法、案例法、演示法、讨论法、试听法、角色扮演法等。企业应根据培训内容，结合成年人的学习特点选择合适的培训方式

续表

步骤	措施	具体内容
9	准备好培训支持资源	培训支持资源指的是教室、会议室、工场、教材、笔记本、笔、模型、投影仪、电视、录像等，企业要根据培训内容与培训方式合理选择培训支持资源，让员工从不同层面感受到企业的关怀
10	评估培训效果	新员工培训结束后，企业要对培训结果进行定量评估或定性评估，将培训效果划分为四个层级： （1）反应层：培训结束后，通过满意度调查了解员工感受； （2）学习层：通过考试确定新员工对培训内容的理解程度； （3）行为层：明确新员工在实际工作过程中的行为变化； （4）结果层：通过一些指标对生产率、生产质量、员工流动率、企业对客户的服务等结果进行衡量。 培训评估完成后要撰写评估报告，内容包括培训项目概况、培训结果、评估结果、改进意见等，以总结经验，不断改进企业的新员工入职培训

8.2.2 培训反馈和评估体系建设

为做好培训评估，让培训评估发挥出应有的作用，企业必须做好培训反馈与评估体系建设，真正地做好经验总结，为下一次新员工入职培训的开展提供更有效的指导。具体来看，培训反馈与评估体系建设流程如表 8–4 所示。

表 8–4 培训反馈与评估体系建设流程

步骤	措施	具体内容
1	建立新员工入职培训评估制度	新员工入职培训具有难度大、内容多、周期长的特点，所以，企业必须制定新员工培训评估制度，对评估内容、评估时间、评估层次、评估责任人等做出制度化规定
2	建立多层次新员工入职培训评估体系	新员工入职培训评估体系可以划分为五个层级：第一层是对培训内容进行评估，明确内容的适用性、合理性；第二层是对受训人员对培训内容的掌握情况进行评估；第三层是对新员工角色转换、心态调整、环境适应性等情况进行评估；第四层是对新员工工作一年后的稳定情况进行评估；第五层是对新员工的成长情况进行评估
3	建立动态的新员工入职培训评估数据库	对定性数据、定量数据进行收集、录入、整理、分析，其中定性数据包括工作态度、业绩增长、责任心、顾客满意度、工作氛围等；定量数据包括出勤率、贡献率、合格率、事故率、生产效率等

续表

步骤	措施	具体内容
4	选择评估方法	不同层次的评估可以选用不同的评估方法，如第一层评估可选用问卷调查法；第二层评估可选用笔试、召开座谈会、写感想等方法；第三层评估可选用关键事件法；第四层评估可选用受训新员工流失率（含隐性流失率）评价法；第五层评估可选用能力胜任特征模型、职位升迁、贡献率等方法
5	撰写新员工入职培训评估报告	根据新员工入职培训评估的时间，新员工入职培训评估报告可分为当期评估报告、中期评估报告和长期评估报告。其中，当期评估报告主要包括培训投入、培训时间、参训人员、主要培训内容等；中期评估报告主要包括受训员工的稳定性、岗位适应性、参与培训评估的积极性等；长期评估报告包括员工成长、员工成才等内容
6	跟踪反馈	每个阶段的培训评估报告撰写完成后，都要及时在企业内部传递，以保证新员工入职培训评估与实际工作衔接紧密，不是为了评估而评估。具体来看，新员工培训评估报告应传递给受训员工、培训主管、受训员工的直接领导和组织管理层，报告传递到位后要采取相应的纠偏措施进行跟踪，根据跟踪反馈对培训内容、培训方式进行调整

8.2.3 新员工入职培训方案范本

◆ 新员工入职培训方案

第一条　培训目的

（1）使新员工全方位了解企业环境，认同并融入企业文化，坚定自己的职业选择，理解并接受企业的规章制度和行为规范。

（2）使新员工明确自己的工作目标和岗位职责，掌握工作程序和工作方法，尽快进入岗位角色。

第二条　培训周期及时间安排

新员工入职培训周期为每半个月一次（月中、月末各一次），将半个月以内新入职的员工进行集中培训。时间为周五下午1点～4点，共3小时。

第三条 培训对象

企业及下属各企业新入职员工。

第四条 培训讲师

企业内部选拔培训讲师，范围在部门领导或有较丰富工作经验、品行兼优的骨干员工。

第五条 培训方式

脱岗培训：企业组织人事部培训组制订培训计划和方案并组织实施，由企业内部培训师采用集中授课、讨论及参观的形式进行培训。

第六条 培训内容

（1）企业概况：企业创业历史、企业现状以及在行业中的地位、企业品牌与经营理念、企业文化、企业未来前景、组织机构、各部门的功能和业务范围、人员结构等。

（2）员工守则：企业规章制度、奖惩条例、行为规范等。

（3）入职须知：入职程序及相关手续办理流程。

（4）财务制度：费用报销程序及相关手续办理流程、办公设备的申领使用等。

（5）人事制度：薪酬体系、福利待遇政策（五险一金、休假等）、绩效考核、培训等。

（6）相关的工作基础技能学习。

（7）企业规范化的配套工具使用等。

（8）安全知识：消防安全知识、设备安全知识及紧急事件处理等。

（9）实地参观：参观企业的工作、生活等公共场所。

第七条 培训工作流程

（1）培训组根据新入职员工的规模情况确定培训时间，拟定培训具体方案，填写《新员工入职培训计划》报送相关部门。

（2）培训组负责与各企业及相关部门协调，做好培训全过程的组织管理工作，包括人员协调组织、场地的安排布置、培训讲师的沟通安排、课程的调整及进度推进、培训质量的监控保证以及培训效果的考核评估等。

（3）培训组负责在每期培训结束当日对新员工进行反馈调查，填写《新员工入职培训效果反馈调查表》，并汇总分析新员工反馈的意见，总结出对培训课程及授课讲师的改进参考意见。

（4）培训组在新员工培训结束后一周内，提交该期培训的总结分析报告，报领导审阅。

第八条　培训课程的具体安排（见表 8–5）

第九条　岗前培训考核标准（见表 8–6、表 8–7）

（1）岗前培训考核与培训期间考勤、课堂表现情况及考试挂钩，如最后综合成绩低于 70 分，在次月重新培训，并暂扣其当月工资直到次月培训达到要求。

（2）如新员工参加培训课时数低于总课时的 70%，将取消其考试资格，并在次月完成相差课程的培训，进行考核。

（3）注意事项：岗前培训原则上不许请假，如遇特殊情况由新员工的直接主管提前一天向人力资源部请假；培训期间新员工的考勤由人力资源部统计，考勤要求与企业的考勤一致。

表 8–5　培训课程安排表

培训时间	培训方法	培训目的和重点	培训内容
×× 月 ×× 日—×× 月 ×× 日	讲授法	让新员工了解企业，对企业实力产生深刻认知	企业概况
×× 月 ×× 日—×× 月 ×× 日	讲授法	让新员工了解企业的管理条例，尽早融入文明规范的企业之中	员工守则

续表

培训时间	培训方法	培训目的和重点	培训内容
××月××日—××月××日	讲授法	让新员工了解入职流程，顺利完成入职前的准备工作	入职须知
××月××日—××月××日	讲授法	让新员工了解企业的薪酬体系、福利待遇、绩效考核与相关培训制度，达到双向满意的目的	人事制度
××月××日—××月××日	讲授法	让新员工了解费用报销流程与手续，办公设备申领流程等，为员工顺利投入工作提供方便	财务制度
××月××日—××月××日	讲授法	对新员工开展安全教育，让新员工在日后工作过程中时刻谨记维护企业与自身安全	安全知识
××月××日—××月××日	讲授法	帮助新员工做好职业发展规划，让新员工时刻对工作充满热情	员工职业生涯规划
××月××日—××月××日	参观	让新员工了解企业环境、各部门工作地点、公共生活场所等，让新员工尽快融入企业	实地参观

表 8-6 新入职员工岗前接待工作一览表

新员工姓名：	到岗时间：
部门：	职务：
准备接待新入职员工	（1）了解其工作经验、受教育程度、所受专业训练。 （2）准备好工作说明书、职责与责任说明书。 （3）安排好新员工的工作位置，准备好所需用具
欢迎新入职员工	（1）让新入职员工放松心情。 （2）说明自己与新员工之间的工作关系。 （3）将新员工安排到事先准备好的工作位置，发放工作用具
解释本部门的工作任务	（1）向新员工说明本部门的工作任务。 （2）向新员工说明其工作职责。 （3）向新员工解释自己与同事之间的关系。 （4）向新员工介绍部门直属领导

续表

介绍新员工及其他人员	（1）向原有的同事介绍新员工，并说明新员工的工作职责。 （2）向新员工介绍原有的同事，说明这些同事的工作职责。 （3）安排原有的同事与新员工共进午餐或晚餐
指示新员工开展工作，向新员工介绍可以求助之人	（1）逐次指示工作，解释工作标准。 （2）指示工作场所。 （3）在工作中遇到困难时可以向谁求助。 （4）将企业的规章制度、工作手册交给新员工。 （5）对各项工具与装备的使用方法进行指导
我已接受以上培训项目 新员工签字：　　　　部门负责人签字：	

表 8-7　新员工入职培训效果反馈调查表

员工姓名：　　　　入职日期：　　　　参加培训日期：

说明：

（1）请按照实际情况填写问卷。

（2）所有问题必须回答，且只能选择一项。

（3）请在同意的选择对应的空格中打“√”，并根据选项代表分数乘以项目对应权重得出项目最终得分。

评分项目		权重	满意程度					评分
			非常满意	满意	基本满意	不太满意	不满意	
			5 分	4 分	3 分	2 分	1 分	
①	培训内容的针对性	20%						
②	课程安排	20%						
	时间	5%						
	地点	5%						
	参加人数	5%						
	课堂布置	5%						
③	培训内容	30%						
	时间长短	5%						

续表

评分项目		权重	满意程度					评分
			非常满意	满意	基本满意	不太满意	不满意	
			5 分	4 分	3 分	2 分	1 分	
	内容逻辑性	5%						
	实用性	10%						
	新颖性	5%						
	信息量	5%						
④	培训讲师	30%						
	仪表礼仪	5%						
	专业知识	10%						
	职业精神	5%						
	培训风格	5%						
	课堂气氛	5%						
总分 = ∑单项得分 × 单项权重								
如果对上述某项评分为 5 分或 1 分，请说明理由并举例：								
您对本次培训的哪些内容印象最深刻?								
您认为本次培训最需要改进的是什么？为什么?								

8.3 新员工职业发展管理办法

8.3.1 新员工职业发展规划建立

如果新员工入职后 3 个月还没有确定发展方向，那么该员工很难在这个企业实现很好的发展。每一名员工都不愿意长时间重复同一项工作内容，总是希望在未来一段时间可以升职加薪，有所成长，这个成长方向和成长的基本路径就是职业规划。

新员工职业发展规划并不是一个新事物，虽然总是被提及，但很少真正落实。企业领导希望新员工自己做好职业规划，而新入职员工则希望企业可以帮助自己做好职业发展规划，结果就是新员工的职业发展规划被搁置，迟迟无法完成。

◆新员工制定职业发展规划的必要性

对于新员工来说，职业发展规划非常重要，因为即便一项普通的工作也要提前做好规划，确定工作方向，划分工作阶段，确定工作推进方案和时间线，提前做好准备，保证工作可以顺利完成。其实，大多数新员工都明白制定职业发展规划的重要性，但因为大部分新员工在成长过程中都依赖教师、父母为自己制定规划，所以普遍没有规划意识，不具备制定规划的能力。企业要深刻认识到这一点，帮助新员工完成职业发展规划的制定。

从员工层面来看，新员工可以通过职业发展规划确定自己的人生发展方向；从企业层面来看，企业帮助新员工制定职业发展规划，其实是将企业的发展目标分解给每一位新员工，通过新员工的努力推动企业向既定目标不断发展。

◆职业规划的内容

企业要想帮新员工做好职业规划，必须清楚职业规划应包含哪些内容，具体如表 8–8 所示。

表 8–8 新员工职业规划的内容

序号	内容	具体描述
1	入职取向	入职取向指的是新员工到企业任职的目的是什么，赚钱、学习、因为兴趣、消磨时间、临时过渡
2	离职原因	企业要了解可能导致新员工离职的原因，待遇不能满足新员工的要求，学不到新知识、新技能，工作没有成就感等
3	职务发展目标	帮助新员工设定职务晋升规划，例如入职业务员的新员工，可以一年晋升业务主管，两年晋升业务经理，三年晋升运营总监，等
4	再学习目标	帮助新员工制定职业技术学习规划，例如入职第一年学习产品与行业知识，入职第二年学习大客户管理与财务知识，入职第三年学习人事管理与市场活动设计的相关知识等。然后要帮助新员工确定学习方式，报班、自学、独立研究课题、参考观察等
5	收入发展目标	企业可以帮新员工制定明确的收入发展目标，例如入职第一年为 8 万元，第二年为 10 万元，第三年为 13 万元，等
6	特定工作事务处理	特定的工作事务指的是由新员工独立承担的某项工作，或独立解决的某个问题，通过这些工作、问题的处理和解决，可以全面提升个人的工作能力与问题解决能力

◆职业规划的制作与运用

新员工确定入职后，企业人力资源管理部门就要帮新员工制定职业发展规划。新员工职业发展规划要涵盖表 8–8 所列内容，以书面表格的形式展现出来，这个书面表格就是《职业规划表》。然后通过与员工沟通、交流填写《职业规划表》。

《职业规划表》应一式两份，一份由企业的人力资源部门保管，一份由员工保管。每隔半年，企业人力资源部门就要和员工进行一次沟通，参照《职业发展表》，检查这半年来员工的工作成绩，对其中存在偏差的部分进行分析，及时修正。

对于企业来说，帮助新员工制定职业规划表无须投入太多资源，而且也没有技术难度，但对于员工来说，《职业规划表》可以帮助其明确发展方向与发展阶段，意义重大。下面，我们列举了一个新员工职业规划表范例，如表 8–9 所示。

表 8–9　新员工职业规划表

<table>
<tr><td>姓名：</td><td>性别：</td><td>出生年月：</td><td>政治面貌：</td></tr>
<tr><td>入职时间：</td><td>血型：</td><td>期待岗位：</td><td>期望薪金：</td></tr>
<tr><td rowspan="2">教育状况</td><td>学历：</td><td>毕业时间：</td><td>毕业学校：</td></tr>
<tr><td colspan="3">学过的专业课程：</td></tr>
<tr><td rowspan="3">参加过的培训（时间、地点、内容、收获等）</td><td colspan="3">1.</td></tr>
<tr><td colspan="3">2.</td></tr>
<tr><td colspan="3">3.</td></tr>
<tr><td rowspan="4">目前具备的技能 / 获得的岗位技能证书</td><td colspan="2">技能证书名称</td><td>发证时间与单位</td></tr>
<tr><td colspan="2"></td><td></td></tr>
<tr><td colspan="2"></td><td></td></tr>
<tr><td colspan="2"></td><td></td></tr>
<tr><td colspan="4">您认为自己最重要的三种需求是：（在下面的方框中打“√”）
弹性工作时间□　成为管理者□　报酬□　独立□　稳定□　休闲□
和家人在一起的时间□　挑战□　成为专家□　创造□</td></tr>
<tr><td colspan="4">请详细介绍自己的性格、兴趣、专长，便于企业更好地挖掘您的潜能（150 字以上）
您的性格类型是：
□完美型：细致、敏感、悲观　□力量型：坚定、果断、自负
□活泼型：活泼、热情、多变　□和平型：平稳、随和、寡言</td></tr>
<tr><td colspan="4">结合自己的需要和专长，选择您感兴趣的工作类型，并详细介绍原因（150 字以上）
□ 施工管理　□ 工程技术　□ 项目经营　□ 其他</td></tr>
</table>

续表

请详细介绍自己短期、中期、长期职业规划设想（150 字以上） 短期（1 ～ 3 年）：   中期（3 ～ 5 年）：   长期（5 年以上）：
请详细介绍自己希望选择哪条晋升通道？需要企业提供什么帮助？（200 字以上）

8.3.2 新员工职业发展规划流程

企业帮新员工制定职业发展规划需要遵循的流程如图 8–2 所示。

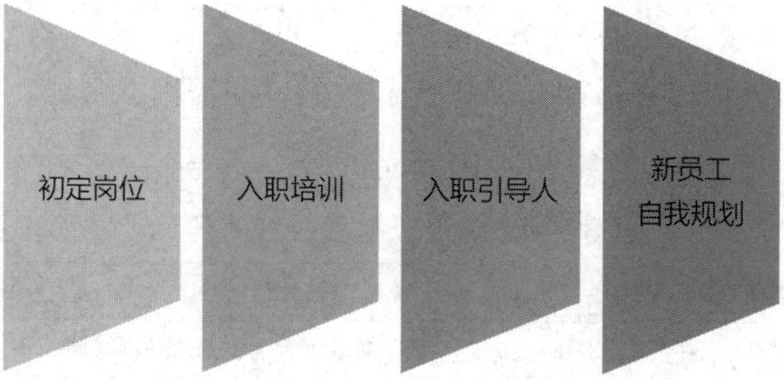

图 8–2 新员工职业发展规划制定流程

（1）初定岗位。新员工入职之后，由企业人力资源部门根据各部门人才需求情况和新员工的专业设定岗位，新员工不能自己选择。

（2）入职培训。新员工报到安排在统一时间，比如 8 月初等，报到后安排一段时间的入职培训，让新员工对企业情况、岗位情况进行全面了解，对自己与企业、岗位的适应程度产生一定的认知，为职业发展规划的设计提供一定的帮助。

（3）入职引导人。新员工报到后，人力资源部门要为每一位新员工安排一位入职引导人，入职引导人应该是部门领导或者在企业有 3 年以上工作经验的老员工，主要职责就是帮助新员工熟悉工作环境、生活环境，了解工作部门的情况，引导新员工逐渐对企业、本岗位工作产生深入了解，同时增进对新员工的了解。试用期即将结束时，入职引导人要与新员工沟通交流，了解其职业兴趣、资质、技能、特长等，了解其职业发展意向，设定未来的职业发展目标，制订发展计划等。这些工作都要在年底竞聘前完成。

在年底公开竞聘后，人力资源部门要根据实际情况对入职引导人进行调整。具体来看，入职引导人的长期工作包括定期沟通、对职业发展计划的实施情况进行跟踪检查、了解新员工的工作学习情况、对职业发展路线与计划进行评估修正等。

（4）新员工自我规划。自我规划由新员工自己完成，人力资源部门与入职引导人可以在适当的时候为其提供一些帮助、引导。具体来看，新员工自我规划的内容如表 8-10 所示。

表 8-10　新员工自我规划的内容

序号	主要内容	具体描述
1	确定志向	新员工必须确定志向，因为志向是事业成功的基本前提
2	综合评估	综合评估包括两大内容：一是自我评估，即自我 SWOT 分析，主要对兴趣、性格、技能、特长、学识、情商、思维方法等要素进行分析；二是职业生涯机会评估，主要对各种环境因素对职业生涯发展的影响进行评估，包括环境的特点、自己与环境的关系、环境的发展变化、自己在环境中的地位、环境对自己的要求、环境对自己有利及不利的条件等

续表

序号	主要内容	具体描述
3	职业选择	新员工选择职业时需要对自己的性格、兴趣、特长等与职业的匹配度，内外环境与职业的适应性进行考虑
4	职业生涯路线选择	新员工要自行选择自己的职业生涯发展路径，在年底公开竞聘前完成上述规划内容
5	确定职业生涯发展目标	新员工在选定职业生涯路线后必须设定职业生涯目标，包括短期目标、中期目标、长期目标、人生目标，其中短期目标又包括日目标、周目标、月目标、年目标，中期目标一般为 3 ～ 5 年，长期目标一般为 5 ～ 10 年
6	制订行动计划	行动计划就是落实目标的具体措施，包括工作、学习、培训、轮岗等。新员工必须根据企业及部门的发展计划制订个人的行动计划
7	评估与回馈	在现实工作领域，有很多因素会对职业生涯规划产生影响。为保证职业生涯规划行之有效，必须根据各种变化因素对职业生涯规划进行评估、修订，包括人生目标修正、职业及发展路线选择、实施措施与计划变更等

8.3.3 新员工职业发展规划书范文

新员工职业发展规划书究竟应该如何撰写，我们在此列出一个范文供大家参考。

◆ 新员工职业发展规划书

（1）个人基本资料：

毕业院校：山东财经大学。

专业：国际金融。

学历：本科。

（2）心目中最理想的职业（按顺序）：

① 电信、网络、IT 企业、影视娱乐的创业人。

② 以上行业的营销管理人员。

③ 银行金融行业的营销管理人员。

（3）人才测评结果：

① 职业规划测评结果。

职业人格类型顺序：管理型（9分）、社会型（7分）、艺术型（5分）、研究型（5分）、常规型（3分）、实际型（2分）。

个人风格概述：喜欢支配别人，乐观，具有冒险精神，自信，精力旺盛，喜欢发表意见和见解，不易被人支配，喜欢管理别人。

职业个性特征：善于辞令，尤其适合做推销工作和领导工作。积极热情，富有冒险精神，自信。喜欢争辩，力求别人接受自己的观点。缺乏从事精细工作的耐心，不喜欢那些需要长期智力劳动的工作。

适合的职业特征：从事需要胆略、冒风险且承担责任的活动。喜欢从事领导及企业性质的职业。

适合的职业概述（举出部分）：保险销售代理、报刊管理员、采购管理员、餐馆经理、地产管理员、饭店经理、房屋管理员、服务经理、销售代表、顾问、广告管理员、广告经理、广告商、广告销售代理。

② 综合素质测评结果。

职业能力水平：言语能力（ 6分）、数理能力（ 9分）、推理能力（ 8分）、资料分析能力（ 2分）、人文素质（ 7分）。

个性风格及特征概述：通常扮演“指挥者”的角色，希望全面掌控生活与工作环境，获取掌握他们的权力。

价值追求：享用权力，能够突破与改革，能力受到肯定，不受环境拘束。

能力优势：善于领导统御，可以凭借少许资讯做出决策，喜欢挑战。

适合的职场特点：不喜欢一成不变的工作，不喜欢僵硬的通道升迁，乐于挑战，不安于室。

适合从事的职业（举出部分）：高阶主管、领导人、业务代表、创业家、工艺制作等。

③ 职业能力倾向测评结果。

动手能力每项 2 分，其他部分每项 7 ~ 9 分，视具体情况而定。

在职业适应性方面，除工艺制作不适合外，其他基本合适。

除了动手能力一项为 2 分之外，其他大部分为 8 分 、9 分，少部分为 7 分。

④ 职业价值观测评结果。

职业价值观类型（按得分顺序排列）：经营取向（6 分）、自我实现取向（6 分）、才能取向（6 分）、支配取向（5 分）、自尊取向（3 分）、自由取向（3 分）、家庭取向（3 分）、志愿取向（3 分）、经济取向（1 分）。

在此列出排名前三的类型：

第一，经营取向。

工作优势在于：独立性强，行动力强，有强烈的成就动机。

工作劣势在于：较主观，可能比较固执。

第二，自我实现取向。

工作优势在于：重视他人的感受与价值，有明确的行动目标，有强烈的发展、提升意识。

工作劣势在于：不够客观，不太考虑自身利益，有时过于敏感。

第三，才能取向。

工作优势在于：有专项才能，思维活跃，创意能力强，学识广博，乐于助人。

工作劣势在于：比较自负，不太合群，不善于顾全大局。

（4）个人职业规划分析：

将测试前的理想职业与测试结果进行对比可以发现，二者基本一致，由此可见，截至目前，这名新员工对个人情况、职业目标的了解程度比较深入，但有几点必须注意：

（1）本人的专业是国际金融，但此次的职业规划显示我不适合银行金融行业，再加上一些职业一成不变，需要从业人员有极高的耐心，这一点显然与我的情况不太相符。另外，目前，我国银行业的升迁通道比较僵化，不太灵活，而且具有浓厚的行政色彩，这种升迁模式我也不太喜欢。

（2）银行金融业要求稳定，而本人比较喜欢冒险，由此可见，本人并不适合银行金融行业。另外，通过职业特征分析可以发现，本人缺乏从事精细工作的耐心，不喜欢那些需要长期智力劳动的工作，也就表明本人不适合会计、柜台、信贷、结算等工作。

（3）从职业规划测评结果可以看出，本人比较适合从事营销管理类工作，尤其是电信、网络、IT 企业、影视娱乐行业的营销管理，因为这些行业多变、灵活，职业概述中列举的职业也符合这一情况。

【延伸阅读】 华为新员工入职培训案例

华为为帮助员工不断超越自我，建立了很多培训中心。华为非常重视培训，认为“培训是贯彻企业的战略意图、推动管理进步的重要手段，是企业通向未来、通向明天的重要阶梯”。华为不仅注重在岗员工培训，还非常看重新员工培训。下面，我们对华为的新员工入职培训进行全方位分析。

◆华为新员工培训“721”法则

2012 年，华为对新员工入职培训进行改革，取消了授课式培训与网络化授课方法，开始利用“721”法则（见图 8–3）开展新员工培训。

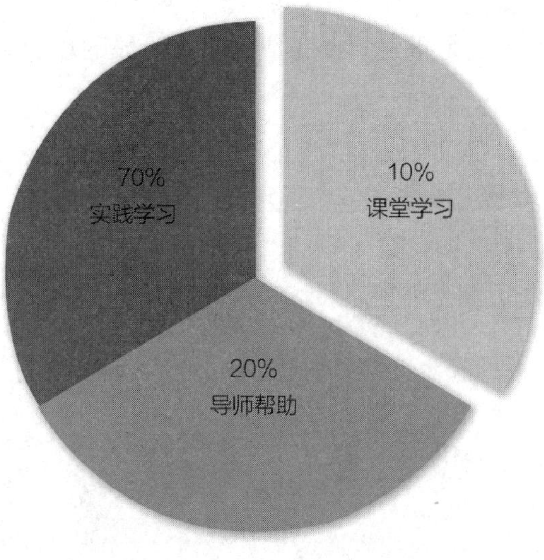

图 8–3　华为“721”法则

如图 8–3 所示，华为“721”法则指的就是通过 70% 的实践学习、20% 的导师帮助、10% 的课堂学习来开展新员工培训，提升新员工各方面的技能。

“721”法则的确定是华为根据各方面变化做出的调整，在培训实践中，培训管理部门会根据“721”法则对各阶段的培训内容与培训时间进行安排，强调实践在新员工培训中的重要性。“721”法则的确定不仅彰显了华为务实的态度，还警示新员工要想在工作中有所成就，必须脚踏实地工作。

◆融入“狼群”的三个阶段

那么，华为是如何将刚走出校门的大学生打造成独具狼性的“铁军”的呢?

为了让新员工快速融入企业，华为打造了一个系统的入职培训、岗前培训与在岗培训平台，将新员工入职培训划分成了三个阶段，分别是入职前的引导培训、入职时的集中培训、在岗实践培训（见图 8-4）。其中，在岗实践培训是重点。要完成这三个阶段的培训大概需要 3 个月的时间。

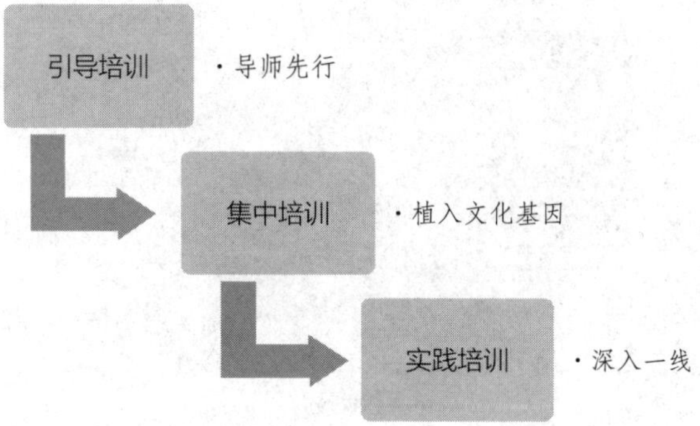

图 8-4　华为新员工入职培训的三个阶段

（1）引导培训：导师先行。

华为的校园招聘一般安排在每年的 11 月进行，提前将拟录用的大学生安排到各个业务部门。在毕业生尚未进入华为之前，华为会提前给每一位毕业生安排一名导师。

为了对大学生未入职带来的风险进行有效管控，华为要求这些导师必须经常与其负责的员工联系，保证每月沟通一次，了解他们的个人情况、毕业论文进展、离校安排、精神状态等。如果毕业生进入华为工作的意愿非常强烈，导师可以根据实际情况给他们安排一些任务，让他们提前了解岗位知识，做好上岗准备。

（2）集中培训：植入文化基因。

这个阶段的主要任务是组织新员工学习华为的企业文化，包括企业的规章制度等，时间是 5 ～ 7 天，而且要安排所有新员工到深圳总部参加培训。在培训期间，新员工白天上课、跑步，晚上开辩论会、写论文、表演节目。这个阶段的培训内容比较集中，主要围绕企业文化进行，学习目标是新员工能讲述某制度、政策制定的原因，以及该政策、制度反映的企业文化与价值观等。

在此阶段，新员工还要做三件事：

第一，学习两篇文章，一篇是华为总裁任正非亲自撰写的《致新员工信》，这封信融入了华为的文化和华为对新员工的要求，可以帮助新员工加深对华为的了解；另一篇是《把信送给加西亚》，讲述的是一名士兵信守承诺，克服重重困难将信交给加西亚将军的故事。通过这个故事，新员工会对华为精神有更深刻的体会。

第二，看一部电影——《那山，那狗，那人》，培养新员工的敬业精神，这也正是华为的一大价值观。

第三，看三本书——《黄沙百战穿金甲》《下一个倒下的会不会是华为》《枪林弹雨中成长》，并写读后感。

（3）实践培训：深入一线。

人力资源机构最新统计数据表明，80% 的国内企业在没有对新员工进行有效培训的情况下就让新员工正式上岗工作。甚至，还有一些企业认为新员工不需要入职培训，可以边工作、边学习。有些企业虽然有新员工培训，但重视度不够，单纯地将新员工到岗看作一个简单的“行政步骤”，一带而过，不追求效果。在这种情况下，新员工很难融入企业，更无法适应企业的工作环境，无法认同企业产品及企业文化，最终只能以离职收场。

华为非常重视新员工的实践培训。在此阶段，导师要带领新员工深入一线，在真实的工作环境中锻炼、提升。当然，被安排到不同岗位的新员工，他们的培训内容、培训方式应该存在一定的区别。例如，准备派往海外从事营销活动的员工，必须安排他们在国内实习 6 ～ 12 个月，掌握工作流程与方法，对业务有了一定的了解之后再派往海外。对于技术类员工，导师要先带他们参观生产线，了解机器设备、生产流程。对于研发类员工，导师要先带他们做一些模拟项目，让他们掌握一门工具或工作流程之后再上岗。

◆潜移默化植入价值观

目前，在华为，新员工入职之前必须经过 3 个月的封闭培训，包括文化培训与岗位培训两部分。所有校招应届毕业生都要参加文化培训，岗位培训则要根据具体的职业有针对性地安排培训内容。

华为非常重视文化培训，但对于新入职员工来说，要想融入华为文化并非易事。为了让文化培训达到预期的效果，华为要求新员工积极主动地了解、领悟华为文化的核心价值，认同、接纳华为的价值观，成为一个既认同华为文化，又能为华为创造价值的华为人。

华为的文化培训大约历时一周，培训管理者会将所有参加培训的新员工分成不同的班级，免费为其发放统一的服装，夏天发两件 T 恤，冬天发一套运动服，还会为每个班级安排培训师。每天早上，所有学员都要统一参加晨练。每年的6—7月是华为新员工入职高峰期，在那个时候，百草园附近处处都能看到新员工在跑步。

晨练结束，所有新员工都要穿着正装去教室参加培训。培训教室贴着很多标语，比如“以客户为中心”“胜则举杯同庆，败则拼死相救”“烧不死的鸟是凤凰”等，都是华为的核心价值观。

一天的培训结束后，学员稍事休息参加晚自习，写作业，或者进行小组讨论，晚上8点30分，所有学员坐班车返回公寓。周六、周日会安排休息，但周五老师会布置很多作业，需要学员在周六、周日的休息时间完成。

华为的新员工培训非常人性化，考虑到这些新员工都是刚刚毕业的大学生，囊中羞涩，所以会给所有新员工预先发放2000元的工资。这一点让新员工欣喜不已。但同时，华为对新员工的管理也非常军事化，无论上课还是晨练，学员必须准时到，如果迟到就要接受惩罚，准时到的小组也会有奖励。

在培训课堂上，导师会鼓励学员积极发言，无论是回答问题，还是主动提问，第一个站起来的学员会得到“抽扑克牌”的机会，抽牌得分累计为小组得分，这个分数最后会用来评选优秀小组。同样，导师还鼓励学员争当班长或组长，积极为大家服务，不要怕吃亏，因为华为“不会让雷锋吃亏”。

◆给每位新员工配备“指导员”

在国内众多企业中，华为是最早实行全员“导师制”的企业，这一制度坚持了30年，取得了极好的效果。

（1）给每位新员工配备“指导员”。

新员工入职，华为会为其分派一名导师。导师选拔有两个条件：第一，业绩好；第二，充分认可华为文化。为保证培训质量，华为规定一名导师最多只能带 2 名学生。在华为，导师被称为“思想导师”，因为导师不仅要对新员工的工作进行指导，还要定期与新员工沟通，一起喝茶、吃饭，了解新员工的思想状况。如果新员工是外地人，导师还要帮新员工解决住宿问题，甚至还要帮新员工解决个人感情问题。在这 3 个月的培训时间里，导师要对新员工的绩效负责，同时，新员工的绩效也会影响到导师考核。

（2）导师的激励政策。

为鼓励优秀员工担任导师，华为制定了一系列激励政策：

第一，晋升限制。华为规定，没有担任过导师的员工不能提拔。

第二，给予补贴，凡是担任导师的员工，华为会持续半年为其发放补贴。

第三，开展“优秀导师”评选活动，在年会上隆重表彰。

在这些措施的激励下，老员工会主动担任导师，带好新员工。

（3）自主学习 + 自测，360 度助力新员工成长。

华为内部的学习平台 iLearning 已全部转换为 LCE（一种面向对象的中间件平台）多媒体的方式，完全实现了在线化。该平台内容非常丰富，除常规的沟通技巧、业务技巧等内容外，还有音乐、审美、心理学、如何处理婆媳关系、如何处理亲子关系等内容。这些内容的学习完全是自发的，不具有强制性。

除此之外，华为还面向研发人员开发了一个 OA（Office Automation，办公自动化系统）平台。研发人员可以在该平台做一些测试编程练习，如 C 语言、数据库等。该平台有强大的题库，学员可进行自动化测试，发现问题、及时改正。该平台备受新员工喜爱，新员工会利用课余时间在该平台进行练习，提升自己的技能。

在“导师制”下，新员工不仅可以迅速适应新环境、新工作岗位，还能与上级领导建立良好的关系，所以，华为的“导师制”值得所有企业学习、借鉴。

◆照着“镜子”主动学习

经过3个月的培训，大部分员工都能基本了解岗位职责，掌握岗位技能。比如，软件研发人员能掌握基础知识，养成良好的编程习惯、学习习惯，为之后的软件开发奠定良好的基础。

在正式入职之前，华为会组织导师、新员工前往各地，组建软件训练营。训练营内容依然遵循“721”法则。企业会先将研发流程、培训材料、研发规范发给新员工，给新员工2天的时间自学，然后由导师进行案例教学，帮新员工深入了解这些内容。之后，导师会给新员工3天时间演练，让新员工走进机房做编程。3天结束后，导师会针对之前的内容对新员工进行考核，检查其学习成果。

整个环节结束后，导师会将新员工聚集在一起，让他们相互交流：在这个过程中学到了什么，还有哪些不足。通过这种方式让新员工了解自己与工作岗位要求之间差距，利用这段时间努力学习，争取早日达到上岗标准。

例如，华为的软件工程师有1～9个级别，每一级都有明确的标准。新员工可以对照这个标准进行自检，明确自己与岗位级别之间的差距。这个自检的过程就是“照镜子”的过程，了解自己的能力与不足，然后努力学习、不断提升。

除此之外，华为还有非常严格的绩效考核机制，识别优秀人才，为其分配更多资源、机会、薪酬、股票，激励其不断奋斗。除物质激励外，华为开始关注非物质激励，通过倾听新员工、尊重新员工的兴趣爱好，激发新员工的内在驱动力，加速新员工与企业融合。

9 管理岗位培训

9.1 基层管理人员培训

9.1.1 基层管理者应具备的能力

基层管理者又叫作一线管理者，指的是工厂里面的班组长、小组长等，他们的主要任务就是“上传下达”。对上，传达上级的指示与命令；对下，为每位员工分配任务，对基层员工的活动进行协调，控制工作进度，解决基层员工在工作中遇到的问题，了解基层员工的要求，将其反馈给上级领导。基层管理者的工作质量直接影响着组织计划的落地、组织目标的实现，为此，基层管理者虽不需要具备统筹全局的能力，但必须具备较高的技术操作能力与驭下能力。具体来看，基层管理者应具备的能力如图 9–1 所示。

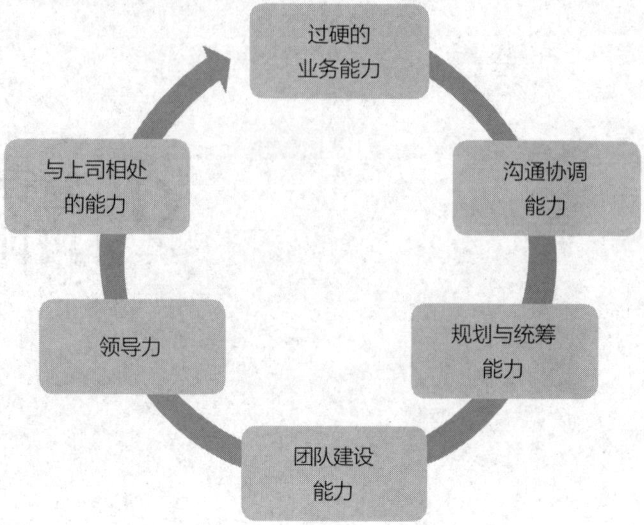

图 9-1 基层管理者应具备的能力

（1）过硬的业务能力。

基层管理者最重要的职责就是负责完成具体的工作，在此过程中为基层员工提供指导，帮助基层员工解决疑难问题，这就要求基层管理者必须具备过硬的业务能力。另外，很多时候，基层管理者还需要负责对基层员工进行业务培训，所以对于基层管理者来说，具备高超的业务能力非常重要。

（2）沟通协调能力。

为更好地了解基层员工的生活、工作情况及心理状态，基层管理者必须具有良好的沟通能力，尤其要善于倾听。只有如此，基层管理者才能增进与基层员工的关系，增强员工的凝聚力，让员工敢于发表自己的观点。同时，管理者也能通过下属的认同度、理解程度及共鸣程度判断自己的沟通技巧是否有效。

基层管理者要具备较高的感知力，能够敏锐地发现基层员工的情绪变化，建立疏通、宣泄渠道，将问题、矛盾消灭在萌芽状态。对于情节比较严重的冲突，或者可能扩大影响的矛盾事件，基层管理者要采取强制措施立即解决，事后再了解详细情况，寻找有效的解决策略。对于基层管理者来说，面对员工之间的冲突与矛盾，只有掌握主动权，才能将其妥善解决。

（3）规划与统筹能力。

基层管理者的规划能力指的不是制定短期策略的能力，而是制订长期计划的能力。也就是说，一名优秀的基层管理者必须具有战略眼光，深谋远虑，能够在合适的时机让员工了解企业未来的发展规划，以便员工明确发展方向。另外，在进行决策规划的过程中，基层管理者要善于运用统筹能力，合理分配资源，避免浪费。

（4）团队建设能力。

基层管理者不仅要具备过硬的业务能力，还要具备团队建设能力，这种能力正是管理者魅力与价值的体现。因为组织的发展需要全体员工的推动，一个人业绩优秀只能说明这个人的业务能力好，只有让整个团队释放能量，才能证明基层管理者的能力与价值。

（5）领导力。

虽然基层管理者是“管理者”，但因为身处一线，所以更需要发挥领导力而不是管理能力，二者的区别如表 9–1 所示。

表 9–1 管理者与领导者的区别

管理者	领导者
管理者一般是被任命的，影响力来源于职位赋予的权力	领导者可以被任命，也可以从群体中产生，影响力来源于非职位权力
管理者可以利用职权强制员工开展某项工作	领导者依靠个人魅力影响员工主动开展某项工作
管理者依靠制度、管理工具完成工作计划，达到预期目标	领导者依靠远景规划、激励完成工作计划，达到预期目标

（6）与上司相处的能力。

基层管理者要具备与上司相处的能力，让上司知道自己每天都在做什么，以显示对上司的尊重。同时，基层管理者在工作过程中遇到问题要主动征求上司的意见，获得支持，这一点对于以后的职位晋升非常重要。很多基层管理者能够和基层员工打成一片，却忽略了与上司的沟通，这一点非常不可取。

9.1.2 培训需求分析

通过前面的论述我们已经知道，开展一场成功的培训活动的前提就是做好培训需求分析，基层管理人员培训也是如此。前面我们分析了基层管理人员应具备的基本能力，下面我们就从这些能力着手，使用问卷调查法对基层管理人员的培训需求进行分析，具体如表 9–2 所示。

表 9–2 基层管理人员培训需求分析

填表说明：填表者根据自己的实际情况在相应位置打“√”。

姓名		日期	年 月 日			
核心能力	行为表现	缺乏	改善	有效	发展	优秀
业务能力	1. 收集反馈信息，集中分析，归纳问题的关键点					
	2. 灵活运用资源，鼓励他人参与并找出问题解决方案					
	3. 评估可行方案，择优选用，果断决策					
	4. 有效解决问题，根据具体情况灵活地选择解决方案，确定跟进方案					
	5. 总结回顾，防止问题再次发生					
规划与统筹能力	1. 对企业文化、发展理念有深入认知					
	2. 具备敏锐的观察能力，能够及时发现员工工作隐患					
	3. 能够辨认妨碍团队绩效发挥的因素					

续表

规划与统筹能力	4. 明确当前组织发展目标					
	5. 了解企业发展的长期目标，制订发展计划					
沟通协调能力	1. 能够使用清晰的语言进行表达					
	2. 仔细聆听，积极回应					
	3. 善于与他人交流，传递有利于组织发展的消息					
	4. 让他人接受建议，并采取相应行动					
	5. 维护他人尊严，增强他人自信					
团队建设能力	1. 积极需求帮助，邀请员工参与讨论					
	2. 言行一致，遵守承诺					
	3. 小组行动一致，让下属明确工作期望					
	4. 互相学习，主动提出改善建议，实现团队目标					
	5. 个人行动以团队利益为主导					
领导力	1. 了解权力与影响力之间的区别					
	2. 了解员工所处境地，选择合适的领导风格					
	3. 有效授权，发挥员工工作的积极性、主动性					
	4. 对勇于承担责任的员工予以鼓励，辅导员工，提高其专业技能					
	5. 引导员工发展，提高其工作能力					

9.1.3 培训课程设置

基层管理者不仅要学习管理知识、与企业业务有关的知识，提升业务能力与各项管理能力。在计算机、互联网广泛普及的今天，基层管理者还要学习办公自动化的相关技能，提升工作效率。企业不同，各个项目的学习内容也应有所差异，下面仅以举例方式对基层管理人员培训课程设置进行说明，如表 9-3 所示。

表 9–3　基层管理人员培训课程设置

课程类型	培训课程	培训目的
管理知识	基层主管的角色与职责	增强管理者对自我角色的认知
	目标与绩效管理	让基层管理者了解目标管理的重要性与衡量标准，制订可行性目标，让企业目标与个人目标达成一致
	计划与执行管理	掌握制订可行性方案的要素与工具，将其落实
	有效的沟通技巧	利用倾听、反馈等沟通技巧，选择合适的沟通方式，与下属开展有效沟通
	员工心理分析与辅导	抓住时机，利用系统的教导方法帮助员工成长
	高绩效的团队管理	利用有效手段促进团队协作，达到团队目标
	人力资源管理	让基层管理人员掌握招聘、培训开发、薪酬管理、绩效管理等技巧
	会议管理	掌握会前准备、会中控制、会后跟进的技巧，降低会议成本，提高会议质量
	时间管理	对时间管理的概念、误区、原则做出全面了解
管理知识	戴明环	利用质量管理工具实现自己的目标
	提升员工满意度的相关知识	帮助基层管理人员提升自己的沟通协调能力、服务意识，提高员工的满意度
办公自动化	Windows 操作系统管理	掌握 Office 办公软件的相关知识，熟悉各类软件的使用，提高工作效率
	使用 Word 编辑文本	
	使用 Excel 制作表格	
	使用 Power Point 设计简报	
	使用 VISIO 绘制流程图	
企业业务培训	现有业务介绍	了解企业现有业务，掌握各项业务开展流程，推动各项业务顺利落地
	各项业务开展流程	
	业务管理实践	

9.1.4　培训效果评估

◆培训效果评估的方式方法

基层管理人员培训效果评估可以采用两种方式，一是理论考试，二是现场问卷调查。

（1）理论考试由培训师向培训管理部门提交考试试卷及答案，由人力资源部门根据参训人数打印，在每节课结束后统一组织考试。

（2）现场问卷调查由人力资源部门组织进行，先对受训人员进行调查，在同一时间向受训人员发放同样的问卷，让受训人按照实际情况填写，最后统一收集、评审。

◆培训结果的运用

基层管理人员培训实行百分制，合理设置各个部门的分数比例，比如日常训练占10%，理论考试占40%，行为改变占20%，生产效率提升、生产成本下降、产品次品率下降占30%。如果受训者的考试成绩不满60分，则取消其2年内的奖金及晋升资格；考试成绩60～69分，按规定奖金的50%发放；考试成绩70～79分，按规定奖金的100%发放，晋升资格照常；考试成绩80～89分，按规定奖金的120%发放，晋升资格优先；考试成绩在90分以上，按规定奖金的150%发放，晋升资格最先。

9.2 中层管理人员培训

9.2.1 中层管理者应具备的能力

企业中层管理者的素质模型应分为四大模块，分别是团队管理、业务发展、自我管理和基础素质，如表9–4所示。

表9–4 中层管理者应具备的能力

素质模块	具体素质	主要内容
团队管理	沟通协调	妥善处理与上下级的关系，相互理解，获得支持与配合
	激励激发	激发下属的工作热情，实现预期目标
	绩效导向	用结果衡量工作绩效，重点关注提高绩效、实现目标和产出结果
	培养他人	发现下属的潜能，在实际工作中帮助下属成长
	识人用人	识别、挖掘下属的优势与潜能，释放下属的能力，让团队与成员实现共同成长

续表

素质模块	具体素质	主要内容
业务发展	统率	团队的“主心骨”，用干练、果断的形象获取他人的信任，掌握指挥权。所以，中层管理者需要具备较强的组织能力、应变能力，以及较强的威慑力
	执行	为保证计划顺利推进，实现预期目标，要求中层管理者具有组织理解力，善于预见困难并坚定地推进计划
	指导与监控	对下属的工作进行指导，提升下属的能力；对下属的工作进展进行跟踪，及时提供意见与建议
	排除疑难	面对工作中出现的问题，要善于抓住问题的本质，提出解决方案，并付诸行动
业务发展	制度优化	善于发现制度的缺口，采取针对性措施对制度进行完善，使企业的制度体系不断优化，使行政管理效力持续提升
自我管理	全局观念	从企业全局出发进行决策，保证企业健康发展
	学习发展	通过向他们学习增长见识、提升技能，获得可持续发展的能力
	专业化	对本专业领域的发展动态保持一定的敏感度，有较强的领悟能力与驾驭能力，有能力成为本行业的“专家”
	自我控制	进行正确的自我认知，擅长控制自己的情绪，能够区分核心工作目标与非核心工作目标，为重要的工作任务分配更多资源
	自我激励	善于从工作中寻找乐趣，即便面对困难依然能保持较高的工作热情
基础素质	同理心	能够站在当事人的立场理解当事人的感受，并将这种理解传达给当事人，使当事人得到安慰，或受到鼓舞。这要求中层管理者具备体察自己与他人情绪的能力，擅长用同理心与人沟通
	责任心	能够认识到自己在组织中的重要性，这要求中层管理者对自己的工作内容、工作职责有深刻认知，从中获得满足感。同时要求中层管理者乐于奉献，将工作当作自己的事业
	自信	有能力使用这种方法完成某项工作的信念，要求中层管理者明确自己的优势与劣势，相信自己无论面对任何艰难险阻都能实现预期目标

9.2.2 培训课程设置

培训内容安排要注重内容的实用性，重点围绕专业技能提升、团队建设、后备人才培养、领导力与执行力水平提升、企业文化建设等方面开展。具体来看，中层管理人员的培训课程应包括三部分内容，一是通用技能培训，二是管理技能培训，三是专业技能课程，如表 9–5 所示。

表 9–5 中层管理人员培训课程设置

课程类型	具体内容
通用技能培训	非人力资源经理的人力资源管理、九型人格测试与分析、高级商务礼仪、公关能力、情绪管理、团队复制、压力管理及自我激励等
管理技能培训	卓越领导力与高绩效执行力提升训练、目标管理、5S 管理、激励艺术、高效会议组织、高绩效团队建设等
专业技能课程	岗位技能提升训练、企业文化的理论与建设、管理者实务操作等

9.2.3 培训方法选择

在培训方式选择方面，中层管理人员培训应以理论讲授为主，与其丰富的工作经验相结合，使用案例分析法。在讲师选择方面，中层管理人员培训最好从外部聘请专家，或者由企业内资深的高层管理者担任。培训最好安排在上班时间，开展封闭式培训。一般来讲，中层管理人员常用的培训方式有四种，如表 9–6 所示。

表 9–6 中层管理人员培训常用的四种方式

常用的培训方式	建议
外聘讲师或培训机构 / 报送就读 EMBA	选择这种培训方式，企业需要承担较高的费用，所以该方式只适合那些表现极为突出的中层管理人员。选择好外派培训人员之后，企业要与之签订就业协议，保证培训费用使用合理化
企业专职讲师授课	一般情况下，企业专职讲师培训会聚焦 1 ～ 3 门课程，如企业文化、5S 管理、公关能力等，课程内容少而精，具有一定的局限性，需要兼职讲师进行补充

续表

常用的培训方式	建议
企业内资深的高层管理人员担任讲师	资深高层管理人员拥有丰富的工作经验，而且十分熟悉企业的规章制度、岗位技能、管理流程，企业可通过建立内部讲师管理制度挖掘这类人担任中层管理人员培训的讲师
建立内部阅览室	企业建立内部阅览室让中层管理人员在闲暇时间根据自身需要进行学习。中层管理人员可提交自己需要的专业书籍，由企业培训部统一采购并保管，中层管理人员根据需要借阅。这种方式为中层管理人员提供了灵活的自学机会

9.2.4 培训效果评估

为保证中层管理者培训效果，培训管理人员要根据不同的培训项目，有针对性地对培训效果进行评估，具体如下：

（1）培训意见反馈。培训结束后，培训师要求每一位参加培训的中层管理人员填写培训意见调查表，其内容主要包括对课程内容的意见、对教学质量的意见、对培训师的意见、对培训组织方的意见、对所掌握内容的意见等。

（2）参训人员对知识、技能的掌握。培训结束后，培训师组织参训人员进行笔试，笔试结束后要求参训人员填写心得体会，对培训效果进行进一步评估。

（3）训后改善。培训效果很难立即显现，需要经过一段时间观察、考核。如果发现培训没有达到预期效果，就要安排参训人重新学习，再次考核，直到达到预期目标为止。在这个过程中，企业决策层必须根据不同的情况提出不同的意见，通过行动—总结—行动—总结这个过程达到预期的培训目标。

（4）培训效果的影响与回报。培训结束后，培训部或人力资源部门对年度培训工作进行综合评估，通过对客观数据进行对比得出最终的培训效果分析报告，包括绩效管理对比、年度培训投入与产出对比等。

（5）将培训结果与绩效考核、升职加薪联系在一起，做到有培训、有考核、有提高、有量化，将培训效果真正发挥出来，以免培训流于形式。

9.3 高层管理人员培训

9.3.1 高层管理者应具备的能力

企业的组织结构不同，高层管理者覆盖的对象也不同。一般来讲，企业高层管理层应包含企业决策圈内的所有成员——总经理、副总经理、总监等。当然，也有观点认为，直接负责一个部门以上工作的经理就是高层管理者。无论高层管理者如何划分，其应具备的能力与技巧都是相通的，比如企业高层管理者要具备指导方向的能力、综合判断力、发现和把握关键因素的能力、发挥领导影响力、培养创新和权变的能力、制定规则的能力、利用期望激活整个团队的能力、遵守职业道德的能力，具体分析如下。

（1）指导方向的能力。因为企业的各项资源有限，所以不能随意配置。一旦高层管理者决策失误，将资源投向一个错误的领域，就会导致企业蒙受巨大的损失，甚至会使企业面临倒闭危机。所以，对于高层管理者来说，站在战略发展的高度确定企业的发展方向是一项重要任务。

（2）综合判断力。综合判断力指的是对企业内部环境、外部环境进行综合考虑之后，做出最有利于企业长远发展的决策，制订可行的行动计划的能力。为培养综合判断力，高层管理者需要不断学习，与他人交流，尽可能多地获取信息，领悟企业运作原理，了解企业管理领域的最新动态，从中获取对自己有益的养分。

（3）发现和把握关键因素的能力。企业每天都会面临很多问题，这些问题有些关系企业未来的发展，非常重要，但很难被人识别；有些很容易被发现，但却没有那么重要。在这种情况下，企业的高层管理者必须具备识别关键问题的能力，妥善地解决问题，助力企业发展。

（4）发挥领导影响力。最高超的领导技能是管理者通过个人魅力、个人影响力鼓舞员工，激励员工，增强员工的凝聚力。为了提升自己的影响力，高层管理者必须不断完善自己，在企业内部树立威信，提升自己的管理水平，改善企业的经营业绩。

（5）培养创新和权变的能力。一个组织要想长久地保持活力离不开创新。因为外界环境、内部环境都在不断改变，企业必须不断创新自己的管理方式与经营理念。为适应这种趋势，企业的高层管理者必须具备创新意识，在实践过程中探索最适合企业的发展方式。

（6）制定游戏规则的能力。企业是由各类成员组建的一个团队，团队中的每个成员都有自己的思想、个性、能力、追求，会做出不一样的行动。在这种情况下，高层管理者的一项重要任务就是制定各种规章制度，保证每个成员的每个行为都有规可循，统一全体员工的步调，实现经营目标。

（7）利用期望激活整个团队的能力。对于高层管理者来说，利用期望激励员工奋发前进是一门艺术。为了做到这一点，高层管理者必须了解自己的团队，将团队发展目标明确地告知员工，让员工参与目标的制定，让员工感受到自己对他的信任与期望，从而激励员工释放自己的潜能，为团队目标的实现贡献自己的力量。

（8）遵守职业道德的能力。要想成为一名受人尊重的领导，高层管理者必须对自己严格要求，遵守企业的规章制度，在企业内部营造一种健康向上、积极奋进的文化氛围，为员工树立榜样，培养一支有战斗力的队伍。

9.3.2 培训需求分析

高层管理人员的培训需求分析可以从三个层面进行，如图 9-2 所示。

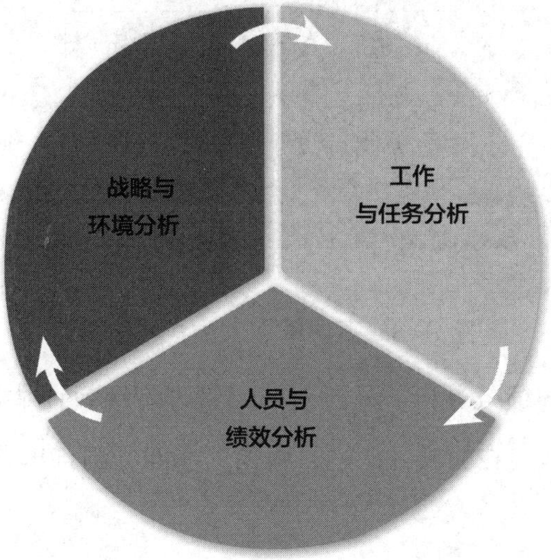

图 9-2 高层管理人员培训需求分析的三个层面

（1）战略与环境分析。通过对企业未来三年的发展规划进行分析，获知企业对高层管理者的发展要求，挖掘高层管理者的培训重点。

（2）工作与任务分析。通过对高层管理者的任职资格标准进行分析，获知企业对高层管理者的能力要求，发现高层管理者培训重点。

对于素质模型专家们来说，管理类工作是其研究的主要工作类别。国外专家通过大量统计分析得出了一个具有普遍适用性的素质模型（见图 9-3）。这里所说的普遍适用指的是该模型适用于大部分企业，并非适用于所有企业。企业高层管理者培训应根据自己的实际情况从这个模型中选择合适的要素，生成自己的高层管理人员素质模型。

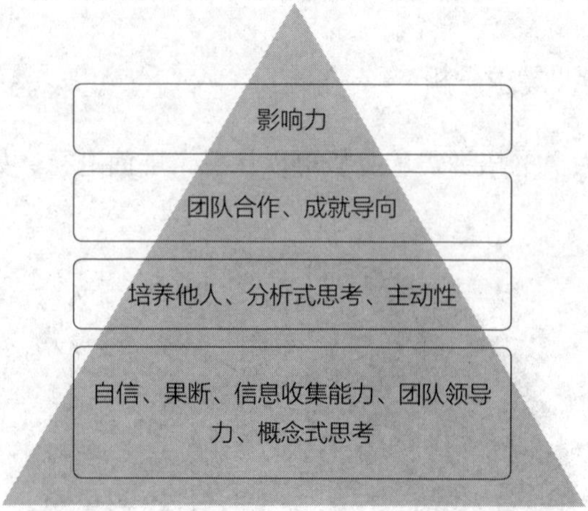

图 9-3　高层管理人员素质模型

（3）人员与绩效分析。通过对高层管理者绩效评估报告进行分析，发现高层管理者存在的共性问题，根据这些问题制订出有针对性的培训方案。

9.3.3　培训课程设置

作为企业的决策者，高层管理者必须具备广阔的视野，对当今全球的政治、经济形势有全面了解，对企业内外部因素进行深入洞察，提高自己从全局视角对企业战略、目标、方针进行规划、决策与控制的能力，提高组织活力与绩效。基于此，面向企业高层管理者的培训应聚焦观念、理念，根据高层管理者的实际情况为他们开设经营管理高级研修班，组织高层管理者有针对性地学习企业管理领域的最新理念与技术，系统地学习现代市场营销、人力资源、信息管理、金融财务领域的高层次知识。具体来看，企业高层管理人员培训课程设置如表 9-7 所示。

表 9–7 高层管理者培训课程设置

培训课程	主要内容
企业所处环境与国内外形势介绍	（1）宏观经济形势与未来的发展趋势； （2）各级政府的各项政策法规，如投资、税收、劳动、人事、财政、金融等； （3）行业状况； （4）市场发展前景； （5）新兴科技产业等
经营思想	（1）经营哲学； （2）经营模式； （3）企业宗旨； （4）企业文化等
企业发展战略	（1）提升企业竞争力的方式，包括企业的战略思维与计划；内部资产分析（如人力资源分析、财务分析等）；外部机会与挑战分析；企业产品发展战略；多元化的经营策略；组织扩张策略等； （2）对策研究，包括运筹学、对策论、博弈论、卡普苏吉尔危机管理一览表等
组织设计与用人	激励理论与实践、内部授权与责任、劳资关系、人才开发与接班人计划、组织人性化、管理多元化、组织未来的发展趋势等
控制与影响	权力结构的建立与维持、有效的控制机制、电子商务系统的引入等
企业现代管理技术	战略管理技术、综合规划计划、预测决策技术、人力资源管理技术、财务管理技术、生产作业管理技术、质量管理技术、信息处理技术等
个人能力与修养的提升	企业家精神、个人权威与影响力、人格魅力、现代管理思想、领导艺术等
企业社会责任	环境保护与可持续发展、企业公共关系、如何将社会责任转化为企业机会等

高层管理者培训可用的方式有很多，如高级研习班、研讨班、报告会、自学、企业间高层交流、热点案例研究讨论等，还可以选择出国进修、读 MBA 或 EMBA、开展学历教育等。如果选择外派培训，要注意预防走过场、混文凭、公费旅游等现象发生。

9.3.4 培训效果评估

◆培训评估指标

高层管理人员培训评估指标有四大类，分别是学员的反应、对主要概念的理解、行为的改变和业绩，具体内容如表 9-8 所示。

表 9-8 高层管理人员培训评估指标

培训评估指标	具体内容
学员的反应	让学员填写课程评估表，了解学员对培训师的意见与建议
对主要概念的理解	通过测验、角色演练获知学员对主要概念的理解，组织学员填写培训报告等
行为的改变	观察培训结束后学员行为的变化，是否制订了新的行动计划，是否有新的作为
业绩	外部评估与内部评估相结合对学员业绩进行评价

◆培训跟踪

在整个培训过程中，培训管理者都要对参加培训的高层管理人员进行跟踪辅导。培训开始前，组织参加培训的高层管理人员进行能力测评；培训结束后，组织参加培训的高层管理人员填写课程评估表（见表 9-9），执行未来的行动计划。在高层管理者实施行动计划的过程中，人力资源部门要对高层管理者后期的工作绩效进行评估，其直接领导也会对其日常工作进行辅导、监督，保证培训效果最大化。

表 9-9 课程评估表范例

学员姓名：________________ 联系电话：________________

企业名称：________________ 职 务：________________

各位亲爱的学员：

您好，感谢您一直以来对和之源商学院的支持，为了更有效地提升课程品质及服务，请您将真实的感受和建议反馈给我们，您的真实反馈和建议是给予我们最大的支持，也是我们今后工作的努力方向，再次感谢您对和之源商学院的信任和支持。

以下各评分项目：10 分代表非常好、9 分代表很好、8 分代表一般、7 分代表差、6 分代表非常差。

1. 请您对本次课程进行评估（请您在相应的数字下打"√"）

课程内容符合我的培训期望：	6	7	8	9	10
课程的系统性、逻辑性强：	6	7	8	9	10
课程实用、对工作的实效性：	6	7	8	9	10

整体得分原因：________________

整体失分原因：________________

2. 请您对本次授课导师进行评估（请您在相应的数字下打"√"）

导师授课思路清晰、专业能力：	6	7	8	9	10
导师授课时间、氛围的把控能力：	6	7	8	9	10
导师对授课内容有精辟见解：	6	7	8	9	10
导师与学员有良好互动：	6	7	8	9	10

导师授课对您最有帮助的地方：________________

导师授课应当改进的地方：________________

3. 请您对本次会务进行评估（请您在相应的数字下打"√"）

助教是否认真负责：	6	7	8	9	10
课程的会务（音乐、灯光、服务等）：	6	7	8	9	10

整体得分原因：________________

整体失分原因：________________

4. 对本次课程和服务，您还有什么建议可以给我们？

____

____

【延伸阅读】 企业管理层培训如何推进

◆建立培训准则或工作框架

对于企业来说，管理层培训是一件大事，必须在开始之前建立培训准则：

第一，与企业最高领导密切沟通，理解其培训意图，寻求外部支持。

第二，与基层、中层、高层管理者沟通，了解其培训需求，获得积极配合与参与。

第三，与外部专业机构或专家沟通，寻求帮助。

第四，培训准则的建立要秉持简洁、高效，能够唤起行为，结果可以被监测的原则。

第五，明确自己的职责，即培养管理层发现问题、识别问题、解决问题的能力与态度。

◆确定管理者培训目标

为保证企业管理层培训效果，必须确定明确的培训目标，比如：

第一，向中高层管理者传授胜任未来工作的知识与能力。

第二，向中高层管理者传达企业文化与价值观。

第三，培养个别骨干员工成为企业未来高层管理者的接班人。

◆大量访谈

在企业管理层培训的过程中，访谈是必须要做的一项工作。首先，访谈可以在企业管理层中间营造一种培训氛围；其次，通过访谈可以了解各级管理者面临的工作困境及培训需求；最后，通过访谈可以向各级管理者传递企业对他们的重视与诉求。为保证访谈效果，必须先拟定一个提纲，如表 9–10 所示。

表 9–10 企业管理层培训访谈提纲

姓名：	年龄：	专业：	毕业院校：
毕业时间：	入司时间：	任职部门：	任职岗位：
（1）从技术骨干成为部门领导还适应吗？觉得自己有哪些改变？			
（2）之前的工作与现在的工作相比有哪些不同？			
（3）为了实现工作目标，您采用了哪些方法？			
（4）您认为现在的跨部门沟通顺畅吗？有哪些需要改善的地方？			
（5）如果现在有个系列培训，您认为有必要吗？您认为这个培训活动应开设哪些课程？			
（6）您喜欢哪些培训方式？			
（7）对于培训，您有什么好的意见或建议吗？			

◆评估管理者的能力

评估管理者的能力有两层含义：第一，在培训前对管理者的能力进行评估；第二，培训结束后对管理者的能力进行评估。培训前评估可以使用人才评价中心评价，借助第三方网络测评、无领导小组面试等方法进行。培训后评估可以通过两个方面实现：第一，培训过程中，参加培训的管理者的表现；第二，培训结束后半年或一年内的业绩表现。

在具体实践过程中可以用柯氏四级评估模型对管理者的能力进行评估，如图 9-4 所示。

反应层	· 评估重点：对培训的主观感受 · 评估方法：访谈、问卷调查
学习层	· 评估重点：在知识、技能、态度等方面的收获 · 评估方法：笔试、问卷调查
行为层	· 评估重点：工作行为的改进 · 评估方法：问卷调查、观察、业绩监测、专题研究
结果层	· 评估重点：组织或部门经营业绩的提升 · 评估方法：问卷调查、业绩目标

图 9-4　柯氏四级评估模型

◆推动培训活动顺利进行

要想推动培训活动顺利进行，培训管理者必须做好以下四项工作：

第一，开始培训，激发基层、中层、高层管理者参与培训的热情。

第二，引导参加培训的管理者进入培训状态。

第三，让管理者行为通过培训方式变化，这些行为变化可以体现在知识、技能、理念、态度等方面。

第四，将培训与工作绩效挂钩。

做好这四项工作，管理层培训一定能顺利推进，取得预期效果。

◆培训方法很重要

培训的方式方法对培训效果有着非常重要的影响。企业管理层培训建议多使用研讨培训法、案例培训法、轮岗培训等，将理论与实践相结合。除此之外，沙盘模拟等行动学习法也可以用于管理层培训，激发管理层参与培训的热情，让培训取得较好的效果。但沙盘模拟比较适合用来进行沟通培训，尤其是跨部门沟通的培训课程，如果是演讲时培训，沙盘模拟很难发挥出应有的作用，甚至会取得反效果。所以，为保证培训效果，培训师要根据实际情况选择合适的培训方法。

10 关键岗位培训

10.1 营销岗位培训

10.1.1 门店销售岗位培训

◆培训目标

（1）增长知识：对于销售人员来说，将产品信息传递给顾客，搜集市场情报是非常重要的职责，为此，销售人员必须具备一定的知识层次，这是销售人员培训的主要目标。

（2）提高技能：技能指的是销售人员利用现有的知识开展实际工作的本领。对于销售人员来说，技能不仅是销售能力，还包括市场调查与分析能力、与顾客沟通的能力、对经销商提供销售援助的能力等。销售岗位培训就是要提高销售人员全方位的能力。

（3）态度是企业在长期运营过程中形成的经营理念、价值观与文化环境的总和。销售人员培训要让销售人员认可这种态度，增强销售人员对工作的热爱，让销售人员时刻充满工作热情。

◆培训内容

门店销售人员需要掌握的知识与技能比较多，不仅要掌握销售技能与推销技巧，还要了解产品、市场与产业、企业、同行业竞争者等，所以，门店销售人员培训内容非常丰富，如表 10–1 所示。

表 10–1 门店销售人员培训内容

培训内容	具体描述
销售技能与推销技巧	包括推销能力、谈判技巧等，比如重点客户与潜在客户识别、向客户介绍产品的方法、顾客服务技巧、达成交易与后续工作、应对客户反对意见的方法、市场销售预测等
产品知识	产品是企业与顾客连接的纽带，所以销售人员必须全面了解产品，包括本企业所有的产品线、品牌、产品属性、产品用途、产品包装、产品材料、产品的可变性、产品损坏的原因、维修方法等。除此之外，销售人员还要了解竞争产品在价格、构造、功能、兼容性等方面的知识
市场与产业知识	了解自己所处行业与整个宏观经济市场的关系，如经济波动对顾客购买行为的影响，在不同经济环境下顾客的购买模式与特征，如何根据宏观经济环境的变化调整销售策略等。同时，销售人员还要了解不同类型顾客的采购政策、购买模式、购买习惯、服务要求等
竞争知识	了解竞争对手的产品、本企业的竞争优势与劣势、客户政策与服务等
企业知识	通过深入了解本企业提高对企业的忠诚度。销售人员需要了解的企业知识包括企业历史、企业取得的成就、相关的规章制度、企业规定的广告、产品运输费用、产品付款条件、违约条件等
时间与销售区域管理知识	销售人员如何制订计划，减少时间浪费，提高工作效率，如何正确利用销售地图，开拓与巩固销售区域等

◆培训方式

培训管理者要根据本企业销售人员的实际情况确定培训方式。门店销售人员常用的培训方式主要有以下几种：

（1）在职培训：销售人员一边工作，一边接受培训。这种培训方式既不会影响销售人员的日常工作，又可以提高销售人员的业务能力，是一种最常用的培训方式。

（2）个别会议：由接受培训的个别销售人员参加会议进行讨论。

（3）小组会议：由若干接受培训的销售人员组成小组参加会议。

（4）个别函授：培训部门根据具体情况向个别销售人员发出函授。

（5）销售会议：组织销售人员经常参加销售会议，通过这种方式对销售人员进行培训。

（6）设班培训：企业定期组建培训班，对销售人员进行系统培训。

（7）通信培训：培训师利用通信器材对销售人员进行培训，这种培训方式打破了时空限制，非常方便。

◆确定培训时间

培训时间的确定要遵循一定的原则：既不能影响正常业务的开展，又要保证培训效果。一般来讲，根据销售人员所处职业阶段的不同，培训时间可以划分为三种类型：

（1）新进入的销售人员培训，培训时间往往安排为 1 ～ 2 周。

（2）企业原有的销售人员培训，培训时间的安排比较灵活，可以每天培训，每次培训 30 分钟；或者每星期开展 2 小时的培训；或者每 2 年开展 1 周～ 1 个月的在职培训；或者每 5 年开展 1 个月的集中培训。

（3）针对优秀销售人员的进修培训，培训时间、受训人数需根据企业的实际情况确定。

在现实的工作环境中，影响销售人员培训时间的因素有很多（见表 10–2），培训管理者在确定培训时间时必须对这些因素进行全面考虑。

表 10–2　影响销售人员培训时间的因素

影响因素	具体要求
产品因素	如果产品工艺比较复杂，使用了新技术、新方法，销售人员培训时间就要长一些
市场因素	市场上的竞争对手越多，竞争越激烈，销售人员培训时间就应该越长

续表

影响因素	具体要求
销售人员素质	销售人员已经拥有了丰富的知识，而且悟性较高，培训时间可以适当缩短，反之培训时间就应延长
销售技巧	如果销售的商品是奢侈品，选择余地较大，对销售技巧的要求较高，就需要延长培训时间
培训方法	如果是单纯的讲授，培训时间可以短一些；如果是视听结合的方式授课，培训时间就要长一些

◆确定培训人员与受训人员

培训管理者在制订培训计划时必须确定培训人员与受训人员。其中培训人员包括组织人员与讲授人员，组织人员需要做好培训前的准备、培训中的服务与培训后的善后工作；讲授人员可以是企业内部业绩优秀的销售人员，或者高级销售管理人员，还可以是外聘的专家、教授。

受训人员的选择必须满足以下条件：

（1）对销售工作有浓厚兴趣，有能力完成销售任务。

（2）有强烈的求知欲，希望通过培训丰富个人知识，提高个人技能。

（3）有学以致用的精神。

◆确定实施程序

门店销售人员培训应循序渐进，让新知识与受训人员已有的知识相融合，以免知识混淆，适得其反。具体来看，门店销售人员培训程序如图 10–1 所示。

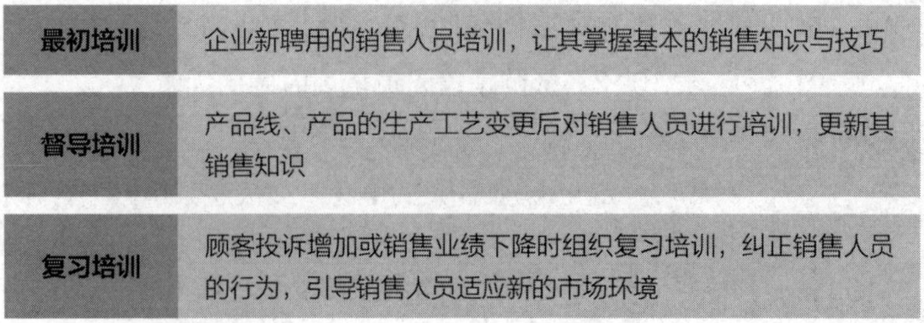

图 10–1 门店销售人员培训程序

10.1.2 网络销售岗位培训

◆网络营销岗位的职责

网络销售是随着互联网的发展新兴的一个销售岗位，员工所处位置不同，岗位职责也不同，如表 10–3 所示。

表 10–3 网络营销岗位职责

岗位	职责
部长	（1）制订本企业的网络营销计划，制定本部门的发展目标； （2）根据整体营销计划制定员工工作目标，并实现该目标； （3）对本部门员工的工作绩效进行考核，奖优罚劣； （4）与其他相关网站建立友好关系，以获取更多流量； （5）制定网络宣传工作目标与计划，并将其落到实地； （6）负责企业网站的日常更新与维护； （7）负责收集竞争对手的信息，制作信息通报； （8）根据市场要求与产品特点制订网络营销方案； （9）配合其他部门做好推广工作； （10）负责完成上级领导交办的任务
员工	（1）根据部门领导的安排制定个人工作目标与工作计划； （2）根据工作目标有计划地学习业务知识，推进工作计划； （3）及时更新企业动态与博客，将新活动、新项目第一时间告知客户； （4）收集市场信息，反馈客户需求； （5）负责客户咨询； （6）收集客户资料，发掘新的业务源； （7）完成上级领导交办的工作

◆课程设置

网络营销就是利用互联网开展的营销活动，其中的互联网只是一种营销工具。在开展网络营销的过程中，营销人员必须对各种网络资源进行充分整合与利用，选择优质内容，利用各种渠道进行传播，达到预期的销售目标。为此，网络营销人员必须掌握一些技能，如，如何进行网站推广、如何建立网络口碑、如何利用网络发布信息等。基于此，网络销售岗位培训课程可设置如下，如表 10–4 所示。

表 10–4　网络销售岗位培训课程设置

课程名称	主要内容
网站推广	通过网站推广提高网站访问量，这是网络营销的基本职责之一
网络口碑建立与维护	网络口碑建立与维护是网络推广的重点，网络营销人员需通过各种手段让网友认可品牌，并主动宣传品牌
各类信息发布	通过网络将企业动态、营销重点等信息告知目标顾客群体、潜在顾客群体、媒体、合作伙伴、竞争对手等
销售促进	通过网络宣传促销活动或举办网络促销活动提高交易量
顾客服务	通过微信、微博、QQ、邮箱等工具回答网友提问，收集有价值的信息反馈给相关部门
投放网络广告	选择适合企业的网站投放网络广告
网络资源整合	秉持互利互惠原则交换广告位，开展友情链接等活动

◆培训考核

培训结束，培训管理部门要组织参训人员填写《网络销售人员培训考核表》（见表 10–5），根据分数判断销售人员的培训效果，考试成绩总分为 80 分，48 分及格，不及格的人员需要重新参加培训、重新测试，直到及格为止。

表 10–5　网络销售人员培训考核表

<table>
<tr><td>姓名</td><td></td><td>工号</td><td></td><td>部门</td><td colspan="2"></td></tr>
<tr><td colspan="2">培训考核人</td><td></td><td>入职日期</td><td></td><td>考核日期</td><td></td></tr>
<tr><td rowspan="2">序号</td><td rowspan="2">考核内容</td><td colspan="4">评价标准</td><td rowspan="2">得分</td></tr>
<tr><td>0 ~ 4 分差</td><td>4 ~ 6 分较差</td><td>6 ~ 8 分较好</td><td>8 ~ 10 分很好</td></tr>
<tr><td>1</td><td>精神面貌</td><td>无精打采</td><td>注意力不集中</td><td>精神状态良好</td><td>表现积极</td><td></td></tr>
<tr><td>2</td><td>衣着打扮</td><td>衣着邋遢，头发凌乱</td><td>衣着整洁，未穿工装</td><td>衣着整洁，穿正式服装</td><td>穿正式服装，扎领带</td><td></td></tr>
<tr><td>3</td><td>工作态度</td><td>工作懈怠，躲避工作</td><td>领导安排才会做</td><td>积极主动承担工作</td><td>主动工作并带领他人工作</td><td></td></tr>
</table>

续表

序号	考核内容	评价标准				得分
		0～4分差	4～6分较差	6～8分较好	8～10分很好	
6	运营知识掌握程度	不了解运营知识	有一定了解	了解很多，但不成体系	掌握全面，且成体系	
7	网络平台运营能力	不了解平台	对平台有一定的了解	完全了解平台	可以结合运营思维分析平台	
8	行业分析能力	没有行业分析思路	有思路，但不成体系	有成体系的分析思路	可将分析思路与运营思维结合	
9	临场互动	没有互动	有互动，但不积极	有互动，比较积极	有互动，很积极，可以感染他人	
综合成绩						

10.2 技术岗位培训

10.2.1 生产技术岗位培训

◆培训内容

按照不同的职级，生产部从上到下依次设生产总监、生产部经理、生产部调度主管、车间主任、班组长、一线操作工人，为了提高生产效率，保证生产质量，实现安全生产，各个岗位都需要培训。具体来看，生产技术岗位的培训内容可分为3类，分别是专业知识与技能类培训、管理技能类培训和通用类培训，各岗位具体的培训内容如表10-6所示。

表 10-6　生产技术岗位培训内容

生产部门岗位	专业知识与技能类培训	管理技能类培训	通用类培训
生产总监 / 生产部经理	（1）全面生产管理； （2）精益生产管理； （3）生产成本控制； （4）生产计划控制； （5）制定生产规划； （6）生产质量管理	（1）卓越领导力； （2）有效会议管理； （3）有效员工激励； （4）如何辅导和训练下属； （5）有效授权	（1）目标管理； （2）团队管理； （3）企业文化； （4）项目管理； （5）创新思维训练； （6）安全生产管理； （7）ISO9000
生产调度主管	（1）生产计划执行管理； （2）生产进度控制	（1）有效沟通； （2）生产组织与协调； （3）执行力提升训练	（1）企业文化； （2）目标管理； （3）态度决定一切； （4）压力与情绪管理； （5）人际关系； （6）安全生产； （7）ISO9000
车间主任	（1）目视管理； （2）看板管理； （3）5S 管理； （4）生产现场管理； （5）生产标准化管理； （6）质量管理工具与方法	（1）现场管理者能力提升； （2）领导力； （3）有效执行； （4）冲突管理； （5）团队管理； （6）有效授权	
班组长 / 一线工人	（1）设备操作； （2）工艺设备使用； （3）工艺流程的疑难点； （4）产品质量控制； （5）物料与产品制程控制	（1）人员绩效管理； （2）有效激励员工； （3）冲突管理； （4）如何与下属沟通； （5）团队管理	

◆培训流程

生产技术岗位培训必须遵循四步法原则：

第一步，成员准备。让受训员工进入培训岗位，了解岗位工作内容、工作特性，了解岗位危害源辨识等。

第二步，示范操作。对工作要素进行回顾，进行示范操作。示范需具体，对各个动作进行分解，指明关键点，保证指导清晰、完整。

第三步，试操作。受训员工亲自进行操作，复述每个要素及主要动作分解，找到关键点及原因。让受训员工重复操作，直到完全掌握为止。

第四步，跟踪。对受训员工的工作能力进行验证，让受训员工展示对以下内容的理解和能力：安全要求、标准操作、质量要求等。培训结束，培训师组织考核。

◆培训效果的考核与评估

培训结束，培训师根据培训内容组织考核，建立培训档案；对每次培训效果进行评估，了解参训人对培训内容的掌握情况，为培训改进提供指导。具体来看，生产技术岗位培训效果评估可分为以下几种：

（1）反应评估：通过观察学员的听课反应，课后开展问卷调查、面谈观察等方法，了解参训人员对培训内容的理解程度，对培训活动的满意度。

（2）学习保持评估：通过现场提问、笔试、口试、模拟练习与演示、角色扮演等方式，评估学员对培训内容的理解程度、对培训技巧的掌握程度、对培训概念的吸收程度。

（3）结果反馈：通过对组织绩效、缺勤率、生产效率、离职率等指标进行观察，在培训结束的 6 ～ 12 个月的时间里，与参加培训学员的直系主管沟通，对培训给企业业绩带来的影响进行评估。

10.2.2 工程技术岗位培训

◆培训内容

工程技术岗位涉及的岗位类别非常多，部门管理人员、质量控制人员、采购人员、施工人员、质检人员等。为了满足企业的工程建设要求，保质保量地完成工程项目，必须做好工程技术人员培训，提高工程建设、管理水平，保证工程质量。下面，我们从各个岗位着手对培训内容、培训目的进行分析，如表 10–7 所示。

表 10–7　工程技术岗位培训内容及目的

培训类别	培训内容	培训目的
企业制度	企业规章制度	提供部门执行力
采办管理	采办管理 保检培训	提高对采办工作的认识
控制管理	进度管理培训 费用控制管理培训	提高对控制部门的认识
部门制度	部门施工管理制度 部门安全教育	规范部门管理，增强安全意识
工程管理	招标文件编写与典型案例 施工图审查 项目设计管理 项目施工管理 项目质量管理	提高对项目管理的认识
专业技术培训	土建专业培训	了解土建基础知识
	管道专业培训	了解管道材质、标准、识别及防腐等
	仪表技术培训	了解现场仪表、控制系统、控制阀等相关知识
	电气技术培训	了解电气的基础知识
	设备技术培训	设备的检查、验收、保养、维护等
	煤气化技术培训	煤气化生产工艺流程、作业技术与操作等
	合成技术培训	合成工艺的生产流程、技术与操作等
	公用工程技术培训（水系统、空分、热电等）	公用工程生产工艺流程、作业技术等

◆培训原则

工程技术岗位培训要坚持“三个加强”“两个结合”“一个发挥”原则，如图 10–2 所示。

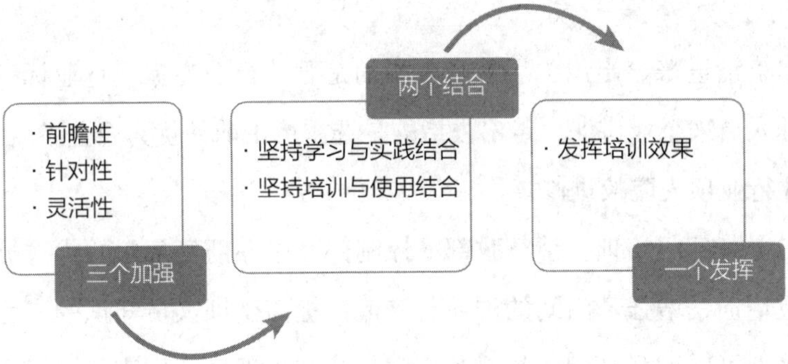

图 10–2　工程技术岗位培训原则

（1）前瞻性。工程技术岗位培训要有前瞻性，积极组织员工学习新技术、新方法，为将来引入新设备、新工具做好准备。

（2）针对性。工程技术岗位培训要有针对性，不能向电气工人讲授煤气化技术，以免浪费时间与资源，让受训人员不知所云。

（3）灵活性。工程技术岗位培训要有灵活性，可以根据施工过程中遇到的问题灵活调整培训内容，也可以根据受训人员的时间灵活调整培训时间，为受训人员参加培训提供方便。

（4）坚持学习与实践相结合。学习与实践相结合指的就是工程技术岗位培训不能一味地注重课堂学习，还要组织受训人员进入施工现场亲自实践，对培训内容的有效性进行验证。

（5）坚持培训与使用相结合。要求受训人员将学习内容应用于实践，一方面增强对学习内容的理解与记忆，另一方面通过实践检验学习内容是否有效，以保证培训效果。

（6）发挥培训效果。岗位培训的最终目标就是发挥培训效果，提高工程施工效率，保证工程施工质量。

◆培训方法

工程技术岗位培训可使用的方法有很多，最常用的方法有三种，具体分析如下：

（1）请进来、走出去。请进来指的是聘请行业专家、行业标杆企业的管理人员来企业讲课；走出去指的是选派员工前往优秀企业参观学习，或前往行业顶尖院校进修。

（2）跨部门培训。请行政部、控制部、采办部等部门的优秀员工共同开展培训，增强部门间的沟通与交流，提高受训人员知识的广度。跨部门培训可以增强受训人员对各部门的认知，理清工作流程，促使部门培训演化为部门日常沟通，培养复合型人才。

（3）专业技术交流。每周举行一次例会，要求大家就近期在工作中遇到的某个问题进行交流、讨论，并适时地进行制度、管理、技能方面的培训与交流。

10.3 支持岗位培训

10.3.1 客服管理岗位培训

◆培训内容

客户服务指的是以客户为导向，对预先设定的服务组合中的客户界面中的所有要素进行管理、整合。从广义上理解，客户服务就是所有能提高顾客满意度的行为与活动。因为客服岗位处于服务顾客的第一线，所以需要培训的内容比较多，具体如表 10–8 所示。

表 10–8 客服岗位培训内容

培训类目	具体内容
思想作风培训	（1）服务意识，引导客服人员树立“服务第一”的价值观，全心全意为顾客服务； （2）“五勤”，即在工作中勤动脑、勤观察、勤做说服工作、勤动手、勤巡查； （3）“五爱”，即爱企业、爱客户、爱岗位、爱服务、爱信誉

续表

培训类目	具体内容
职业道德培训	(1)日常行为规范; (2)语言规范; (3)工作记录规范; (4)接听电话规范; (5)接待客户规范
仪容仪表培训	(1)仪容仪表整洁端正，精神状态饱满; (2)统一着装，佩戴工作牌，严禁穿私服、拖鞋上岗; (3)工作服干净、挺括，工作卡无破损、污渍; (4)行为举止文明有礼貌，服务热情; (5)严禁与客户发生争执，对客户的无理行为要忍耐、说服; (6)办公室禁止吸烟、吵闹、吃东西、聊天、串岗、打私人电话、哼唱歌曲
文明用语培训	让客服人员养成文明用语习惯，除"您好""谢谢""不客气""对不起"之外，还要让客服人员掌握以下几条基本文明用语： (1)您好，请问有什么可以帮您? (2)请留下您的电话号码与姓名，稍后会有人和您联系; (3)谢谢您的批评指正; (4)不客气，这是我们应该做的; (5)感谢您的来电，再见; (6)对不起，打扰了; (7)对不起，先生/女士，请您与××部门××先生/女士联系
投诉处理培训	(1)遇到客户投诉，认真倾听，弄清事情的来龙去脉，做好笔录，请投诉人填写投诉表; (2)及时处理，如果超出自己的职责范围，及时通知相关负责人; (3)重大问题实行三级负责制：接待人—客户主管—总经理，逐级上报，直到问题得以妥善解决; (4)接待投诉时，客服人员的态度必须和蔼，语言谦逊，不急不躁。不得刁难、取笑客户，不得向客户索要财务; (5)如果客户投诉的问题属于客服中心的工作范围，必须当日处理；如果需要转交相关部门处理，处理时间不能超过3天

◆培训方式

客服岗位培训可以采取每日培训、每周培训、每月培训考核的方式。

(1)每日培训：部门主管利用晨会时间总结前一天的问题，有针对性地对客服人员进行培训，满足日常工作开展需要。每日培训的时间不能超过 10 分钟，只讲 1 ～ 3 个要点，要求客服人员每日落实即可。

（2）每周培训：客服部主管对上一周的客服工作进行总结，对下一周的工作内容提前部署。每周培训的时间在 30 分钟左右，主管提前 2 天制订培训计划，交综合部备案。培训结束后，主管要按模板填写课程报告，提交给综合部。

（3）每月培训考核：每月 2 日之前，客服部主管要公布当月重点考核的 4 个项目，同时公开课件资料，结合每日培训、每周培训做好培训工作。每个月最后一次周培训时进行考核并打分。

◆各个阶段培训考核的方法

客服岗位应根据不同的培训内容与阶段采用不同的考核方法：

第一，笔试，主要适用于对服务理念、服务内容、产品相关知识进行考核，使用起来比较简单。

第二，案例分析，可用以往的客服事件为案例，让受训人员对其进行分析，考核受训人员解决问题的能力。

第三，模拟练习，设置一个场景，让受训者扮演其中的某个角色，考核其服务态度、应变能力、礼仪等。

客服岗位考核要关注很多内容，如表 10–9 所示。

表 10–9　客服人员模拟考评表

填写说明：每项为 5 分，满分为 100 分，70 分及格。

考核项目	评分	考核项目	评分
礼貌用语		有同理心	
态度诚恳		热情周到	
语速、语调、音量适中		无推托行为	
普通话标准		无争吵、争辩	

续表

考核项目	评分	考核项目	评分
没有口头禅		准确判断投诉者需求	
耐心倾听		确认复述问题	
实时回应		妥善解决投诉	
解答准确		准确转交投诉	
耐心引导		正向引导	
语言通俗		客户反应	
总分			

10.3.2 财务管理岗位培训

◆财务管理岗位培训分类

根据不同的标准，财务管理岗位培训可分为不同的类型，如图 10-3 所示。

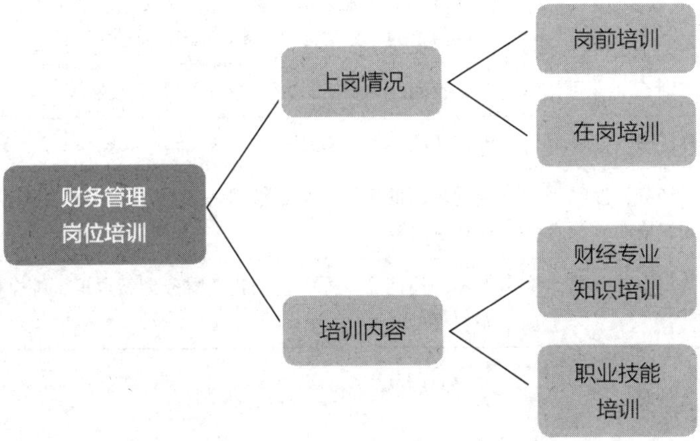

图 10-3 财务管理岗位培训分类

（1）按上岗情况，财务管理岗位培训可分为岗前培训与在岗培训。其中岗前培训的对象主要是财务部新员工，培训内容应围绕职业道德、内控制度与流程安排。在岗培训面向的主要是财务部的老员工，培训的主要目的是规范操作、提升技能。

（2）按培训内容，财务管理岗位培训可分为财经专业知识培训与职业技能培训。财务人员必须掌握一定的财经专业知识来处理日常业务。另外，在办公不断自动化、现代化的形势下，财务人员不仅要具备丰富的财经专业知识，还要不断学习新技术、新工具，比如综合分析能力、办公自动化能力等，在保证工作质量的提前下提升工作效率。

◆培训内容

财务管理岗位培训的内容非常丰富，主要包括入职培训，岗位技能培训，资格和职称证书教育培训，最新科技、经济、管理等领域的知识培训等，具体内容如表 10-10 所示。

表 10-10　财务管理岗位培训内容

培训项目	主要内容
入职培训	企业简介、企业发展战略、企业文化、工作职责、各项管理制度与条例、劳动合同、薪资福利、企业组织架构等
岗位技能培训	基本技能、专业技能、管理技能、创新技能等
资格和职称证书教育培训	资格考试、职称考试等
最新科技、经济、管理等领域的知识培训	当前最新的经济形势、管理理念与方法、与财务管理有关的科技技术等
其他培训	人际沟通能力、办公自动化、财务创新意识、综合事务处理能力等

◆培训方式

财务管理岗位培训可选择两种方式，一种是外部培训，另一种是内部培训。

（1）外部培训。外部培训就是将财务人员派往专业的院校或机构接受培训。这种培训方式成本极高，不仅需要企业承担大笔费用，还有可能导致企业正常的财务工作延误，所以建议企业选派一部分优秀的财务人员外出接受培训，回来之后，由这部分财务人员担任讲师对未接受外部培训的财务人员进行培训，在保证培训质量的前提下控制培训成本。

（2）内部培训的方式非常灵活，包括集中授课、半正式交流学习、发放资料自学等，只要能达到培训目标就可以。

除此之外，财务管理岗位培训还可以采用参加财务审计类证书考试培训，财务部组织座谈讨论，岗位带教和轮岗学习，参加国内外受训或考察等。企业可根据受训人员的实际情况，结合自己的财务情况，选择合适的培训方式。

10.3.3 行政管理岗位培训

◆培训目的

从广义上讲，企业行政管理包括行政事务管理与办公事务管理两大内容；从狭义上讲，企业行政管理就是以行政部门为主体，对行政事务、办公事务进行处理的过程，包括制定并推行相关制度、会议管理、档案管理、资料管理、物品管理、涉外事务管理、财产设备管理、生活福利发放、安全卫生管理、车辆管理等。行政管理的最终目标就是使部门之间、部门与企业之间密切配合，保证企业高速、稳定运转，用合理的成本激发员工工作的积极性，提高工作效率，实现企业发展目标。

为了做好行政管理，行政部门的员工必须接受培训。行政管理岗位培训的目的在于让受训人员掌握企业行政管理的基本知识，了解行政管理人员的基本能力与素质要求，掌握日常行政事务处理流程，提升工作能力，掌握风险管理技能，学会如何调整心态，如何进行自我管理，逐步成长为一名合格、优秀的企业行政管理人员。

◆培训内容

因为行政部门承担的工作非常多，而且比较杂，所以培训内容也非常多，具体如表 10–11 所示。

表 10–11 行政管理岗位培训内容

培训项目	主要内容
企业行政管理规划	（1）行政管理组织设计及原则； （2）行政管理工作计划的内容、制定流程、实施总结
行政人员的形象	（1）行政管理人员外在形象的重要性； （2）对行政管理人员形象的要求； （3）行政管理人员着装原则； （4）行政管理人员礼仪规范
办公室事务管理	（1）办公环境设计； （2）行政人员的日常工作与主要职责； （3）突发事件的预防与处理
公文管理与写作	（1）企业公文管理的原则； （2）公文下发、公文请示与审批、公文整理与保存的流程与方法； （3）企业公文类型、写作规范； （4）企业文书、书信的分类及写作技巧
会议组织与管理	（1）会议的类型与组成要素； （2）会前准备、会中事务、会议控制、会后总结； （3）会议管理技巧
企业行政管理沟通	（1）行政管理沟通程序； （2）内部沟通方法与技巧； （3）沟通的原则：尊重、欣赏、换位思考、知己知彼
印章管理	（1）印章管理流程及细则； （2）印章使用范围； （3）印章使用申请、审批、登记流程与制度

◆培训考核

行政管理岗位培训效果考核可采用三种方法，分别是自我评估法、上级评价和横向考核，具体分析如下：

（1）自我评估法。培训结束后，参加培训的行政人员进行自我评估，评估内容包括对培训内容的理解程度，是否将培训的知识点应用到了实际工作中，效果如何，工作效率、工作质量是否有所提升，还有哪些不足，还需要哪些方面的培训等。通过自我评估对整个培训过程进行总结。

（2）上级评价。通过直接领导初评打分、上级主管复评打分的方法对培训效果进行考核。因为行政管理岗位培训的目的就是让受训人员利用培训师讲授的知识与技巧解决工作中遇到的问题，实际效果如何，直接领导有最直观的感受与评价。为保证评价结果公平、公正，在直接领导打分结束后，由上级主管对评估结果进行复核。

（3）横向考核。除直接领导外，外部协调部门的员工对行政管理人员培训前后的变化也最为了解，所以，通过外部协调部门对参加培训的行政人员进行评价能够获得更真实、更全面的信息，评价内容主要包括行政人员的服务精神、沟通协调能力、对外部需求的反应能力等，也就是所谓的工作满意度调查。

10.3.4 人力资源管理岗位培训

◆培训目标

人力资源管理指的是在经济学、人本思想的指导下，通过招聘、选拔、培训、报酬等方式对人力资源进行有效利用，满足组织运行及未来发展的需求，实现组织目标，使成员发展最大化的一系列活动的总称。人力资源管理岗位培训就是为了提高人力资源部门各岗位员工的能力，更好地完成各项任务，为组织发展提供更好的支持与助力，同时帮部门员工实现个人成长与发展。具体来看，人力资源管理岗位培训的目的有三个：

第一，提高人力资源部门各岗位员工的工作技能，在最大限度上满足企业发展需求。

第二，做好部门内部员工培养，为组织的持续发展提供更好的支持。

第三，激励部门内部员工发展，释放其潜能，使人力资本得到有效提升与扩充。

◆培训需求分析

人力资源管理部门的培训需求可以归为三类，分别是专业知识与技能类、管理技能类、通用技能类。但因为人力资源管理部门下设岗位非常多，包括部门负责人、招聘专员、培训专员、绩效考核专员、薪酬管理专员、人事、文员、前台等，不同的岗位存在不同的培训需求，具体如表10–12所示。

表10–12 人力资源管理岗位培训需求分析

人力资源部	专业知识与技能类	管理技能类	通用技能类
部门负责人	（1）人力资源法律法规知识； （2）成本管理知识； （3）劳资关系管理与纠纷处理； （4）职业生涯规划管理； （5）离职面谈技巧； （6）会议组织与活动管理； （7）行政经费管理与控制； （8）企业危机公关	（1）卓越领导力； （2）企业文化建设与可持续发展； （3）如何辅导、劝导和训练下属员工； （4）团队建设与管理； （5）计划与执行管理艺术； （6）有效授权管理	（1）企业文化； （2）专业形象与商务礼仪； （3）压力与情绪管理； （4）沟通技巧； （5）人际关系； （6）时间管理； （7）项目管理； （8）创新思维培养
招聘专员	（1）有效招聘； （2）面试技巧； （3）岗位分析； （4）招聘渠道选择； （5）人力资源需求预测、管理方法； （6）人力资源管理师资格认证		
培训专员	（1）人力资源培训与发展管理方法； （2）培训评估方法； （3）培训成本控制管理； （4）培训课程开发与设计； （5）人力资源管理师资格认证		

续表

<table>
<tr><th>人力资源部</th><th>专业知识与技能类</th><th>管理技能类</th><th>通用技能类</th></tr>
<tr><td>绩效考核专员</td><td>（1）绩效管理；
（2）目标管理；
（3）员工行为评估方法；
（4）绩效评估方法；
（5）人力资源管理师资格认证</td><td rowspan="2"></td><td rowspan="2"></td></tr>
<tr><td>薪酬管理专员</td><td>（1）人力资源法律法规知识；
（2）薪酬体系架设；
（3）福利与激励；
（4）社保手续办理培训；
（5）人力资源管理师资格认证</td></tr>
<tr><td>人事</td><td>（1）人力资源实际操作知识；
（2）员工关系管理；
（3）合同、档案管理；
（4）入职、离职手续办理；
（5）助理人力资源管理师资格认证</td><td></td><td rowspan="3">（1）企业文化；
（2）专业形象与商务礼仪；
（3）压力与情绪管理；
（4）沟通技巧；
（5）人际关系；
（6）时间管理；
（7）态度决定一切</td></tr>
<tr><td>文员</td><td>（1）职业秘书训练与资格认证；
（2）接待与电话沟通技巧；
（3）行政管理职业素质技能训练；
（4）英语口语及写作训练</td><td></td></tr>
<tr><td>前台</td><td>（1）接待与电话沟通技巧；
（2）接待礼仪；
（3）英语口语</td><td></td></tr>
</table>

◆培训课程设置

通过对人力资源部门各岗位的培训需求进行分析可知，人力资源管理岗位培训的内容非常复杂。为保证培训效果，我们需要对这些内容进行分类，将其分为人力资源规划、招聘与配置、培训与开发、绩效管理、薪酬管理、劳动关系管理几部分，每部分的具体培训内容如表10–13所示。

表 10-13　人力资源管理岗位培训课程设置

课程类目	主要内容
人力资源规划	组织机构的设置与调整，员工管理制度的制定，员工培养计划与费用预算等
招聘与配置	招聘需求分析、岗位胜任能力分析、招聘流程与策略、招聘渠道分析与选择、人才选聘技巧、员工流失率降低措施
培训与开发	建立培训制度、制定培训规划、确定培训对象、培训需求分析、制订员工发展计划、选择合适的培训方法、培训效果评估等
绩效管理	绩效管理系统的设计与运行、绩效考核
薪酬管理	岗位评价与薪酬等级，薪酬计划、结构、制度的制定与调整，人工成本核算，福利项目设计，养老保险与医疗保险设计等
劳动关系管理	劳动合同管理，劳动合同准备、订立、变更、解除与终止，集体合同的协商与履行，劳动争议处理，员工沟通等

【延伸阅读】 关键岗位后备人才培养与开发管理方案

1. 目的

通过关键岗位后备人才培养与开发为企业组建一支后备队伍，及时补足职位空缺，减少职位空缺给企业正常运作带来的影响。

2. 关键岗位概念及范围

关键岗位指的是对企业生产经营业务开展、企业经营效益的增长、运营风险管理有着重要影响的岗位，包括各部门管理人员、核心业务人员。

3. 操作原则

具体性原则：面向每一位员工制订后备发展计划。

长期性原则：后备人才培养应贯穿员工职业生涯管理的全过程，应贯穿企业发展的全过程。

动态性原则：根据企业发展战略、组织结构变化、员工在不同发展阶段的需要对后备人才培养方案进行调整。

4. 人才梯队建设

4.1 人才盘点

各部门根据业务发展需要对本部门的人才情况进行盘点，确定哪些岗位需要储备后备人才。

4.2 选拔与评估

根据盘点结果对后备人才进行选拔与评估，合格者纳入人才培养计划。

人才评估标准：

a. 能够尝试使用新的工作方式改善绩效，能够独立开发产品。

b. 具有较强的团队合作意识，能够共享劳动成果。

c. 能够系统地、结构化地分析问题，对不同方面进行比较，提出有效的改进方法。

d. 能够发现那些看似毫无关联的事物之间的联系，发现关键问题与潜在问题。

4.3 提名

各部门经理根据本部门人员业务能力情况提出后备人员名单，报总监批准。

4.4 备案

将总监批准的人员列入后备人选名单，形成关键岗位和后备人选一览表，提交业务部领导审核，审核通过交给运作支持部备案。

4.5 培养方案

后备人才培养采用导师制的培养方式，各部门根据后备人才名单选择导师。导师确定之后，由导师与后备人员讨论制订培养计划。后备人才培养方式有很多，如课程培训、轮岗计划、参与新项目开发等。培养计划确定之后交运作支持部备案，部门负责实施，运作支持部负责跟踪与反馈。

4.5.1 有关培养计划内容及方式的说明：

a. 培养计划应该是一对一的，也就是要为每一名后备人才制订培养计划。

b. 培养计划要与当前项目相结合，围绕项目实施过程中遇到的问题进行讲解、分析，尽量做到举一反三。

c. 一些专业领域可以邀请资深工程师担任导师，帮助培训对象拓展知识与技能。

4.5.2 课程培训。各部门负责推进各项培训计划，积极创造条件，为后备人才提供形式多样、内容实用的培训课程；运作支持部面向后备人才建立培训档案，将培训内容、考核成绩记录下来，定期提交给各部门经理、总监知晓。

4.5.3 参与新项目开发。部门可以根据经营情况安排后备人才参加新项目，拓展其眼界，增强其团队合作意识，提升其沟通协调能力与认知能力。

5. 考核

5.1 导师考核激励

5.1.1 后备人才培养作为关键事件记入导师绩效考核，以导师提交的培养计划、工作报告为考核依据。

5.1.2 每半年进行一次优秀导师评选，优秀导师占比为全部导师的20%。企业不仅要为优秀导师提供现金奖励，还要为其提供晋升、加薪、外出培训的机会。

5.2 后备人才的考核激励

5.2.1 导师要通过随堂提问、考试、模拟操作等方式，不定期地对后备人才进行考核。

5.2.2 后备人才以季度为单位填写总结报告，由导师、部门经理、项目经理等进行评估，作为季度考核的参考。

5.2.3 部门经理通过360度访谈与反馈对后备人才进行全面评估，形成后备人才发展力评估报告。这类评估应每半年进行一次，根据评估结果拟定优秀后备人员名单。

5.2.4 运作支持部收集后备人才的考核成绩，建立后备人才评估档案。

11 员工职业生涯管理

11.1 正确认识职业生涯管理

11.1.1 员工职业生涯管理的前提

员工职业生涯管理指的是企业对影响员工职业生涯的个人因素、组织因素、社会因素进行分析，制定员工在事业发展方面的战略与计划。具体来说，员工职业生涯管理就是对员工的职业生命进行精细化管理，将员工个人发展与企业发展结合在一起，确定员工的发展目标，编制相应的行动计划，对每个环节的时间、顺序、方向进行合理安排。

通过员工职业生涯管理，企业可以帮员工确定自己的发展方向，让员工了解自己的优势、劣势、面临的机遇与挑战，在组织内部找到适合自己的位置。为了做好员工职业生涯管理，企业必须做好表 11–1 所示准备工作。

表 11-1 员工职业生涯管理的准备

准备工作	具体内容
高层重视	企业成立职业生涯管理委员会，制定并实施员工职业生涯管理战略，发现有潜力的员工，对员工发展路径进行监督、指导。企业职业生涯管理委员会一般由企业最高领导、人力资源管理部门负责人、职业顾问、部分高层管理人员、企业内部部分职业发展成功的员工等组成
将员工职业生涯管理视为员工发展的重要环节	员工职业生涯管理不是一个单独的模块，它需要和人力资源管理的其他模块相连。企业在制订招聘计划、培训计划、轮岗计划、晋升计划时，必须考虑员工的职业生涯管理。例如，企业在招聘时要将相关的职位特点、职位要求、职位发展方向等明确地告诉求职者，对求职者的学识、态度、兴趣、职业价值观等进行深入了解，指导其做出正确选择，真正做到人岗匹配
设计完善的培训体系	员工职业生涯管理体系的建立需要以完善的培训为支撑。企业要想保证培训后员工队伍的稳定性，必须将培训与企业发展、员工个人发展相结合，寻找员工需求与企业需求的最佳结合点，培训与员工发展同步，或者培训稍微超前于员工发展。企业要了解核心员工的优势与劣势，准确把握员工的职业锚，根据胜任资格体系或胜任力模型设计培训课程
正确衡量员工职业生涯管理效果	员工职业生涯管理效果的衡量必须遵循以下标准： 是否被企业高层接受和支持？ 员工对职业生涯管理的理解程度、实际应用情况和个人的发展情况如何？ 在实施过程中对企业管理造成了什么影响？ 是否能够吸引、培养、留住企业需要的人才？ 员工，尤其是核心员工的满意度如何？ 员工的能力素质能否得以切实提升？ 企业能否获得较好的效益？能否实现可持续发展？

11.1.2 员工职业生涯管理的原则

员工职业生涯管理必须立足于企业的发展战略，保证员工的发展目标、发展方向与企业一致，从而让员工与企业实现双赢。具体来看，员工职业生涯管理必须遵循的原则，如表 11–2 所示。

表 11-2 员工职业生涯管理原则

原则	具体内容
利益整合原则	企业要对员工利益、组织利益进行整合，对员工个人发展与组织发展的关系进行平衡，找到个人发展与组织发展的契合点
公平、公正原则	在员工职业生涯规划方面，企业在为员工提供与职业发展有关的各种信息、培训机会、任职机会的同时，都要公布相关要求与标准，做到公开、透明、公平、公正
协作进行原则	员工职业生涯规划的各项活动都应由企业与员工协作完成，二者必须保持全方位沟通，建立相互信任的上下级关系，否则很容易因为双方不理解、不配合导致员工职业生涯规划效果不佳
动态目标原则	因为组织、组织岗位都处在实时变化状态，所以，组织的员工职业生涯规划也必须处在实时变化之中。在"未来职位"供给方面，组织不仅要保证自身实现更好地发展，还要对员工在成长过程中所能开拓、创造的岗位予以关注
时间梯度原则	员工职业生涯规划必须分成若干个阶段，安排到不同的时间段完成，每个时间段都有起点和终点，也就是开始执行的时间与完成目标的时间
发展创新原则	员工职业生涯规划不需要员工按部就班地完成，而是要让员工充分发挥自己的才能，实现自我价值，给组织带来一定的效益
全程推动原则	企业要在员工职业生涯规划的各个环节对员工进行观察，保证职业生涯规划的持续性，保证员工职业生涯规划的效果
全面评价原则	为了全面了解员工职业生涯发展的状况和组织职业生涯规划与管理情况，企业要组织员工、员工上级、家庭成员等对职业生涯规划进行评价，尤其是要关注下级对上级的评价

11.2 员工职业生涯管理流程

有些企业的员工职业生涯管理非常成功，有些企业的员工职业生涯管理却会中途夭折，这种情况的出现不仅与观念、心态、技能有关，还与员工职业生涯管理流程密切相关。一个系统、完整的员工职业生涯管理流程包括确定职业生涯管理目标，组建职业生涯管理小组，组织职业生涯管理宣讲，引导员工开展自我认知，勾勒职业生涯规划路线，构建职业生涯发展通道，实施人才培养晋升方案，及时监控、反馈与评估八个阶段（见图 11–1），这八个阶段层层递进、环环相扣、缺一不可。

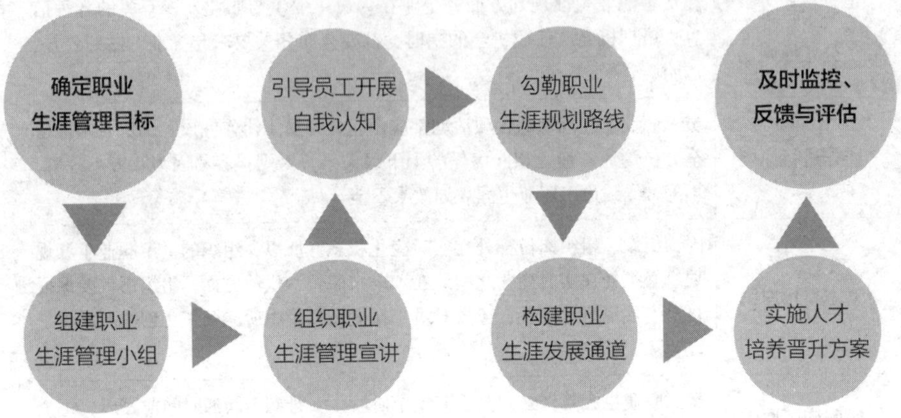

图 11–1　员工职业生涯管理流程

11.2.1　确定职业生涯管理目标

企业要想做好员工职业生涯管理，必须先确定员工职业生涯管理目标，为后续工作的开展提供强有力的支持和依据。为保证员工职业生涯管理目标的科学性、合理性，企业必须做好两方面的工作：第一，对企业发展战略进行分解，获取企业未来的人力资源管理需求；第二，对企业现有的人力资源管理情况进行评估，对企业现有情况进行充分了解。以此为基础，企业可以制定一个合理的员工职业生涯管理目标，如员工职业生涯管理的目的在于满足企业未来 5 年的人力资源管理需求。需要注意的是，员工职业生涯管理目标必须根据企业的实际情况确定，只有这样，目标才具有指导性、可实现性。

在确定了员工职业生涯管理目标之后，相关负责人就要开始着手制订计划了。这个计划是从任务、时间、方法、宏观、微观等方面对员工职业生涯管理进行总体规划，例如在什么时间开展什么工作、由谁执行、要达到怎样的效果等。计划必须细致可行，能够对员工职业生涯规划的各个环节进行指导，切忌华而不实，给员工职业生涯管理工作的开展造成制约。

11.2.2 组建职业生涯管理小组

员工职业生涯管理需要跨部门、跨领域开展，在具体执行过程中，企业需要组建一支跨部门、跨领域的团队推动员工职业生涯管理工作有序开展。员工职业生涯管理小组的建立必须坚持“一个中心，两个基本点”。“一个中心”指的是在整个过程中，人力资源部门的负责人要发挥主导、协调作用；“两个基本点”分别指的是各部门负责人和员工代表，前者要做好协调工作，后者要扮演好信息反馈者的角色。具体来看，员工职业生涯管理小组成员及其分工如表 11–3 所示。

表 11–3 员工职业生涯管理小组成员及其分工

小组成员	主要任务
人力资源部门负责人	主导、筹划、协调
各部门负责人	执行员工职业生涯管理，配合人力资源部门做好协调工作，组织开展部门内部员工评估
员工代表	向人力资源部门负责人提建议，将员工最新信息及时反馈给人力资源部门知晓

11.2.3 组织职业生涯管理宣讲

职业生涯管理宣讲指的是向员工灌输职业生涯管理的相关理念、技术和方法，让员工全面认识员工职业生涯管理。员工职业生涯管理宣讲需要分成两个层次进行，如图 11–2 所示。

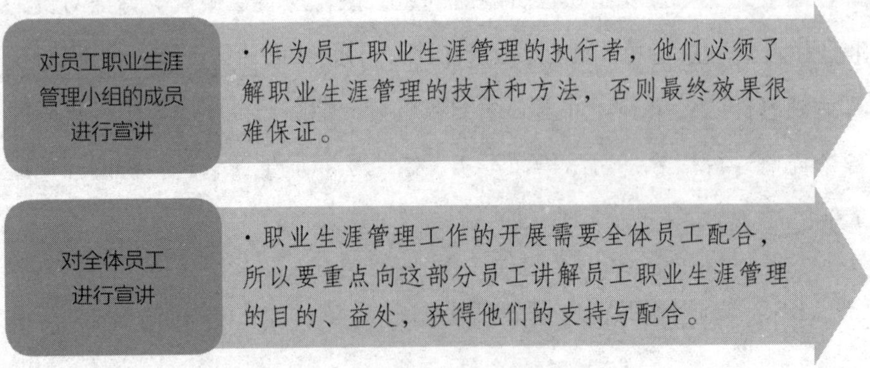

图 11–2　员工职业生涯管理宣讲的两个层次

11.2.4　引导员工开展自我认知

在成立了员工职业生涯管理小组，组织小组成员与全体员工学习了与职业生涯管理有关的内容之后，相关负责人就要组织员工面谈，引导员工开展自我认知。员工面谈的发起人是员工的上级领导，内容主要聚焦过去一段时间的绩效，明确员工在过去一段时间取得的成绩，需要具备的能力，发现员工的不足，找到改善方法。但因为有些隐藏信息只有员工自己才知道，面谈极有可能忽略这些信息，此时就需要员工开展自我认知，对自己的过去、现在、未来进行全面评估，评估内容包括自己的兴趣爱好、对未来职业的规划等。员工自我认知结束后应主动与上级领导沟通，将自我评估获得的真实信息反馈给领导，让企业根据这两方面的信息为员工设计一条与其职业倾向、发展战略相符的职业生涯规划路线。

11.2.5　勾勒职业生涯规划路线

企业一旦获取了员工信息，就要着手规划职业生涯路线图。具体来说，员工职业生涯路线图的规划应分三步进行，如图 11–3 所示。

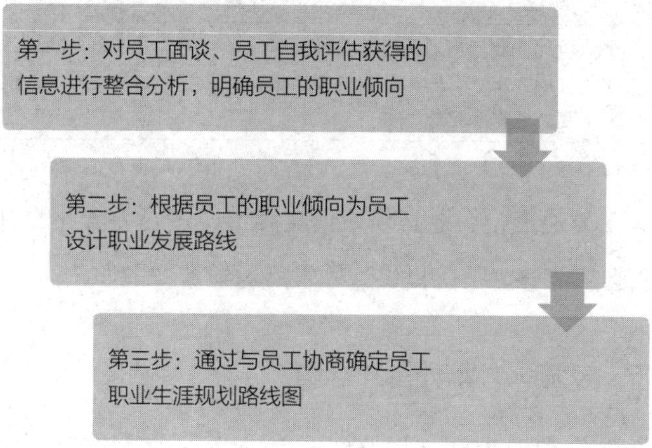

图 11–3　员工职业生涯规划路线

企业在制定职业生涯规划路线图时，必须与员工协商，对企业现有的资源与未来可用的资源进行评估，保证员工职业生涯规划路线图可以落地实现。

11.2.6　构建职业生涯发展通道

员工职业发展目标的实现还需要顺畅的职业生涯发展通道作保障，为此，企业必须重视员工职业生涯发展通道的建设，保证员工职业生涯管理目标可以顺利实现。但从目前整个行业的发展情况来看，员工职业生涯发展通道主要有三类，如表 11–4 所示。

表 11–4　员工职业生涯发展通道的类型

通道类型	具体描述
纵向职业发展通道	纵向职业发展就是职位晋升，这类通道适合管理人员的职业发展规划，比如主管—经理—总监就是一条典型的纵向职业发展通道
横向职业发展通道	横向职业发展就是轮岗与非行政级别的职业发展，这类通道适合技术人员职业发展规划。具体来看，横向职业发展路径主要包括两种方式：一是丰富工作内容；二是岗位轮换。随着组织结构越发扁平化，丰富员工的工作内容，推动员工职业成长意义重大

续表

通道类型	具体描述
双阶梯职业发展通道	双阶梯职业发展通道指的是设计多条平行的晋升通道，满足各类员工的职业发展要求。双阶梯职业发展通道有一个非常重要的标志，就是行政级别不变，但职级上升

对于这三类通道，企业必须根据实际情况进行差异化设计。但在此之前，企业必须能够为员工提供这些发展通道涉及的职位。

11.2.7 实施人才培养晋升方案

企业在做好职业生涯规划路线与职业发展通道建设之后，必须着手制订人才培养晋升方案。一般来讲，企业实施人才培养与晋升的目的主要有两个，如图 11-4 所示。

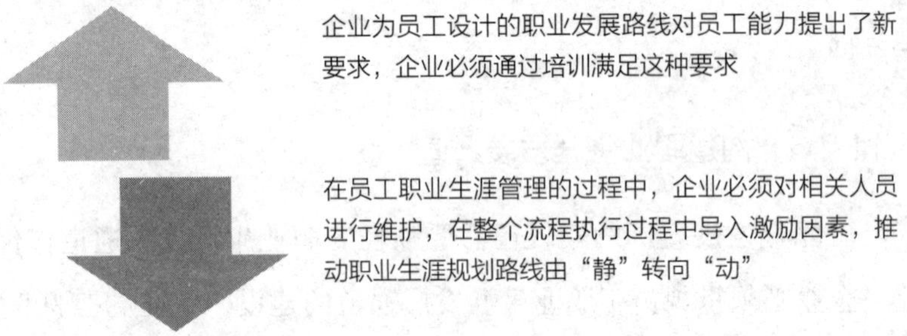

图 11-4　企业实施人才培养晋升的两大目的

由此可见，企业在开展员工职业生涯管理的过程中，必须注重人才培养与晋升，从制度、流程两个层面保证这项工作可以顺利落地。

11.2.8 及时监控、反馈与评估

一个完整的员工职业生涯管理的最后一个环节必须是监控、反馈与评估。在完成上述几步之后，企业必须对管理效果进行评估，其目的有

两个：第一，对员工职业生涯管理过程中存在的问题进行审视，及时发现问题并纠正，以保证职业生涯管理目标可以顺利实现；第二，总结、积累经验，为下一轮职业生涯管理提供依据。

具体来看，员工职业生涯管理的监控、反馈与评估需要从两个关键点着手，如表 11–5 所示。

表 11–5 员工职业生涯管理的监控、反馈与评估的两个关键点

关键点	具体内容
员工群体	实施职业生涯管理之后，员工行为、员工满意度、员工流失率发生了怎样的改变；员工对职业生涯管理有何感受
企业	实施员工职业生涯管理之后，企业的人才竞争力是否有所提升；企业人力资源管理是否有所改变；企业在员工职业生涯管理方面的投入与收益如何

对于企业来说，只有做好及时监控、反馈与评估，员工职业生涯管理工作才能向着既定目标不断推进。

11.3 员工职业发展体系建设

11.3.1 岗位管理体系的规范设计

企业在制定岗位规范之前，必须先对现有的岗位名称、岗位数量、岗位层级进行规范，明确每一类岗位设置情况，发现岗位设置方面存在的问题，为岗位体系规范提供数据支持。

在梳理完岗位情况之后，企业要以业务系统、市场认知、岗位职能、工作分析等情况为依据对岗位名称设置进行规范，按照能力与职责相近的原则对岗位类别或职位序列进行划分，对岗位进行分类管理。

不同行业、不同企业的岗位类别设置也应不同，一般来讲，企业的岗位类别划分，如图 11–5 所示。

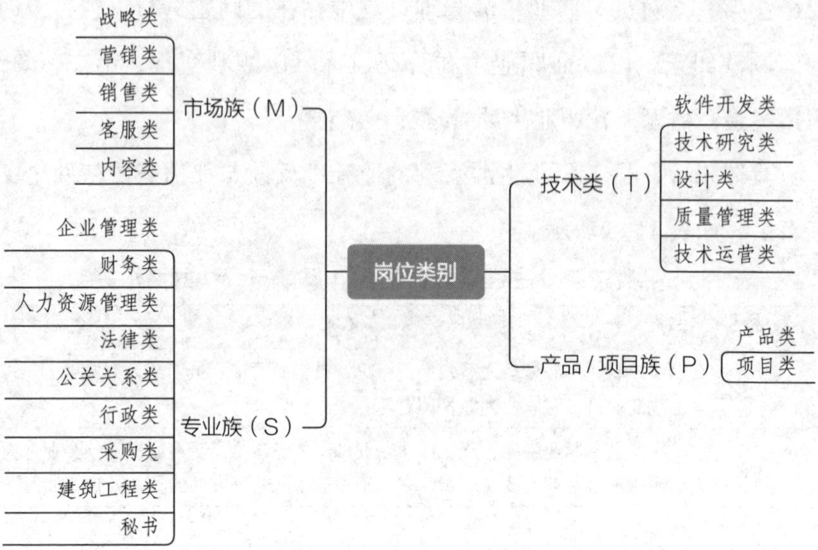

图 11-5 企业的岗位类别划分

11.3.2 职业发展通道及路径规划

企业根据自身的业务特点、员工结构、岗位类别与数量、各岗位的重要程度、管理与维护成本等要素，对员工的职业发展通道进行规划。不同的企业在规划员工职业发展通道时会表现出一定的差异，有些企业会设计双通道，如华为、腾讯等；有些企业会设计三通道，如京东的管理、操作与专业技术通道；有些企业会设计四通道，如万科的管理、设计、工程与其他专业通道。

在规划好员工职业发展通道之后，企业就要开始考虑各通道内部职位级别、等级的划分。一般来讲，企业可以根据职业发展通道设计二维模型（见图 11-6），结合人才发展规律、人才激励等要素对职位、职级等进行合理划分（见表 11-6），引导员工开展自我学习，实现自我发展。

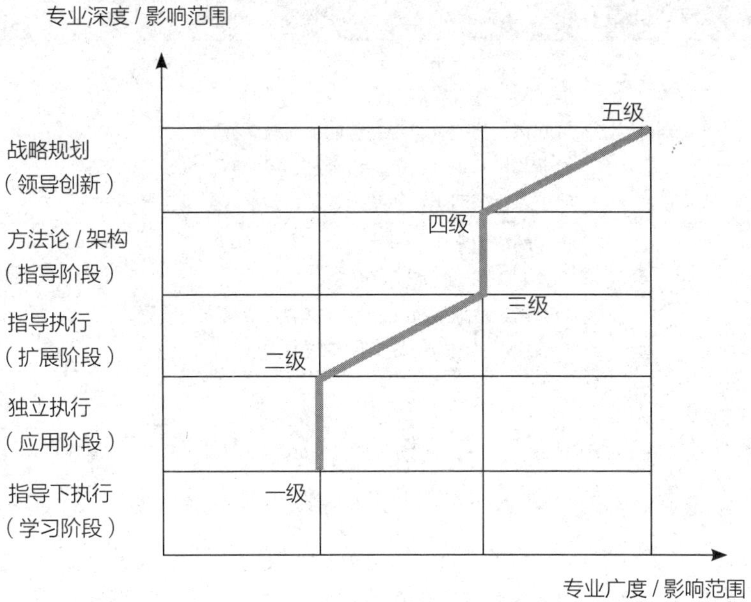

图 11-6　职业发展通道设计二维模型

表 11-6　各阶段等级水平描述

能力级别	代表阶段	等级水平描述
1	学习阶段	入门初始者； 对工作所需能力、知识、技能只有基本了解； 需要在他人的帮助下开展工作，学习相关知识、能力与技能
2	应用阶段	一定的能力水平； 基本具备工作所需能力、知识与技能，并可以将其应用于实际工作； 能够独立工作，并解决工作中遇到的简单问题
3	扩展阶段	较高的能力水平； 能够有效运用所掌握的知识、能力与技能； 能够解决比较困难、复杂的问题； 能够相当独立地开展工作； 可以向他人传授一定的知识，为他人提供技术指导

续表

能力级别	代表阶段	等级水平描述
4	指导阶段	很高的能力水平； 能够指导他人发展能力； 对知识、技能有较为完整的了解与掌握； 能够利用知识、技能，结合过往经验解决复杂的问题； 向他人传授知识，就知识、技能为他人提供指导
5	领导创新	极高的能力水平； 可以对知识、技能进行创新； 能够创造性地解决此领域最复杂、最困难的问题； 能够代表企业与外界交流、沟通

因为各岗位定位与特点各不相同，再加上人工成本、管理成本的影响，有些企业对岗位类型、不同职级的职数比例做出了一定的限制，最终呈现“金字塔”形的规律，也就是层级越高、比例越少，顶部基本上都是该领域的权威专家。

为了让员工享受到多元化的职业发展机会，让员工根据自己的职业兴趣、发展需求、能力状况选择适合自己的发展路径，激发员工活力，企业会打通很多条发展通道，设计不同通道的转换路线，制定转换标准与规则。

从总体来看，员工职业发展路径有两条，一是横向发展路径，二是纵向发展路径。横向发展指的是员工在不同通道岗位间转换，纵向发展指的是员工在同一通道内从低层级岗位向高层级岗位发展。企业可以根据自己的实际情况对员工的职业发展通道进行设计。

11.3.3 任职资格标准开发与认证

在整个职业发展通道建设中，任职资格标准开发是非常重要的一步。

任职资格标准指的是根据岗位职责与要求，对该岗位上绩效优秀员工被认可的成功行为与能力要素进行归纳总结形成的评价指南。一般来讲，任职资格标准既要体现出对员工能力持续提升的拉动作用，又要展现企业对员工价值观、员工行为、员工绩效的期望，还要对不同岗位职能差异、不同职级 / 职等的能力要求差异进行充分考虑，保证任职资格标准与人才成长与发展规律相契合。

另外，任职资格标准设计还要做到适中，不能“触手可及”，也不能“触不可及”，不要求面面俱到，只要能够抓住核心要素，对员工发展进行指导，体现出企业对员工能力发展、绩效产出的期望与要求即可。

除此之外，不同通道的任职资格标准应有所差异，但差异不能太大。而且，员工任职资格标准设计必须符合实际，与各部门、各职能类别员工的工作特性相契合，具有适用性。同时，员工任职资格标准必须随企业业务体系对人才要求的变化而变化，具有有效性、适用性。

员工任职资格标准如表 11–7 所示。

表 11–7 员工任职资格标准

项目	具体标准
基本条件	学历要求、专业经验 / 资历要求、职称 / 职业资格要求、绩效表现 / 业绩成果要求等
知识要求	专业知识、行业 / 企业知识等
能力素质要求	专业能力、胜任力素质、通用能力、组织影响力
参考项	个性特征、品德等

各岗位任职资格标准设计还可以参考以下三种模型，即能力素质模型、人岗匹配模型、3D+E 能力模型，如图 11–7、图 11–8、图 11–9 所示。

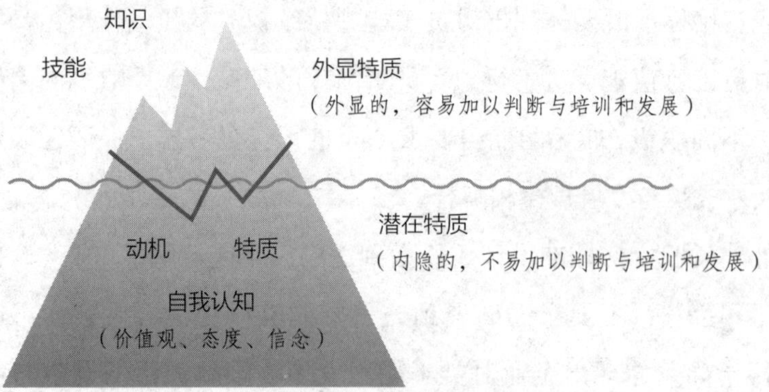

图 11-7　能力素质模型

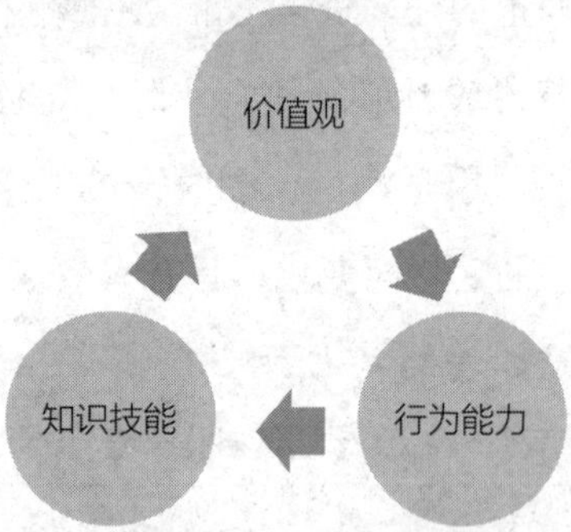

图 11-8　人岗匹配模型

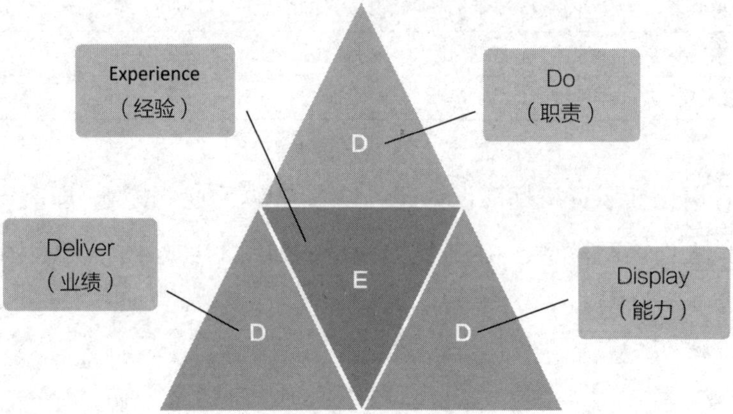

图 11-9　3D+E 能力模型

企业在开发任职资格标准时必须注意以下三点：

第一，明确部门或员工的角色定位、价值定位和工作目标，既要考虑现状，又要考虑组织对员工的期许，与企业发展战略相契合。

第二，对各部门的职能、各岗位的职责和工作任务进行梳理，提取核心职能、关键任职活动及产出成果。

第三，整体规划、分级描述，对各个级别的行为活动项、产出成果要求、专业知识与专业能力要求等进行明确定义，形成各职能类别、各级别的任职资格标准。

不同级别的任职资格要求应表现出一定的差异，这种差异可以体现在很多方面，比如员工对专业知识的深度与广度、专业经验的丰富度、业绩成果的数量与质量要求、工作任务的参与程度或影响范围、绩效目标达成度或绩效表现等。

在确定任职资格标准之后，企业要针对标准中的不同方面，结合可操作性、成本等因素设计不同的认证方式与认证流程，如表 11-8 所示。

表 11-8 任职资格评价方式（参考）

一级维度	二级维度	资料 / 数据审查	知识考试	实操测试	工具测评	面试	能力 / 行为举证	案例分析 / 答辩
基本条件	学历	√						
	职称 / 职业资格	√						
	专业经验 / 资历	√						
	绩效表现 / 业绩成果	√						
知识要求	专业知识		√			√		
	行业 / 企业知识		√			√		
能力素质要求	专业能力			√		√	√	√
	通用能力 / 胜任力				√	√	√	√
	组织影响力	√						

续表

一级维度	二级维度	资料/数据审查	知识考试	实操测试	工具测评	面试	能力/行为举证	案例分析/答辩
参考项	个性特征			√	√			
	品德			√	√			

企业任职资格认证必须遵循客观公正、简洁高效的原则，立足于申请人的实际工作表现，对员工任职资格进行全面、客观的评估，严格按照标准确定认证结果，保证认证质量。同时，要对申请人和申请部门的实际情况进行充分考虑，保证认证过程简洁有效。一般来讲，任职资格认证可分为自评 / 部门推荐、基本条件审核、知识考试 / 技能测试 / 素质测评、行为评议 / 能力评审、认证结果输出反馈、颁证、结果应用等环节，如图 11-10 所示。

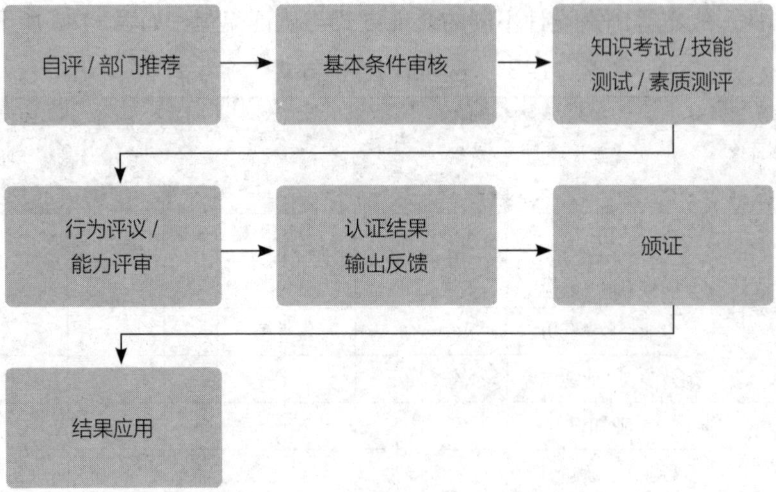

图 11-10 任职资格认证流程

11.3.4 任职资格标准及应用

任职资格标准及认证结果的应用范围极广，包括人才的招聘选拔、人才盘点、培训发展、绩效管理、薪酬激励等，如图 11–11 所示。

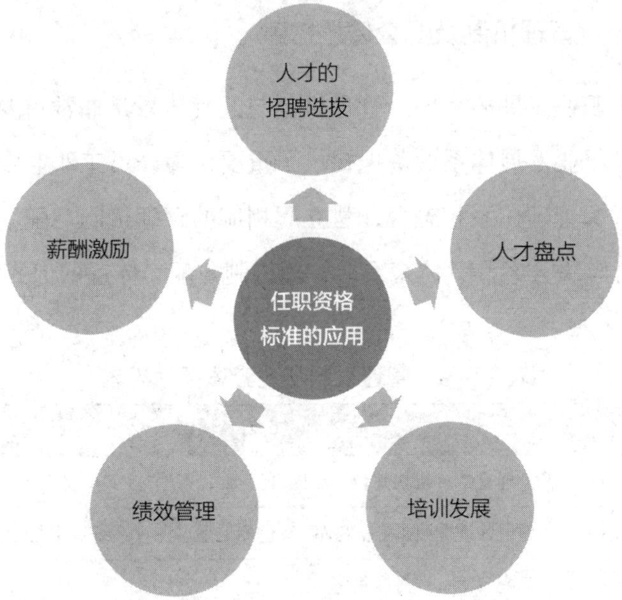

图 11–11 任职资格标准的应用范围

第一，任职资格标准对各层级员工的任职要求做出了明确规定，为人才选拔、培训规划与设计提供了重要依据。

第二，任职资格认证结果为人才质量考核、人才结构盘点、人才规划提供了重要支持。

第三，任职资格标准可以为绩效指标、绩效标准的优化设计提供参考，任职资格认证结果可以为上级领导了解员工能力、做好绩效改进辅助沟通提供重要支持。

第四，任职资格标准可以为不同级别岗位相对价值评估提供科学依据，为薪酬激励方案的制订提供一定的参考。

第五，任职资格标准可以为员工职业生涯管理提供重要指导，帮助员工进行科学的自我认知，有依据地制定个人发展规划与学习提升计划，引导员工不断靠近企业期望的价值观与行为表现。

11.3.5 管理机制及配套体系搭建

在员工职业发展体系中，管理机制与配套体系是非常重要的组成部分，为员工职业发展体系的落地提供了重要保障。员工职业发展体系必须与人力资源管理体系相融合，建立起相应的管理机制与配套体系，创建一个综合解决方案。具体来看，管理机制与配套体系的内容如表 11–9 所示。

表 11–9 管理机制与配套体系的内容

主要项目	具体内容
组织体系支持	管理支持、机构建设、职能分工等
认证机制支持	理论知识题目 / 实操题库 / 案例库开发、测评系统选用与运行等
配套政策支持	轮岗政策、晋升政策等
配套薪酬体系设计	岗位价值评估、差异系数、薪酬策略、薪酬水平、薪酬结构等
配套培训体系	开发课程规划设计、学习资源提供等
动态调整机制	试点运行、意见收集、实践验证、优化完善、经验推广、回顾检讨等

11.4 员工发展晋升通道建设

员工发展晋升通道是组织为员工设计的发展晋升之路，如果设置合理，就能让员工在发展过程中规避因组织因素带来的“职业高原”[①]。不

① 职业高原是 Ference 于 1977 年提出的一个概念，意思是“个体职业生涯中的某个阶段，个体获得进一步晋升的可能性很小”。

同行业、不同性质的企业，员工发展晋升通道各不相同，有的多、有的少、有的长、有的短。那么，对于企业来说，如何设计员工发展晋升通道才是合理的呢？对于这一问题，我们提出如下三点建议。

11.4.1 通道宽度：确定员工发展方向

通道宽度指的是通道的多少，可以帮助员工确定未来的发展方向。员工发展晋升通道的类型有很多，如单通道、双通道、多通道等，具体如表 11-10 所示。

表 11-10 员工发展晋升通道的类型

员工发展晋升通道	具体描述
单通道	单通道只设置行政管理通道，对员工发展造成了一定的限制，不利于员工释放自己的才能
双通道	双通道分为管理序列与专业技术序列，属于当下比较流行的职业生涯管理模式
多通道	多通道是对双通道的深化与拓展，以双通道为基础对专业技术序列进行拆分，划分出其他职位序列

员工发展晋升通道设计面向的是职位族，所以，企业要根据职位族的特点为员工定制发展晋升路径，路径数量要根据职位族的数量来确定。所以，在对员工发展晋升通道进行划分之前，企业要先对职位族进行划分。职位族划分就是与企业的价值链流程相结合，对价值链的不同环节进行划分，将那些工作内容、工作性质、知识技能要求相似的职位整合在一起。例如，生产制造型企业的职位族一般包括管理族、技术族、专业族、操作事务族、营销族等，其相应的职业发展通道应划分为管理序列、技术序列、专业序列、操作事务序列和营销序列等。

11.4.2 通道长度：确定员工发展空间

通道长度指的是通道内的梯级层次，可以帮助员工确定发展空间。通道长度设计要遵循适当性原则，既要保证通道内的层次足够多，又要为员工提供相应的职业发展机会与空间，以免层次过多打消员工谋求发展晋升的积极性、主动性，导致预期发展目标无法实现。具体来看，通道长度设计应对以下因素进行全面考虑，如图 11-12 所示。

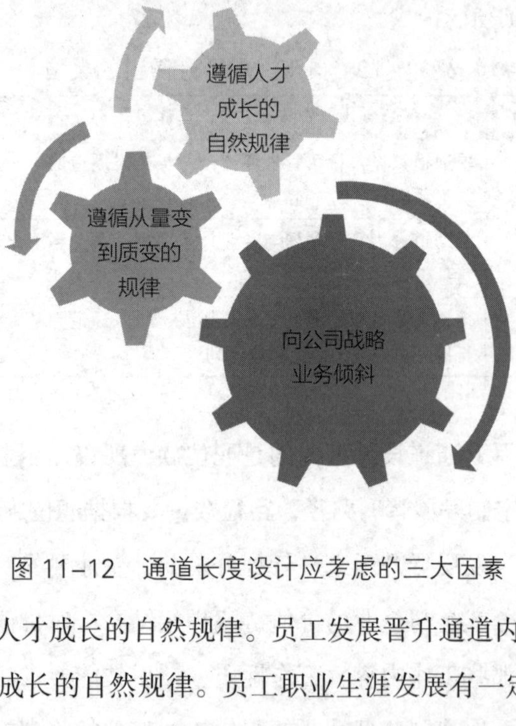

图 11-12　通道长度设计应考虑的三大因素

（1）遵循人才成长的自然规律。员工发展晋升通道内梯级层次的设置应遵循人才成长的自然规律。员工职业生涯发展有一定的生命周期，就和人会经历童年—少年—青年—中年—老年等成长阶段一样，员工在职场上也会经历初入职场—熟悉—熟练—成熟—精通—权威等发展过程。基于这一点，企业应根据员工职业生涯发展周期与成长特点设置通道内的梯级层次，以不同梯级能力等级标准为指导，促使员工素质、员工行为、员工业绩不断提升。同时，员工发展晋升通道内的梯级层次设置要与梯级晋升可能需要的年限相符，例如一名普通员工的职业生涯周期可能为30年，等级晋升可能需要2～6年，那么通道内的梯级层次就可以设置成6级。

（2）遵循从量变到质变的规律。员工发展晋升通道内的梯级设置应遵循从量变到质变的规律，分成大的职级与大职级下小的职等，其中职级体现质变，也就是在不同职级上，员工的岗位职责、对组织的贡献、能力素质等都应表现出质的飞跃，在解决问题的难度、复杂度、在本专业领域的影响度等方面应表现出一定的差异化。职等体现的是量变，强调员工在某个职级内实现积累式进步，工作内容可能没有什么变化，但在知识积累、技能积累、工作效果等方面要表现出一定的差异。

（3）向企业战略业务倾斜。企业在设计员工发展晋升通道内的梯级层次时要对内部价值链进行梳理。如果企业资源有限，那些具有核心战略价值的职位族通道内的梯级层次设置就要比其他职位族通道多，将人力资源投资的价值化倾向全面体现出来。

11.4.3 通道频度：确定员工发展速度

通道频度指的是员工职业发展速度和任职年限要求，主要用来确定员工发展速度。企业要想设计好员工发展晋升通道的频度，必须把握合适的度，一旦员工在某个阶段停留的时间过长，就会从心理上产生“职业高原”。相反，如果员工晋升速度太快，就会出现“彼得陷阱”[①]，或者出现岗位分工不合理等问题。

为规避“职业高原”与“彼得陷阱”，企业在设置通道频度时可以

---

① 彼得陷阱：一名员工因为业绩好被提升到一个更高的职位，其后，如果表现依然优异就会被继续提升，直到无法胜任为止。因为这位员工晋升速度过快，其离开的每一个职位都将被一个无法胜任该职位的员工占据。

参考企业内工龄较长员工的成长经历，据此发现一般员工的成长规律，为通道频度设置提供参考。除此之外，企业在设计员工发展晋升通道频度时还要考虑以下要素，如行业特性、企业特性、企业的生命周期、职位层级的高低、员工自身能力等（见图 11-13），有针对性地进行设置。

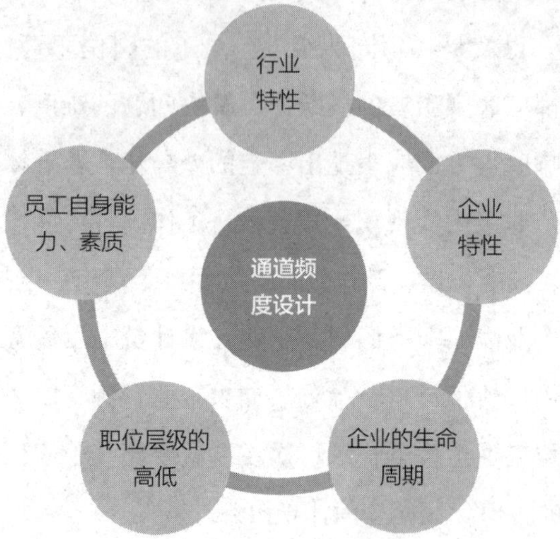

图 11-13 员工发展晋升通道频度设计

（1）行业特性。

竞争比较激烈的行业可以设计快频通道，如传统制造业、劳动密集型服务业等，因为这些行业的人才流动性较强，设计快频通道可以留住人才、吸引人才，在最短的时间内为组织构建一支优秀的人才队伍，获取人才优势，避免人才流失。相反，能源行业等竞争不甚激烈的行业，因为人员流动性较小，所以可以设置一些慢频通道，将职级、职等等任职年限拉长。

知识更新周期快、年龄因素影响较大的行业也应设置快频通道，如 IT 行业等。反之，知识更新周期慢的行业可以设置慢频通道。以腾讯企业为例，腾讯是 IT 行业的领先企业，知识更新速度非常快，而且面临的市场竞争异常激烈。于是，在设置员工发展晋升通道时，腾讯将专业序列划分成了六个等级，分别是初做者、有经验者、骨干、专家、资深专家、权威，每一等级下面又划分了 3 等，分别是基础等、普通等、职业等，以体现能力积累与提升过程。在晋升频度设置方面，一名普通员工从初做者到专家最快需 5.5 年的时间。如果一名刚毕业的大学生（23 岁）进入腾讯，最快到 28 岁就能成为专家，人才成长速度之快可以想见。

（2）企业特性。

一般情况下，稳定性较高、人员流动性较小的国有企业可以设置慢频通道，将职级 / 职等的任职年限拉长；稳定性较差、人员流动频发的私企就要设置快频通道，用较多的职业发展机会、较高的薪酬等吸引员工、留住员工。

（3）企业的生命周期。

企业发展与员工发展相辅相成，一方面，企业发展能为员工发展提供更多机会，带来更大的职位晋升空间；另一方面，员工发展能够推动企业发展。所以，处于快速发展阶段的企业为了给员工提供更多发展机会，获得员工的鼎力支持，应设置快频通道；处于成熟期或衰退期的企业，因为内部职位晋升空间有限，设置慢频通道更加合适。

（4）职位层级的高低。

高层级职位对员工知识、技能、经验的要求较高，应该设置慢频通道，让员工慢慢积累、沉淀；底层级职位对知识、技能、经验的要求较低，可以设置快频通道，缩短职级 / 职等的任职年限。例如某大型国有地产企业将低层级职位的任职年限设置为 2 ～ 3 年，将高层级职位的任职年限设置为 6 ～ 8 年，通过这种差异设置体现不同层级职位对员工知识、技能、经验的不同要求。

（5）员工自身能力、素质。

同一岗位的不同员工因为能力、素质不同，晋升频度设置也应有所差异。能力、素质较强的员工可以设置快频通道，普通员工可以设置慢频通道，将职级 / 职等的任职年限拉长。仍以上面提到的某大型国有地产企业为例，该企业在设计任职资格体系时，先按照普通员工的成长轨迹设置了各职级 / 职等的任职年限，然后以此为基础，结合员工的实际绩效进行差异化设计，将绩效优秀员工的任职年限缩短，将绩效表现不佳员工的任职年限延长。

在设计通道频度时，企业必须认识到一点，就是上述因素不是孤立存在的，组织应从全局出发，对各维度的因素进行综合考虑，设置适合企业的通道频度。

【延伸阅读】 员工职业发展管理办法范例

第一章 总则

第一条 适用范围。

本管理办法适用于××企业（以下简称企业）全体员工。

第二条 目的。

企业为充分、合理、有效地利用企业内部的人力资源，特制定本办法来规划企业员工的职业生涯发展，从而促进员工与组织共同发展。

第三条 原则。

员工的职业生涯设计要遵循系统性原则、长期性原则与动态原则。

（1）系统性原则：针对不同类型、不同特长的员工设立相应的职业生涯发展通道。

（2）长期性原则：员工的职业生涯发展规划要贯穿员工的职业生涯始终。

（3）动态原则：根据企业的发展战略、组织结构的变化与员工不同时期的发展需求进行相应调整。

第二章 发展通道

第四条 企业鼓励员工专精所长，为不同类型人员提供平等晋升机会，给予员工充分的发展空间。

第五条 根据企业各岗位工作性质的不同，设立六个职系。即管理职系、技术职系、销售营销职系、财会职系、行政事务职系和工勤职系，使从事不同岗位工作的员工均有可持续发展的职业生涯路径。

（1）管理职系：适用于企业正式任命的各职能、技术、销售营销等管理岗位员工，即副部长/副主任级以上管理人员。

（2）技术职系：适用于从事前期市场研究、规划、预算、技术服务、工程建设、计划、统计等各类技术人员。

（3）销售营销职系：适用于营销策划人员与销售人员。

（4）财会职系：适用于从事财务类工作的人员。

（5）行政事务职系：适用于从事行政事务工作的人员。

（6）工勤职系：适用于技术工人。

第六条　每一职系对应一种员工职业发展通道，随着员工技能与绩效的提升，员工可以在各自的通道内有平等的晋升机会。

第七条　员工发展通道转换。

（1）考虑企业需要、员工个人实际情况及职业兴趣，员工在不同通道之间有转换机会，但必须符合各职系相应职务任职条件，经过经理办公会讨论通过后，由人力资源部备案并通知本人。

（2）如果员工的岗位发生变动，其级别根据新岗位确定。

第八条　确定新进员工级别。

企业新进员工，人力资源部根据其调入前的外部职称及调入后的岗位设定级别，试用期满后，直接上级根据其绩效表现提出转正定级意见，经企业总经理办公会讨论后决定，人力资源部将讨论结果通知本人。

第三章　组织和管理

第九条　企业帮助员工实现职业发展，并引导员工向与企业需要相符的方向发展。

（1）企业成立员工职业辅导委员会，由部门主要领导（正副职）组成。

（2）部门主要领导为本部门员工职业发展辅导人，如果员工转换部门或工作岗位，则新部门的领导为辅导人。

（3）辅导人要帮助员工根据自己的情况，如职业兴趣、资质、技能、个人背景，分析考虑个人发展方向，大致明确职业发展方向。主管领导指导员工填写《职业发展规划表》，包括员工知识、技能、资质及职业兴趣情况等内容，以备日后对照检查，不断完善。职业发展辅导人每年必须在本工作年度结束、考核结果确定后，与被辅导员工就个人工作表现与未来发展谈话，确定下一步目标与方向。

（4）在下一年度职业发展目标与方向制定之后，职业发展辅导人起到跟进作用、辅导作用、评估作用、协助作用、协调作用和修正作用。

（5）人力资源部负责职业辅导委员会运作，每年召开______至______次会议，跟踪督促员工职业辅导工作，同部门领导交流并提出员工下阶段发展建议。

（6）员工的职业发展主要包含以下几个方面：

成长策略：在现职中发展，学习更多的专业知识并承担更多的责任。

缩减策略：在现职中减少部分业务与责任。

多样化策略：除现职外兼任其他任务。

整合策略：转移至相关的专业领域并强调与现职相近的业务。

转向策略：减少现职业务，逐渐转向其他不同的业务领域。

第十条　建立完善合理的晋升制度，保证员工在各条通道上公平竞争，顺利发展。

（1）企业遵循人才成长规律，依据客观公正的考评结果，让最有责任心的能人担任重要的责任。

（2）企业将晋升作为一种激励手段与员工进行沟通，让他们充分认识到企业对人才的重视及为他们提供的发展道路。

（3）人才晋升方面不拘泥于资历与级别，而是按照企业组织目标与事业机会的要求，依据制度及甄别程序进行晋升。

（4）保留职务上的公平竞争机制，坚决推行能上能下的干部制度。

第十一条　员工技能通过聘任职称衡量。聘任职称参考外部职称与员工绩效表现，对绩效表现好的员工列为破格聘任的对象，对绩效表现不佳的员工列为降级聘任的对象。

第十二条　各类人员均需按照年度考核结果进行级别晋升或降级。

（1）晋升条件（满足以下条件之一即可）

连续______年内考核结果为______“优”______“良”或以上。

连续______年年度考核结果为“良”。

注：每晋升一次便重新开始计算。

（2）降职条件（满足下列条件之一即可）：

年度考核结果为“不合格”。

连续______年年度考核结果为“基本合格”。

第十三条　建立职业发展档案。

职业发展档案包括职业发展规划表、能力开发需求表以及考核结果记录，其作用分列如下：

（1）每次培训情况记录在《员工能力开发需求表》中，如表 11-11 所示。

（2）晋升、晋级记录在《员工职业发展规划表》中，如表 11-12 所示。

第十四条　考核结果记录存档，以作为对职业发展制度调整的依据。人力资源部负责组织员工级别升降，并由各部门协助开展。人力资源部年底将考核结果汇集整理，列出满足晋升条件的员工，报经理办公会讨论通过后，确定员工职级，并将结果通知到本人。

第十五条　除管理职系外，其他职系的晋升、降级工作从每年______月开始执行，管理职系的晋升、降级时间以企业发文时间为准。

表 11-11　员工能力开发需求表

填表日期：	姓名：	部门：	岗位：
承担的工作	1. 2. 3. 4.		
自我评价：完全胜任 □　　胜任 □　　不能胜任 □			

续表

上级评价：完全胜任 □　胜任 □　不能胜任 □			
对工作的希望和想法	1. 2. 3. 4.		
目前实施结果	1. 2. 3. 4.		
达到目标所需的知识与技能	1. 2. 3. 4.		
需要掌握但目前尚未掌握的知识与技能	1. 2. 3. 4.		
所需培训的课程名称	1. 2. 3. 4.		
通过培训已掌握的知识和技能	1. 2. 3. 4.		
已培训的课程名称	1. 2. 3. 4.		
需要企业提供的非培训方面的支持	1. 2. 3. 4.		
上级领导的意见	1. 2. 3. 4.		

表 11–12　员工职业发展规划表

填表日期：　年　月　日	填表者姓名：	年龄：
部门：	岗位名称：	
教育状况：		
最高学历：	毕业时间：　年　月	毕业学校：
参加过的培训	1.	
	2.	
	3.	
	4.	
	5.	
	6.	
	7.	
	8.	

目前具备的技能 / 能力技能 / 能力的类型证书 / 简要介绍此技能
1.
2.
3.
其他单位 / 部门工作经历简介

序号	单位部门	职务	对此工作满意的地方	对此工作不满意的地方
1.				
2.				
3.				

您认为对自己最重要的三种需要是
□ 弹性的工作时间　□ 独立　□ 稳定　□ 休闲　□ 和家人在一起的时间 □ 挑战　□ 成为专家　□ 创造　□ 成为管理者　□ 报酬

续表

请详细介绍一下自己的专长
1.
2.
3.
结合自己的需要和专长，您对目前的工作是否感兴趣，请详细介绍一下原因
请详细介绍自己希望选择哪条晋升通道
请详细介绍自己的短期、中期和长期职业发展设想